要点ガッチリ

消防🔥設備士6類

中山功 著

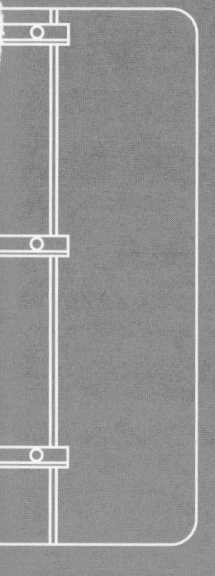

電気書院

●写真・図面提供
株式会社キヨーワ
日本ドライケミカル株式会社

●撮影協力
大野消防設備株式会社
日本ドライケミカル株式会社

●転載元
一般財団法人日本消防設備安全センター　編：消防用設備等基本テキスト「避難器具・消火器具」　第3版，一般財団法人日本消防設備安全センター，2014年

[本書の正誤に関するお問い合せ方法は，最終ページをご覧ください]

はじめに

消防法第 1 条にて

「この法律は，火災を予防し，警戒し及び鎮圧し，国民の生命，身体及び財産を火災から保護するとともに，火災又は地震等の災害による被害を軽減するほか，災害等による傷病者の搬送を適切に行い，もって安寧秩序を保持し，社会公共の福祉の増進に資することを目的とする．」

とうたっています．

一方，都市部においては，建築物の高層化や，深層化が進み，建物内の用途が複合複雑化し，火災の発生後の，消火作業，避難も一段と難しくなってきています．

また，高齢化が進む中，高齢者の方々が入居する施設も増加傾向にあり，避難困難な方であるがゆえに，死亡事故も発生しているという痛ましい火災事故例も増えているのは耳に新しいことであります．

つい最近では腐食した消火器を作動させた幼稚園の子供やお年寄りが破裂事故に遭い法令改正がなされたばかりであります．

このような痛ましい事故を発生させないために，消防法では有効な消防用設備機器を設置し，維持させるよう義務付けています．

消防用設備機器の 1 つである消火器も使用者が，有効にしかも安全に使用できるよう，技術上の規格が定められ，それに基づいてつくられ，設置後もいつでも十分な機能を発揮させるべく，点検が義務付けられています．

その意味で，消火器，消火薬剤の点検，整備はおろそかにできないものです．このために，知識，技能をもった者にその資格を与えて，いつなんどきでも有効に活用できるよう，第 6 類消防設備士にこれを行わせようとするものです．

消防設備士の責務は国民の生命，財産を守るものとして，重大なものであります．これから消防設備士第 6 類を受験するにあたり，その意味をよく理解したうえで，設備士の資格を取得し，社会に貢献していくことが大事なことだと考えます．

この本は，消防設備士第 6 類の資格を確実に取れるようにまとめました．

受験する方が，資格を取得し，その責務を全うしていただくための一助になることを望んでやみません．

もくじ

学び方 ……………………………………………… 4
受験案内 …………………………………………… 6

1章　機械に関する基礎的知識

1-1　基礎力学 ―――――――――――――― 10
　機械材料 ………………………………………… 10
　水理 ……………………………………………… 16
1-2　応用力学 ―――――――――――――― 22
　力について ……………………………………… 22
　運動について …………………………………… 28
● 1章のまとめ ………………………………… 36

2章　消火器の規格・構造・機能・整備

2-1　消火器および消火器用消火薬剤の規格 ――― 42
　住宅用消火器以外の消火器の規格① …………… 42
　住宅用消火器以外の消火器の規格② …………… 50
　住宅用消火器以外の消火器の規格③ …………… 60
　住宅用消火器以外の消火器の規格④ …………… 70
　その他の消火器の規格 …………………………… 76
　消火器用消火薬剤の規格 ………………………… 80
2-2　消火器の構造・機能 ――――――――― 86
　消火特性と消火器の種類 ………………………… 86
　粉末消火器（小型） ……………………………… 96
　粉末消火器（大型） ……………………………… 108
　強化液消火器 ……………………………………… 110
　泡消火器 …………………………………………… 114
　ハロゲン化物消火器 ……………………………… 122
　二酸化炭素消火器 ………………………………… 126

2－3　消火器の整備・点検 —————————— 130
　　点検基準と点検要領 ································· 130
　　点検の順序 ··· 138
　　分解・再充てん・組立て ······························ 146
● 2章のまとめ ———————————————— 166

❸章　消防関係法令

3－1　各類に共通する部分 ————————————— 176
　　法令と用語 ··· 176
　　火災予防 ·· 186
　　消防用設備 ··· 194
　　消防設備士 ··· 202
3－2　第6類に関する部分 ————————————— 210
　　さまざまな設置基準 ·································· 210
● 3章のまとめ ———————————————— 226

❹章　実技試験対策

4－1　鑑別等試験 ——————————————————— 232
　　消火器などの特徴 ····································· 232
● 4章のまとめ ———————————————— 260

さくいん ·· 261

学び方

本書の特徴

　本書は消防設備士試験をはじめて受験される方を対象に，試験に出題される項目を中心に解説しました．

① 基本知識から詳しく解説
　出題される項目ごとに，図や写真を豊富に使い，わかりやすくまとめました．はじめてでもわかりやすくなっています．

② 「要点のまとめ」を赤シートで確認
　項目ごとの「要点のまとめ」を赤シートで確認できます．問題に取り組む前に赤シートで要点の確認を行いましょう．

③ 項目ごとに問題・解説
　毎日1項目ずつ学習することができます．問題・解説が見開きとなっているので，解いたあとはすぐに解答・解説を確認できます．

使用方法

① 項目ごとに学習
　項目ごとに解説した内容を学習しましょう．しっかりと理解できたら次の確認をしてみましょう．

② 「要点のまとめ」を確認
　項目ごとに「要点のまとめ」があります．学習した内容をしっかりと理解できているか，赤シートを使って確認していきましょう．

③ 演習問題
　出題が予想される問題やこれまでに出題された問題を中心にまとめました．これまでに学習してきた内容を踏まえて取り組みましょう．演習後はすぐに解答・解説が確認できます．

赤シートの使い方

❶ 要点のまとめ

項目ごとに「要点のまとめ」があります．赤シートを使い何度も確認し，項目ごとの重要事項をしっかりと押さえましょう．

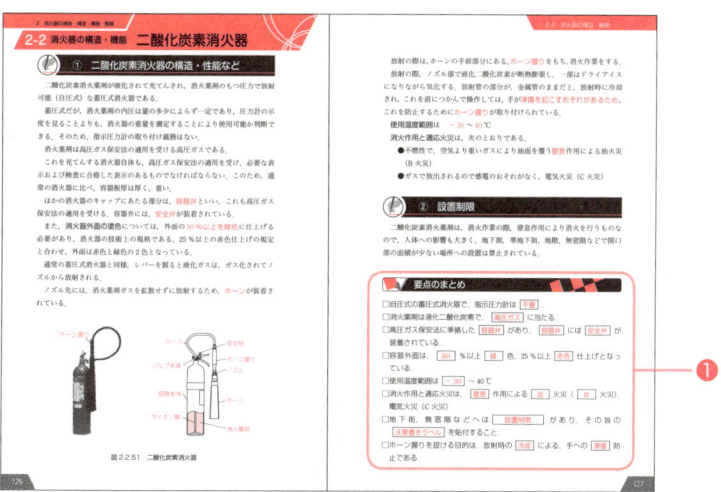

❷ 解答・解説

問題を解く際には赤シートを解答・解説欄に置きましょう．こうすることで，解答を隠して問題に取り組むことができます．

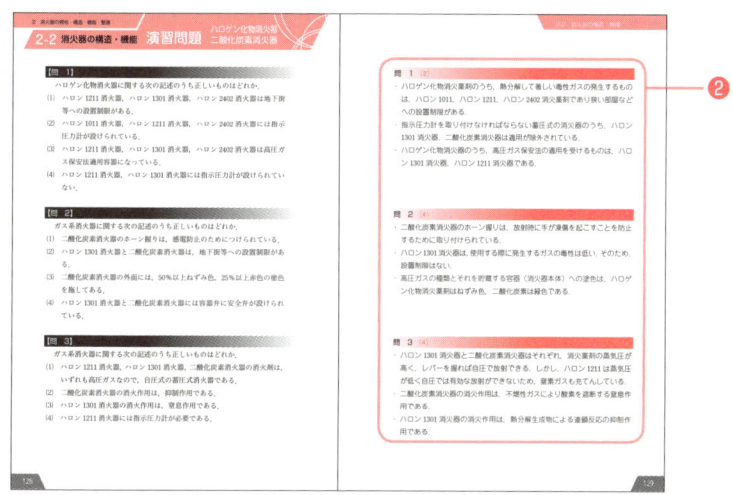

受験案内

1 消防設備士の種類

消防設備士には次の種類がある．

甲種消防設備士は，その類に対応する消火設備の工事，整備，点検を行え，乙種消防設備士はその類に対応する消火設備の整備，点検を行うことができます．

第6類消防設備士は，消火器の設置にあたっては工事が伴わないので，乙種のみの資格となっています．

甲種	特類	特殊消防設備
甲種 または 乙種	特類	特殊消防用設備等（従来の消防用設備等に代わり，総務大臣が当該消防用設備等と同等以上の性能があると認定した設備等）
	第1類	屋内消火栓設備，スプリンクラー設備，水噴霧消火設備，屋外消火栓設備，パッケージ型消火設備，パッケージ型自動消火設備，共同住宅用スプリンクラー設備
	第2類	泡消火設備，パッケージ型消火設備，パッケージ型自動消火設備
	第3類	不活性ガス消火設備，ハロゲン化物消火設備，粉末消火設備，パッケージ型消火設備，パッケージ型自動消火設備
	第4類	自動火災報知設備，ガス漏れ火災警報設備，消防機関へ通報する火災報知設備，共同住宅用自動火災報知設備，住戸用自動火災報知設備，特定小規模施設用自動火災報知設備，複合型居住施設用自動火災報知設備
	第5類	金属製避難はしご，救助袋，緩降機
乙種	第6類	消火器
	第7類	漏電火災警報器

2 受験資格

乙種消防設備士の受験資格は実務経験を含めて国籍，性別，年齢，学歴など特別な要件を必要としません．誰でも受験できます．

また，居住地，勤務先にかかわらず，どこの都道府県でも受験ができます．

3 試験科目・出題数・試験日程

・試験科目： 第6類の試験科目と出題数は以下のとおりで，筆記試験と実技試験に分かれています．試験の時間は，1時間45分です．

試験科目		出題数
消防関係法令	設備士共通事項	6問
	第6類に関係事項	4問
機械に関する基礎知識		5問

消火器の構造，機能及び工事または整備の方法	機械に関する部分	9問
	規格に関する部分	6問
	合計	30問

・「筆記試験」の方法と出題数：

　四肢択一式で行われ，合計30問の出題がされます．科目ごとの出題数は次のとおり．

　「消防関係法令」は共通事項の部分から6問，
　　　　　　　6類に関する事項の部分から4問の計10問
　「機械に関する基礎知識」は5問
　「構造・機能・工事・整備」は機械に関する部分から9問，
　　　　　　　規格に関する部分から6問の計15問

・「実技試験」の方法と出題数：

　実技試験は，現物を見ながら行うのではなく，写真，イラストなどが示され，主に記述式で回答をするものが出題されます．出題数は5問です．

4 合格水準

　「筆記試験」は科目ごとに40％以上，全体では60％以上，「実技試験」では60％以上の成績を収めると合格になります．

　ただし，5 で示す試験科目を免除申請した場合は，免除を受けた問題以外で，上記成績を収めなければなりません．

5 試験の免除

　以下の要件を満足するものは，受験申請時に免除の資格を証明する書類を添えて，免除の申請をすれば，それぞれ以下の試験科目が免除されます．

　① 技術士法第4条第1項に規定する機械部門の第2次試験に合格した者…機械又は電気に関する基礎的知識　および消防用設備等の構造，機能及び工事または整備の方法
　② 甲種消防設備士免状（第1類から4類までのいずれか）または乙種消防設備士免状（1類から4類まで又は7類のうちいずれか）の交付を受けている者…消防関係法令のうち共通部分
　③ 甲種，および乙種の第5類消防設備士免状の交付を受けている者…機械又は電気に関する基礎的知識及び消防関係法令のうち共通部分

④　5年以上消防団員として勤務し，かつ消防学校の教育訓練のうち専科教育の機関課を終了した者…機械に関する基礎的知識および実技試験
　　その他，電気主任技術者，消防検定協会及び指定検定機関の職員などに対しても，試験の一部免除規定があります．

6 受験の申請

受験申請の方法は，「書面申請」と「電子申請」があります．

・「書面申請」の方法

申請に必要な以下の書類等を入手，作成し，申請期間内に届くように申請する．

試験は，都道府県ごとに，試験日程，場所が違うので，あらかじめ，消防試験研究センターで調べておくこと．

受験願書…各都道府県の消防試験研究センター支部または消防本部より入手
振り込み受付証明書…受験願書に付属する払込用紙を使い，受験料を振り込むと窓口から返却される
写真（所定のもの）
試験の一部免除を申請する場合…資格を証明する書類など

・「電子申請」の方法

「消防試験研究センター」のホームページへアクセスして行います．

「電子申請はこちらから（インターネットでの申込み）」をクリックして，指示に従って必要事項を記入して作成する．

同じページで，「危険物取扱者試験」も取り扱っているので，「消防設備士試験」をクリックして先へ進む注意が必要です．

7 試験に関する問い合わせ先

　一般財団法人　消防試験研究センター
　URL　http://www.syoubou-siken.or.jp
　電話　03-3460-7798
　FAX　03-3460-7799

1 機械に関する基礎的知識

1 基礎力学 .... P 10
2 応用力学 .... P 22

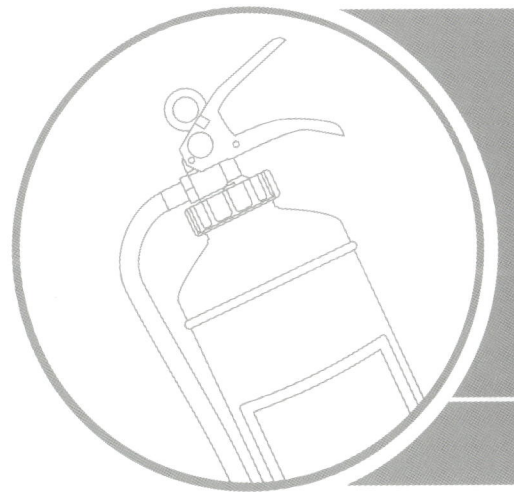

1-1 基礎力学 機械材料

消火器には，以下に示す多くの材料が使われ，部品ごとに熱処理や表面処理がなされ，製品化されている．

① 金属材料の種類と性質

1 金属

水銀を除き，固体であり，展性や塑性に優れ，電気，熱の良導体である．
機械加工が可能で，単体で用いられるが，合金として使われる場合も多い．
熱伝導度，電気伝導度：
　銀＞銅＞金＞鉄　の順である．

比重：

最小 ←					→ 最大
1.74	2.69	7.87	10.49	19.32	21.50
マグネシウム	アルミニウム	鉄	銀	金	白金

溶融点：

最低 ←					→ 最高
239	327	960	1 530	2 550	3 400 ℃
すず	鉛	銀	鉄	モリブデン	タングステン

硬度（ビッカース）：

最低 ←			→ 最高
3.9	22	25	110
鉛	金	銀	純鉄

2 合金

各金属の特性を伸ばすために母体金属にほかの金属を添加混合したもので，それぞれの金属に比べ，一般的に，次のような特性変化があり，利用される．

- 融点が下がる
- 鋳造しやすくなる（可鋳性の向上）
- 元の金属より抗張力が高くなり，強く，硬い
- 熱，電気伝導度は元の金属の平均値よりもやや下がる
- 耐食性は上昇する（錆びにくい）

② 鉄鋼材料

1 炭素鋼

鉄と炭素の合金である．

炭素含有量が 0.02 %～2.14 %のものをいい，一般には普通鋼とよばれる．

低炭素鋼（C（炭素含有量） 0.3 %以下），中炭素鋼（C 0.3～0.7 %），高炭素鋼（C 0.7 %以上）がある．

炭素含有量が増えると強さ，硬さは増すが，展延性は低下する．

2 合金鋼

鋼の性質を変えたり，用途に合った特性を得るために，炭素鋼にニッケル，クロム，タングステン，アルミニウム，チタンなどのほかの元素を 1 種以上加えた合金のことである．

機械的強度，加工性，耐食性，耐熱性などの強化を行う．

合金鋼の主な例は次の 2 つである．

- ステンレス鋼：低炭素鋼とクロム，ニッケルの合金（耐食性の向上）
- 高速度鋼：高炭素鋼とタングステンとクロム，バナジウムの合金（高温下でも使用できる切削工具への利用）

③ 非鉄金属材料

1 銅とその合金

銅は電気伝導性と熱伝導性が高く，展延性にも優れている．

銅合金の主な例は次の 3 つである．

- 黄銅：銅と亜鉛の合金
- 青銅：銅とすずの合金
- りん青銅：銅，すず，亜鉛とりんの合金

2 アルミニウムとその合金

アルミニウムも，電気伝導性と熱伝導性は高く，展延性も優れているうえに，軽いという特徴がある．

アルミニウム合金の主な例は次のとおりである．

- ジュラルミン：アルミニウムと亜鉛，マンガン，マグネシウムの合金

その他，展伸用合金，鋳造用合金として沢山の種類がある．

3 ニッケルとその合金

ニッケルは，電気抵抗が高い．

また，光沢があり，耐食性が高い特徴から，めっきに使われる．

ニッケル合金の主な例は次のとおりである．
- ●ニクロム線： ニッケルとクロムの合金

4 その他

はんだ： 鉛とすずの合金

④ 非金属材料

プラスチック，ガラス，ゴム，その他多くのものがある．

⑤ 熱処理，表面処理

1 熱処理

材料を加熱，冷却することにより必要な性能を与えることをいい，その処理方法と目的は以下のとおり．

　焼き入れ：高温に加熱し，冷却をする（徐冷，急冷，油冷，水冷などが
　　　　　　ある）…材料を固く，強くするが，伸びは少なくなる．

　焼き戻し：焼き入れしたものを再加熱し，冷却する…材料に粘りを与え
　　　　　　る．

　焼きならし：焼きなましの一種である．焼き入れの前処理としても行う
　　　　　　…加工による内部のひずみを取り除く．

　焼きなまし：加熱後，ゆっくりと時間をかけて冷却する…加工後の内部
　　　　　　応力の除去．

2 表面処理

金属の表面を処理して，耐摩耗，耐食性，耐熱性，潤滑性などを向上させるために行うもので，その処理法と目的は以下のとおり．

　表面焼き入れ，硬質クロムめっき…表面の硬化

　めっき，塗装…表面に被膜をつくり，耐食性，耐摩耗性を向上させる

要点のまとめ

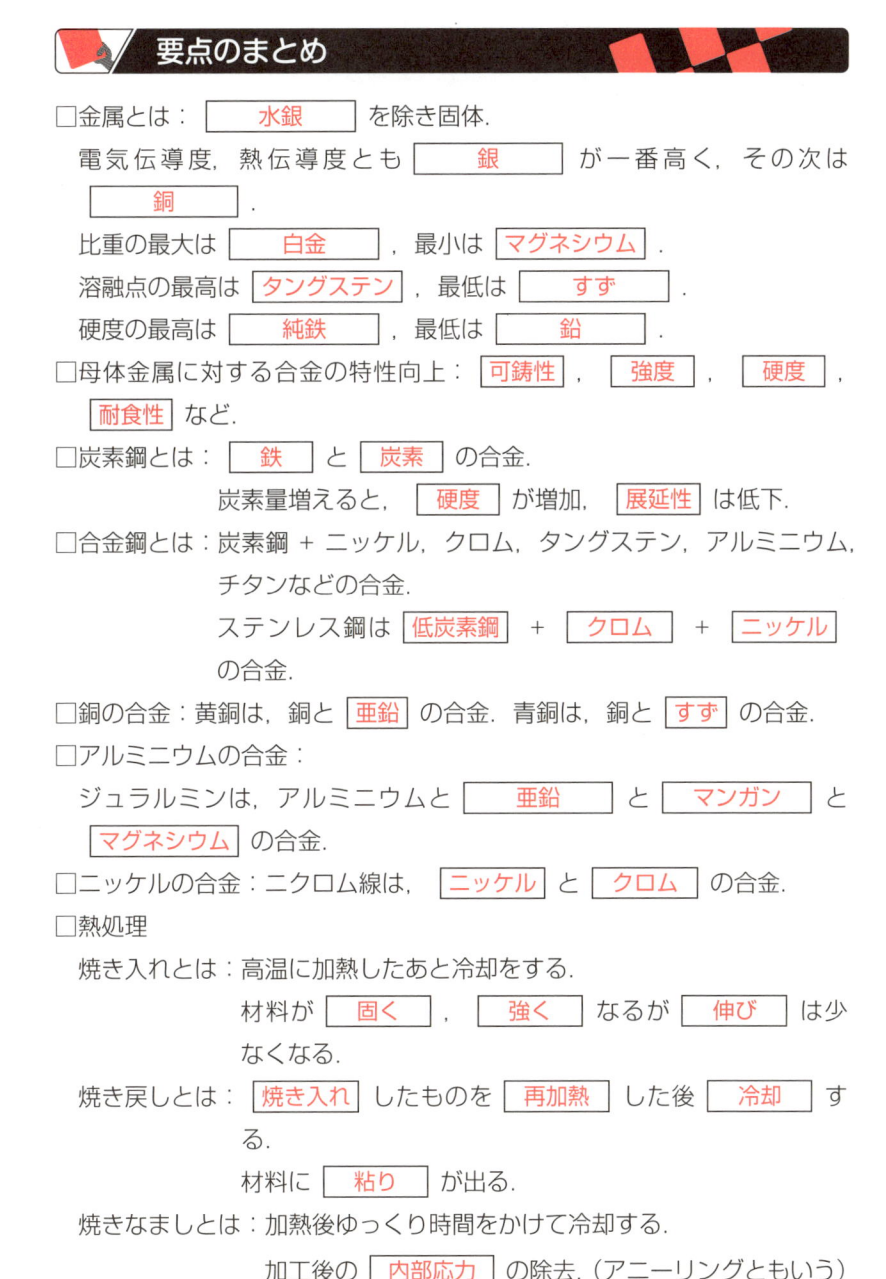

□金属とは： 水銀 を除き固体．
　電気伝導度，熱伝導度とも 銀 が一番高く，その次は
　 銅 ．
　比重の最大は 白金 ，最小は マグネシウム ．
　溶融点の最高は タングステン ，最低は すず ．
　硬度の最高は 純鉄 ，最低は 鉛 ．
□母体金属に対する合金の特性向上： 可鋳性 ， 強度 ， 硬度 ，
　 耐食性 など．
□炭素鋼とは： 鉄 と 炭素 の合金．
　　　　　　炭素量増えると， 硬度 が増加， 展延性 は低下．
□合金鋼とは：炭素鋼＋ニッケル，クロム，タングステン，アルミニウム，
　　　　　　チタンなどの合金．
　　　　　　ステンレス鋼は 低炭素鋼 ＋ クロム ＋ ニッケル
　　　　　　の合金．
□銅の合金：黄銅は，銅と 亜鉛 の合金．青銅は，銅と すず の合金．
□アルミニウムの合金：
　ジュラルミンは，アルミニウムと 亜鉛 と マンガン と
　 マグネシウム の合金．
□ニッケルの合金：ニクロム線は， ニッケル と クロム の合金．
□熱処理
　焼き入れとは：高温に加熱したあと冷却をする．
　　　　　　　材料が 固く ， 強く なるが 伸び は少
　　　　　　　なくなる．
　焼き戻しとは： 焼き入れ したものを 再加熱 した後 冷却 する．
　　　　　　　材料に 粘り が出る．
　焼きなましとは：加熱後ゆっくり時間をかけて冷却する．
　　　　　　　　加工後の 内部応力 の除去．（アニーリングともいう）

1-1 基礎力学　演習問題　機械材料

【問 1】
金属の一般的な性質に関する以下の記述のうち誤っているものはどれか．
(1) 金属はすべて固体であり，電気，熱の良導体である．
(2) 電気伝導度の一番高い金属は，銀である．
(3) 熱伝導度の一番高い金属は銀である．
(4) 比重が一番大きな金属は，白金であり，一番低い金属はマグネシウムである．

【問 2】
合金についての以下の記述のうち，誤っているものはどれか．
(1) 合金にする目的は，可鋳性や抗張力や耐食性の向上などである．
(2) 合金とは，母体金属に別の金属を張り合わせたものである．
(3) 炭素鋼は，鉄と炭素の合金であるが，炭素の量が増すと抗張力も増す．
(4) 炭素鋼は，鉄と炭素の合金であるが，炭素の量が増すと展延性は低下する．

【問 3】
合金の成分についての以下の記述のうち，誤っているものはどれか．
(1) ステンレス鋼は，低炭素鋼とクロムとニッケルの合金である．
(2) 黄銅は，銅と亜鉛の合金である．
(3) 青銅は，銅と亜鉛の合金である．
(4) ニクロム線は，ニッケルとクロムの合金である．

【問 4】
熱処理方法に関する以下の説明で誤っているものはどれか．
(1) 「焼き入れ」とは，材料を高温に加熱した後，水中等へ投入し，冷却する方法で，材料を固く強くするのが目的である．
(2) 「焼きなまし」とは，材料を加熱後，ゆっくりと時間をかけて冷却する方法で，材料内の内部応力を除去するのが目的である．
(3) 「焼き戻し」とは，焼き入れした材料を再加熱し，冷却する方法で，材料をさらに固くするのが目的である．
(4) 「焼き戻し」とは，焼き入れした材料を再加熱し，冷却する方法で，材料に粘りをもたせるのが目的である．

問 1 (1)

　水銀を除いて，すべての金属は固体である．

　電気，熱の伝導度の最も高いものは銀であるが，銅と間違えやすい．

　上位4種は覚えておこう．

　あわせて，比重，溶融点，硬さの最大および最小の金属名についても覚えること．

問 2 (2)

　合金とは，母体金属にほかの金属を添加混合したものである．

　異種金属材料を張り合わせたものとしては，バイメタルがある．間違えないようにしたい．

問 3 (3)

　青銅は，銅とすずの合金である．

　ほかの合金成分も，確実に覚えること．

問 4 (3)

　「焼き戻し」とは，焼き入れした材料を再加熱し，冷却する方法で，材料に粘りをもたせるのが目的である．

　同じような言葉であるが，方法と目的をしっかりと覚えること．

1-1 基礎力学　　水　　理

① 流体の特性

1 流体とは
物質の三態を，固体，液体，気体という．物質の三態のうち固体を除く，液体と気体を流体という．

2 密度とは
密度とは，単位体積の質量〔kg/m³〕のことである．

水の密度は，1気圧のもとで，4℃の時最大で　1 000〔kg/m³〕であり，1 cm³の質量は1 gである

3 比重とは

$$\frac{物体の密度}{4℃の水の密度} = \frac{物体の重さ}{物体と同体積の4℃の水の重さ}$$

4 ボイルの法則とは
一定の温度で気体の圧力を変化させると，気体の体積 V は，圧力 P に反比例して変化する

式　$PV = k$（kは定数），$P_1 V_1 = P_2 V_2$

P_1, V_1：はじめの状態　　P_2, V_2：変化後の状態

5 シャルルの法則とは
圧力が一定のとき，一定質量の気体の体積 V は，絶対温度 T に比例する

$$V_t = V_0 \frac{T}{273} \qquad T（絶対温度）= 273 + t$$

V_0：0℃の体積

V_t：t℃の体積

6 ボイル・シャルルの法則とは
一定質量の気体の体積 V は，圧力 P に反比例し，絶対温度 T に比例する

$$P\frac{V}{T} = P_1 \frac{V_1}{T_1} = k$$

P, V, T　：はじめの状態

P_1, V_1, T_1　：変化後の状態

② 静水力学

1 圧力とは
単位面積に働く力で，どの面にも直角に働く．

2 絶対圧力とゲージ圧力
圧力計で示される圧力値は，大気圧力との圧力差である．

　　　　ゲージ圧力 ＝ 絶対圧力－大気圧力

3 水深と圧力
水深 h と底における圧力 P は

$$P = \gamma h \,\text{［Pa］} \qquad h：水面からの深さ$$
$$\gamma：水の比重量$$

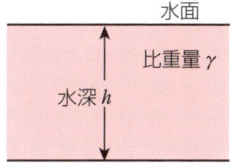

4 水頭と圧力
圧力の大きさは液柱の高さでも表すことができる．

　水の場合は，水中の高さを，ヘッド（水頭）とよび，水頭 10 m の圧力は約 0.1 MPa ≒ 1 kgf/cm² である．

5 トリチェリの実験
長さ 1 メートルのガラス管に水銀を満たし，ガラス管内に空気が入らないようにして水銀の入った容器を逆さに立てると，図のように真空部分ができてつり合う．

　水銀柱の高さが図のように h mm であったら，大気圧は h mmHg である．
1 気圧は，0 ℃，760 mm の水銀柱の高さに相当する．

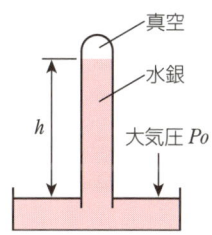

6 パスカルの原理

密閉された容器内の液体に圧力を加えると，圧力は増減なく一様に伝わる．これを利用したものに水圧ポンプがある．

図のように，F_1 の力が加わると，F_1 には，$P (= F_1/S_1)$ の圧力が発生している．この圧力 P は，S_2 の面積に一様にかかっているから，その力 F_2 は $F_2 = P \times S_2$ で表される．

すなわち，

$$\frac{F_2}{F_1} = \frac{S_2}{S_1}$$

$$F_2 = F_1 \frac{S_2}{S_1}$$

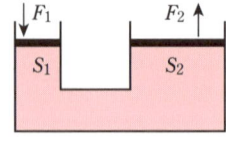

F：力 $(F = P \times S)$

S：断面積

7 アルキメデスの原理：

液体中にある物体は，その物体が排除した液体の質量と等しい浮力を受ける．

この原理を利用して，物体の比重を測定できる．

物体が水に沈むとき：

$$S = \frac{W}{W - W_1}$$

W：物体の空気中の重さ
W_1：物体の水中での重さ

物体が浮くとき：

$$S = \frac{W}{W_2 - W_3}$$

W_2：物体に重りをつけて重りだけを沈めたときの重さ
W_3：重りと物体の両方を沈めたときの重さ

要点のまとめ

□物質の三態：

　固体，液体，気体であり，流体とは固体を除く，液体，気体を指す．

□ボイルの法則：
一定の温度で気体の圧力を変化させると，気体の 体積V は， 圧力P に反比例して変化する　　　式　P_1V_1 = P_2V_2

□シャルルの法則：
圧力が一定のとき，一定質量の気体の 体積V は，絶対温度T に比例する　　　式　$V_t =$ $V_0 \dfrac{T}{273}$

□ボイル・シャルルの法則：
一定質量の気体の体積Vは，圧力Pに 反比例 し，絶対温度Tに 比例 する　　　式　$P\dfrac{V}{T}$ = $P_1\dfrac{V_1}{T_1}$

□ゲージ圧力 ＝ 絶対圧力 － 大気圧力

□パスカルの原理：
密閉された容器内の液体に圧力を加えると，圧力は 増減 なく 一様 に伝わる．　　　式　$\dfrac{F_2}{F_1}$ = $\dfrac{S_2}{S_1}$

□アルキメデスの原理：
液体中にある物体は，その物体が排除した液体の 質量 と等しい浮力を受ける．
物体の比重測定：
物体が水に沈むとき：　　　物体が水に浮くとき：
式　$S =$ $\dfrac{W}{W - W_1}$　　　式　$S =$ $\dfrac{W}{W_2 - W_3}$

1-1 基礎力学 演習問題 水理

【問 1】

ある気体を，温度を変えずに N 倍の圧力で圧縮したときの，気体の体積は，元の体積の何倍になるか．次の中で正しいものはどれか．

(1) N 倍　　(2) $1/N$ 倍　　(3) $2N$ 倍　　(4) $2.5N$ 倍

【問 2】

図のような水圧ポンプがある．小口径の半径の5倍の半径を持つ，大口径ピストン上で，250 N の力を得るためには，小口径ピストンに何 N の力を加えればよいか．正しいものは次のうちどれか．

(1) 1 250 N
(2) 1 250 π N
(3) 10 π N
(4) 10 N

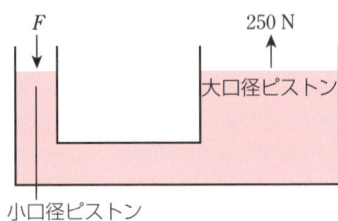

【問 3】

アルキメデスの原理に関する，次の説明文のうち，正しいものはどれか．

(1) 密閉された容器内の液体に圧力を加えると，圧力は増減なく一様に伝わる．
(2) 液体中にある物質は，その物体が排除した液体の質量と等しい浮力を受ける．
(3) 温度一定で気体の圧力を変化させると，気体の体積 V は，圧力 P に反比例して変化する
(4) 長さ 1 m のガラス管に水銀を満たし，ガラス管内に空気が入らないようにして水銀の入った容器に逆さに立てると，真空部分ができて釣り合う．

問 1 (2)

温度が一定で，圧力を変化させたときの法則は，ボイルの法則による．

$$V_2 = V_1 \frac{P_1}{P_2}$$

ここで，$\frac{P_1}{P_2} = \frac{1}{N}$ なので(2)が正解．

問 2 (4)

パスカルの原理では，密閉された容器内の液体に圧力を加えると，圧力は増減なく一様に伝わるとされている．

力と圧力の関係式は，F（力）$= P$（圧力）$\times S$（受圧面積）で表される．

小口径ピストン上に加えられた力により発生した圧力Pは，大口径内の断面積部に，一様にPの圧力が加わるので，そこに発生する力は，半径が5倍，すなわち，面積が25倍となるので，発生する力は25倍となる．

逆に言えば，大口径に必要な力の1/25の力を小口径ピストンに加えればよいことになる．

直径，半径，面積を読み間違えないように注意すること．

問 3 (2)

(1)は，パスカルの原理．
(3)は，ボイルの法則．
(4)は，トリチェリの実験である．

1-2 応用力学　力について

① 力

1 力
物体の運動状態を変えたり，変形させたりする原因となるもの．単位は N（ニュートン）
質量 1 kg の物体に 1 m/s² の加速度を生じさせる力を 1 N という．

2 力の3要素
① 作用点（または着力点）
② 力の方向
③ 力の大きさ

3 スカラーとベクトル
力や速度，加速度のように，大きさと向きをもっている量をベクトルという．

長さ，重さ，時間のように大きさだけできまる量をスカラーという．

4 力の合成と分解
力はベクトルであるから，2つの力を合成したり，分解することができる．

●作用線が互いに交わる場合

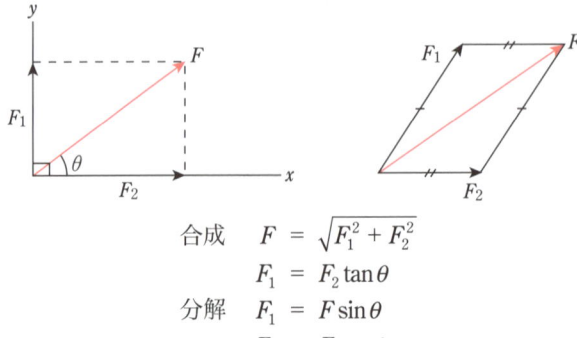

合成　$F = \sqrt{F_1^2 + F_2^2}$
　　　$F_1 = F_2 \tan\theta$
分解　$F_1 = F\sin\theta$
　　　$F_2 = F\cos\theta$

●作用線が平行な場合

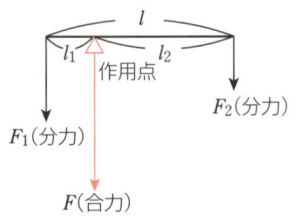

合力の大きさは
$F = F_1 + F_2$
作用点の位置は
$l_1 = \dfrac{F_2}{F}l$
$l_2 = \dfrac{F_1}{F}l$

●作用線が平行で逆向きの場合

図のように l の距離をおいて平行な力 F_1, F_2 が働いている場合，作用点 O における合力 F は

$$F = F_2 - F_1$$

作用点の位置は

$$l_1 = \frac{F_2}{F}l$$

$$l_2 = \frac{F_1}{F}l$$

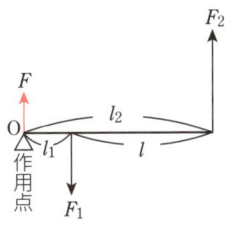

② モーメント

モーメントとは，ある点を中心に，物体を回転させようとする力の働きのことである．

モーメント M は次の式で表す．

$$M = F \cdot l \quad (\text{N·m}) \qquad F：力$$
$$l：腕の長さ$$

ねじを締めるとき，腕の長いスパナで行うほど力は少なくて済む．

図の場合は

$$M = Fl$$
$$ = F\sin\theta \cdot r$$
$$ = F_1 r$$

r：回転軸から作用点までの長さ

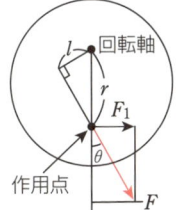

③ 偶力

ある長さの腕の両端に，逆向きで大きさの等しい平行な力が加わっているとき，その合力は 0 であるがモーメントはゼロではない．偶力とは，この一対の力のことをいう．

偶力の合力は，0 であるから，物体を移動させることはできず，物体を回転させるのみである．

偶力のモーメントは，腕のどの位置に回転軸があっても，腕の長さ l と，力の大きさの積（$M=F_1 l=F_2 l$）である．

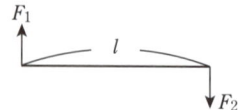

 ④ 力のつり合い

物体に多くの力が働いていても，その物体が静止している状態を，力がつり合っているという．

一般的には，合成された二力が，次の場合につり合う．
① 同一作用線上にあり，
② 大きさが同じ，
③ 方向がそれぞれ反対

平行力のつり合い：

F_3 と支点 A, B の反力はつり合っているので，次の式が成り立つ．

$$F_3 = F_1 + F_2$$
$$F_1 = \frac{F_3 l_2}{l}$$
$$F_2 = \frac{F_3 l_1}{l}$$

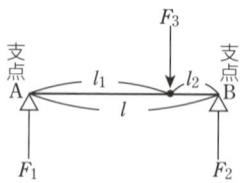

 要点のまとめ

□力の三要素とは， 作用点   力の方向と向き   力の大きさ である
□ ベクトル とは，力や，速度，加速度のように，大きさと向きをもっている量である． スカラー とは，長さ，重さ，時間のように大きさだけできまる量である．

□力の合成と分解
　作用線が交わる場合

　　　合成　$F = \boxed{\sqrt{F_1^2 + F_2^2}}$

　　　　　　$F_1 = \boxed{F_2 \tan\theta}$

　　　分解　$F_1 = \boxed{F \sin\theta}$

　　　　　　$F_2 = \boxed{F \cos\theta}$

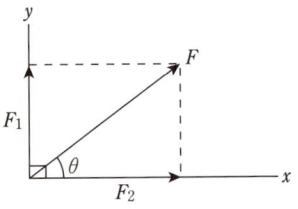

　作用線が平行な場合

　　　合力の大きさは

　　　$F = \boxed{F_1} + \boxed{F_2}$

　　　作用点の位置は

　　　$l_1 = \boxed{\dfrac{F_2}{F}l}$

　　　$l_2 = \boxed{\dfrac{F_1}{F}l}$

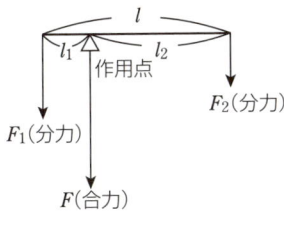

　作用線が平行で逆向きの場合

　　　合力は

　　　$F = \boxed{F_2} - \boxed{F_1}$

　　　作用点の位置は

　　　$l_1 = \boxed{\dfrac{F_2}{F}l}$

　　　$l_2 = \boxed{\dfrac{F_1}{F}l}$

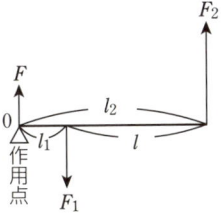

□力のつり合いの条件は，二力が $\boxed{同一作用線上}$ にあり，$\boxed{大きさ}$ が同じで，$\boxed{方向}$ が反対の場合である．

□モーメント M は　　$M = \boxed{Fl}$ 〔N・m〕　　F：力，l：腕の長さ

1-2 応用力学　演習問題　力について

【問 1】

図のような物体に作用点に3Nの力を加え，回転軸を中心に回そうとした場合に，発生するモーメントの大きさで正しいものは次のうちどれか．

(1) 0.9 N・m
(2) 90 N・m
(3) 0.45 N・m
(4) 4.5 N・m

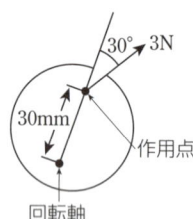

【問 2】

力の釣り合いの条件に関して，以下の記述のうち正しいものはどれか．

(1) 二力が互いに並行で，方向が反対，力の大きさが同じ場合．
(2) 二力が同一作用線上にあり，方向が反対，力の大きさが同じ場合．
(3) 二力が互いに並行で，力の大きさが同じ場合．
(4) 二力が同一作用線上にあり，方向が同一で，力の大きさが同じ場合．

【問 3】

図に示す作用点に40Nの力が加わっているとき，支点A及びBで発生する反力の組合せのうち，正しいものは次のうちどれか．

(1) A = 17 N, B = 23 N
(2) A = 30 N, B = 10 N
(3) A = 23 N, B = 17 N
(4) A = 10 N, B = 30 N

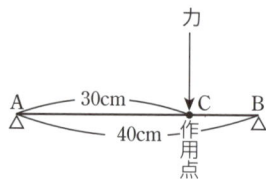

問 1 (3)

図に示すように，回転軸と作用点を結ぶ線に直角に働く力は，

$$3 \text{ N} \times \sin 30° = 1.5 \text{ N}$$

回転軸と作用点までの距離は，0.3 m．
よって，回転軸に発生するモーメントは

$$M = 1.5 \times 0.3$$
$$= 0.45 \text{ [N·m]}$$

●単位を間違えないように注意する．

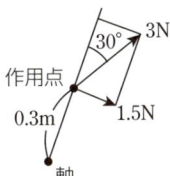

問 2 (2)

力のつり合いの定義どおりである．
すなわち，力のつり合いの条件は，
① 二力が同一作用線上にあり
② 力の大きさが同じ
③ 力の方向が反対
の三条件である．

問 3 (4)

図に示すように，作用点での力と支点 A，B における反力がつり合っている．
④ 力のつり合いで学んだように
A 点における反力：

$$\frac{40 \times 10}{40} = 10 \text{ N}$$

B 点における反力：

$$\frac{40 \times 30}{40} = 30 \text{ N}$$

となる．

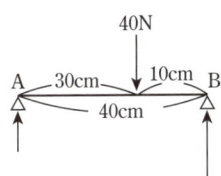

1-2 応用力学　運動について

① 運動と運動量

1 速度，加速度

速度 v：単位時間内に物体が移動した距離 s

$$v = \frac{s}{t} \text{ [m/s]}$$

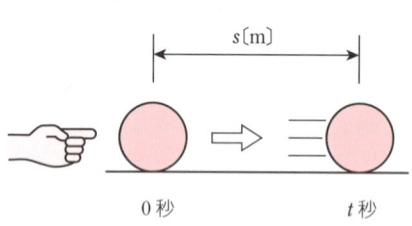

加速度 α：単位時間内の速度の変化

$$\alpha = \frac{v - v_0}{t} \text{ [m/s}^2\text{]} \qquad v_0：初速$$

$$v：t 秒後の速度$$

2 ニュートンの運動法則

運動の第一法則（慣性の法則）：
　物体に外力が加わらない限り，物体は今までの運動の状態を保つ．

運動の第二法則（力と加速度）：
　物体に外力が加わると，物体の加速度は，外力の向きと同じ方向に働き，力の大きさ F は外力に比例し，質量に反比例する．

$$F = m\alpha \qquad m：質量$$

$$= m\frac{v - v_0}{t} \qquad \alpha：加速度$$

運動の第三法則（作用，反作用の法則）：
　物体がほかの物体に力を及ぼすと，ほかの物体も大きさの等しい反対方向の力を及ぼす．

② 摩擦

1 摩擦力

置かれている物体を横にずらそうとするときには力が必要である．これは，物体との接触面に，ずらす力と反対方向に力が働いているからである．

この反対方向の力が摩擦力であり，物体が滑り始めたときの力を最大摩擦力という．

物体の接触面に垂直にかかる力と摩擦力 F の関係は，次のとおりである．

$$F = \mu N \quad [N] \quad \mu：摩擦係数$$

すなわち，摩擦力は，接触面積には関係なく，面にかかる重さに比例をする．

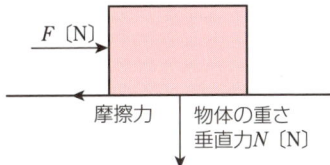

● 静止摩擦力：

物体が滑り始めるまでの摩擦力

● 動摩擦力：

物体が滑り始めた後の摩擦力

 ## ③ 仕事とエネルギー

1 仕事

物体に力が働き，その方向に物体が動いた場合，仕事をしたという．

2 仕事量 Q

働いた力 F と物体が動いた距離 s の積で表される．

$$Q = Fs \quad (J：ジュール) \qquad 1J = 1N \times 1m$$

3 仕事率

単位時間に行った仕事量のことをいう．

$$仕事率 P = Q/s$$

4 エネルギー

力学的には仕事をできる能力のことをいい，エネルギーを使って仕事をすると，エネルギーの形は変わっていくが，そのエネルギーの総和は，元のエネルギーの大きさと変わらない．（エネルギー保存の法則）

5 仕事の原理

エネルギー保存の法則を言い換えると，滑車やてこを使って仕事をしても，力は小さくて済むが，仕事量を減らすことはできないことになる．

力の軽減を使った例．

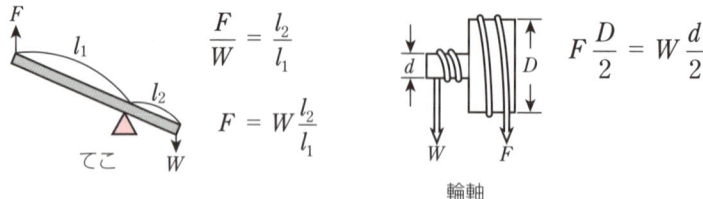

F：引くまたは押す力
W：荷重
D：輪軸の大径
d：輪軸の小径
l：支点からの距離

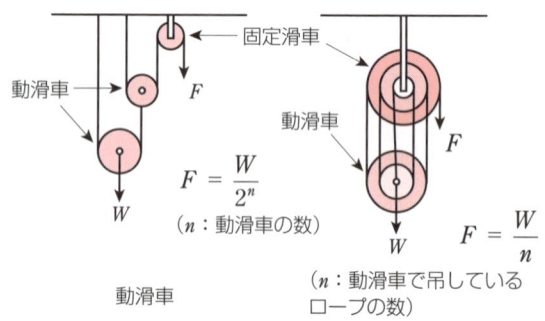

④ 荷重と応力

1 荷重

物体に働く外力をいう．荷重にはその作用によって次の種類がある．

　　引張り荷重，圧縮荷重，せん断荷重，曲げ荷重，ねじり荷重

2 応力

物体に荷重を加えたときに物体の内部に発生する単位面積当たりの力である．応力にも，荷重と同様の種類がある．

荷重と応力の関係は次のとおりである．

$$\text{応力}\ \sigma = \frac{\text{荷重}\ W}{\text{断面積}\ A}\ [\text{Pa}]$$

$1\ \text{Pa} = 1\ \text{N/m}^2$
$1\ \text{MPa} = 10^6\ \text{Pa}$

⑤ 応力とひずみ

1 ひずみ

材料に荷重がかかると，材料は伸びたり，曲がったり，縮んだりする．この変形量の元の寸法に対する比を「**ひずみ**」という．

ひずみ ε は　　縦ひずみの場合　　$\varepsilon = \dfrac{l - l_0}{l_0}$

　　　　　　　　横ひずみの場合　　$\varepsilon = \dfrac{d - d_0}{d_0}$　（正負はつけない）

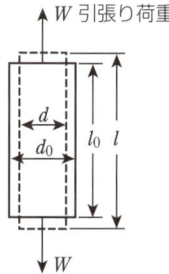

2 応力―ひずみ線図

物体にひずみが生じたときの，応力の変化を示したグラフである．一般的な材料であれば図のような変化を示す．

銅や，アルミニウムのような柔らかい材料だと，降伏点（C点）が現れない．

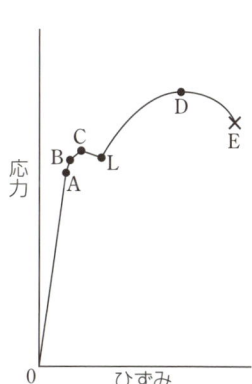

図で荷重0～A点までは，応力とひずみは比例し，

A点を**比例限度**という．

B点は**弾性限度**といい，ここまでで荷重を取り除けば，ひずみは元に戻る．

C点は**上降伏点**といい，これ以上の荷重をかけ

31

ると，ひずみはもう元に戻らない．
　D点は**抗張力**といい，この材料の引張り強さ（極限強さ）である．
　E点は**破断点**である．
　L点は下降伏点という．

⑥ 許容応力

材料を使う場合，その強度（許容応力）内で，安全な強度を用いなければならない．

許容応力と安全率の関係は，次のとおりである．

$$安全率 = \frac{極限強さ}{許容応力}$$

要点のまとめ

□速度 v：単位時間内に物体が移動した　距離 s　　$v = \dfrac{s}{t}$ 〔m/s〕

□加速度 α：単位時間内の　速度　の変化　　$\alpha = \dfrac{v - v_0}{t}$ 〔m/s²〕

□ニュートンの運動法則
　運動の第一法則（**慣性の法則**）：
　　物体に外力が加わらない限り，物体は今までの運動の状態を保つ．
　運動の第二法則（力と加速度）：
　　物体に外力が加わると，物体の加速度は，外力の向きと同じ方向で，大きさは　外力　に比例し，　質量　に反比例する．
　　$F =$　$m\alpha$
　運動の第三法則（作用，反作用 の法則）：
　　物体がほかの物体に力を及ぼすと，ほかの物体も大きさの等しい反対方向の力を及ぼす．
□仕事：物体に　力　が働き，その　方向　に物体が　動いた　場合，仕事をしたという．

□仕事量 Q：働いた力 F と物体が動いた距離 s の $\boxed{積}$ で表される
　　　　$Q = \boxed{F \cdot s}$ 　（J：ジュール）　　$1\,\mathrm{J} = 1\,\mathrm{N} \cdot 1\,\mathrm{m}$

□仕事率 P：単位時間に行った $\boxed{仕事量（Q）}$ 　$P = Q/s$ 〔J/s〕

□エネルギー保存の法則：仕事をすると，エネルギーの形は変わっていくが，そのエネルギーの $\boxed{総和}$ は，元のエネルギーの大きさと変わらない．

□仕事の原理：滑車やてこを使って仕事をすると，$\boxed{力}$ は小さくてすむが，$\boxed{仕事量}$ を減らすことはできない．

□応力：荷重を加えたときに物体の $\boxed{内部}$ に発生する単位面積当たりの $\boxed{力}$ である．

□荷重と応力の関係は　応力 $\sigma = \boxed{\dfrac{荷重 W}{断面積 A}}$ 〔Pa〕

□変形量の元の $\boxed{寸法}$ に対する比を「ひずみ」という．$\varepsilon = \boxed{\dfrac{l - l_0}{l_0}}$

□ $\boxed{比例限度}$ ：応力とひずみが比例する限度
□ $\boxed{弾性限度}$ ：荷重を取り除けば，ひずみが元に戻る限度
□ $\boxed{降伏点}$ ：これ以上の荷重をかけると，ひずみが元に戻らない点．
□ $\boxed{抗張力}$ ：材料の引張り強さ（極限強さ）である．

□許容応力 $= \boxed{\dfrac{極限強さ}{安全率}}$

1-2 応用力学　演習問題　運動について

【問 1】

図に示す滑車を用いて，$F = 50\,\text{N}$ の力で引いた場合，動滑車に吊るした物体を引き上げられる最大力で正しいものは次のうちどれか．

(1)　100 N
(2)　200 N
(3)　400 N
(4)　800 N

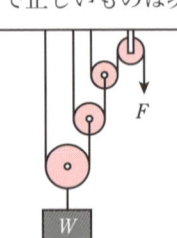

【問 2】

仕事に関する次の記述のうち，誤っているものはどれか．

(1) 物体に働いた力と力の方向にその物体が動いた距離の積を仕事量という．
(2) 滑車やてこを使って仕事をした場合，力が少なくて済むので，仕事量も少なくなる．
(3) 単位時間に行った仕事量を仕事率という．
(4) 仕事をすると，エネルギーの総和は，元のエネルギーの大きさと変わらない．

【問 3】

極限強さが，$450\,\text{N/mm}^2$，断面積 $5\,\text{cm}^2$ の鋼材を用いて，安全率を 3 とすれば，この材料の許容応力で，正しいものは次のうちどれか．

(1)　$150\,\text{N/mm}^2$
(2)　$90\,\text{N/mm}^2$
(3)　$1\,350\,\text{N/mm}^2$
(4)　$50\,\text{N/mm}^2$

問 1 (3)

動滑車を1つ使うごとに，引く力は，吊るした力の1/2の力となる．

動滑車を n 個使った場合，引く力 F と動滑車に吊るした物質の重さ W の関係式は，

$$F = W/2^n$$

となる．

物質の重さ W が引き上げる最大力と等しくなるので，$W = F \cdot 2^n$ に変形し，W の値を求める．

ここでは動滑車が3個なので，

$$W = 50 \cdot 2^3 = 400 \text{ [N]}$$

となる．

問 2 (2)

滑車やてこを使うと，力は少なくて済むが，エネルギー保存の法則からすると，滑車を引く鎖の長さやてこの移動する距離がその分大きくなり，力の大きさとその距離との積である仕事量は少なくならない．

問 3 (1)

材料の極限強さ，許容応力と安全率の関係は次のとおりである．

$$\text{安全率} = \frac{\text{材料の極限強さ}}{\text{許容応力}}$$

$$3 = \frac{450}{\text{許容応力}}$$

よって，許容応力は 150 N/mm^2 である．

断面積は，関係ない．

1章のまとめ

この章では，高校で学ぶ物理の基礎的な知識のうち，消防設備士として必要とされる知識について学んだ．

この章の範囲からは，5問出題される．2問正解であればよいが，少なくとも3問以上正解を得るよう努力することが必要である．

機械材料

金属

　　　 水銀 　を除き，固体であり， 展性 や塑性に優れ，
　　　 電気 ， 熱 の良導体．
　　　電気伝導度，熱伝導度とも 銀 が一番高く，次は
　　　 銅
　　　比重の最大は， 白金 　最小は マグネシウム
　　　溶融点の最高は タングステン 　最低は すず
　　　硬度の最高は 純鉄 　最低は 鉛

合金

　　　母体金属に他の金属を添加混合したもの．特性が向上する例としては
　　　 可鋳性 の向上　 強度 の向上　 硬度 の向上　 耐食性 の向上

鉄鋼材料

炭素鋼

　　　 鉄 と 炭素 の合金
　　　炭素含有量が増えると強さ，硬さは 増す が，展延性は 低下 する．

合金鋼とその合金の特性は

　　　 炭素鋼 とニッケル，クロム，タングステン，アルミニウム，チタンなどを合金
　　　ステンレス鋼は， 低炭素鋼 と クロム と ニッケル の合金

非鉄金属材料

□銅とその合金とその特性は

　　　銅は 電気伝導性 と 熱電伝導性 が高く， 展延性 にも優れている．
　　　黄銅は，銅と 亜鉛 の合金．　青銅は，銅と すず の合金

□アルミニウムとその合金の特性は
アルミニウムも，電気伝導性と熱伝導性は高く，展延性も優れているうえに，　軽い　という特徴がある．
ジュラルミンは，アルミニウムと　亜鉛　と　マンガン　と　マグネシウム　の合金
□ニッケルとその合金の特性は
ニッケルは，　電気抵抗　が高い．ニクロム線は，　ニッケル　と　クロム　の合金
□はんだ：　鉛　と　すず　の合金

熱処理，表面処理

□熱処理
焼き入れ：
　高温に加熱　し，冷却をする…材料を　固く　，　強く　するが，　伸び　は低下する．
焼き戻し：
　焼き入れ　したものを再加熱し，冷却する…材料に　粘り　を与える．
焼きなまし：
加熱後ゆっくりと　冷却　する…加工後の　内部応力　の除去．
□表面処理　めっき　，塗装などがある
　P.10，11，12

水理

流体の特性
□物質の三態：
　固体　，　液体　，　気体　であり，　流体　とは固体を除く，液体，気体を指す．
□ボイルの法則：
一定の温度で気体の圧力を変化させると，気体の　体積V　は，　圧力P　に反比例して変化する

□シャルル（またはシャール）の法則：
　圧力が一定のとき，一定質量の気体の $\boxed{体積 V}$ は，$\boxed{絶対温度 T}$ に比例する
□ボイル・シャルルの法則：
　一定質量の気体の体積 V は，圧力 P に $\boxed{反比例}$ し，絶対温度 T に $\boxed{比例}$ する

静水力学

□ゲージ圧力 = $\boxed{絶対圧力}$ − 大気圧力
□パスカルの原理：
　密閉された容器内の液体に圧力を加えると，圧力は $\boxed{増減}$ なく一様に伝わる．

□アルキメデスの原理：
　液体中にある物質は，その物体が排除した液体の $\boxed{質量}$ と等しい浮力を受ける．

⇒ P.16, 17, 18

応用力学

□力の3要素：$\boxed{作用点}$（または $\boxed{着力点}$），力の $\boxed{方向}$，力の $\boxed{大きさ}$
□ $\boxed{ベクトル}$ ：力，速度，加速度など，大きさと向きをもっている量
□ $\boxed{スカラー}$ ：長さ，重さ，時間のように大きさだけできまる量である．
□力の合成と分解
　作用線が交わる場合

　　　合成　$F = \boxed{\sqrt{F_1^2 + F_2^2}}$

　　　　　　$F_1 = \boxed{F_2 \tan\theta}$

　　　分解　$F_1 = \boxed{F \sin\theta}$

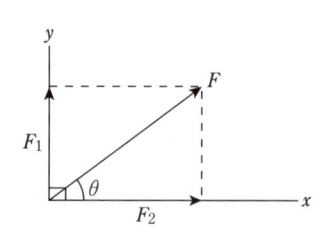

　　　　　　$F_2 = \boxed{F \cos\theta}$

1章のまとめ

作用線が平行な場合

  合力の大きさは

   $F =$ &boxed;$F_1 + F_2$&boxed;

  作用点の位置は

   $l_1 =$ &boxed;$\dfrac{F_2}{F} l$&boxed;

   $l_2 =$ &boxed;$\dfrac{F_1}{F} l$&boxed;

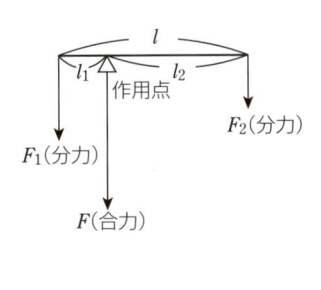

作用線が平行で逆向きの場合

  合力は

   $F =$ &boxed;$F_2 - F_1$&boxed;

  作用点の位置は

   $l_1 =$ &boxed;$\dfrac{F_2}{F} l$&boxed;

   $l_2 =$ &boxed;$\dfrac{F_1}{F} l$&boxed;

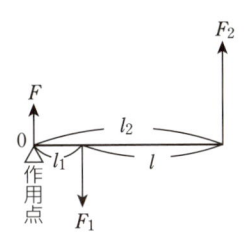

□ 力のつり合いの条件は，二力が 同一作用線上 にあり 大きさ が同じ 方向が反対 の場合である．

□ モーメント M は　　$M =$ $F \cdot l$ 〔N・m〕　F：力，l：腕の長さ

□ 速度 v：単位時間内に 物体 が移動した距離 s　　$V = \dfrac{s}{t}$ 〔m/s〕

□ 加速度 a：単位時間内の 速度 の変化　$a = v - \dfrac{v_0}{t}$ 〔m/s²〕

□ ニュートンの運動法則

 運動の第一法則（ 慣性 の法則）：

  物体に 外力 が加わらない限り，物体は今までの運動の状態を保つ．

 運動の第二法則（力と加速度）：

  物体に 外力 が加わると，物体の 加速度

は，外力の向きと同じ方向で，大きさは ボックス:外力 に比例し， ボックス:質量 に反比例する． $F =$ ボックス:ma

運動の第三法則（ ボックス:作用，反作用 の法則）：
物体がほかの物体に力を及ぼすと，ほかの物体も，大きさの等しい，作用線が同じ反対方向の力を及ぼす．

□仕事：物体に ボックス:力 が働き，その ボックス:方向 に物体が動いた場合，仕事をしたという．

□仕事量 Q：働いた力 F と物体が動いた s の ボックス:積 で表わされる
$$Q = F \cdot s \quad (\text{J：ジュール}) \quad 1\,\text{J} = 1\,\text{N} \times 1\,\text{m}$$

□ 仕事率 P：単位時間に行った ボックス:仕事量 Q $\quad P = Q/s \quad \text{[J/s]}$

□ エネルギー保存の法則：仕事をすると，エネルギーは，形は変わって行く．その ボックス:エネルギー の総和は，元のエネルギーの大きさと ボックス:変わらない ．

□仕事の原理：滑車やてこを使って仕事をしても， ボックス:力 は小さくてすむが， ボックス:仕事量 を減らすことはできないことになる．

□応力：荷重が加えると，物体の ボックス:内部 に発生する ボックス:単位面積 当たりの力である．

□荷重と応力の関係は　応力 $\sigma =$ $\dfrac{\text{荷重 }W}{\text{断面積 }A}$ 〔Pa〕

□変形量のもとの ボックス:寸法 に対する比を「ひずみ」という．
$$\varepsilon = \frac{l - l_0}{l_0}$$

□ ボックス:比例限度 ：応力とひずみが比例する限度
□ ボックス:弾性限度 ：荷重を取り除けば，ひずみは元に戻る限度
□ ボックス:降伏点 ：これ以上の荷重をかけると，ひずみはもう元に戻らない点．
□ ボックス:抗張力 ：材料の引っ張り強さ（極限強さ）である．
□許容応力 = ボックス:極限強さ / ボックス:安全率

⇒ P.22, 23, 24, 28, 29, 30, 31, 32

2 消火器の規格・構造・機能・整備

1 消火器および消火器用消火薬剤の規格 ...... P 42
2 消火器の構造・機能 ...... P 86
3 消火器の整備・点検 ...... P 130

2 消火器の規格・構造・機能・整備

2-1 消火器および消火器用消火薬剤の規格

住宅用消火器以外の消火器の規格①

① 用語の意義（規格（以下同じ）第1条の2, 第5条, 第9条）

●消火器

消火剤を圧力により放射して消火を行う器具で人が操作するものであり，収納容器に結合させて人が操作するものを含む．固定した状態で使用するものおよびエアゾール式簡易消火具は含まない

収納容器：ノズル，ホース，安全栓などを有する容器であって，消火薬剤が充てんされた本体容器，キャップ，バルブ，指示圧力計など（後述の交換式消火器）を収納するもの．

●住宅用消火器

住宅における使用に限り適した構造および性能を有するもの

●交換式消火器

本体容器，これに付属するキャップ，バルブ，指示圧力計などを一体として交換できる消火器で，収納容器に結合させ人が操作して消火を行うもの（いわゆる，ポータブル型ガスコンロに使う，交換タイプのガスボンベと同様な使い方をするもので，収納容器に取り付けて使用するものである）

1 使い方による区分と定義

●手さげ式消火器

手に下げた状態で使用する消火器（図 2.1.1）

●据え置き式消火器

床面上に据え置いた状態でノズル部分を持ちホースを延長して使用できるものであり，車輪を有するものは除くとされている．（収納容器に交換式消火器をセットしたものである）（図 2.1.2）

図 2.1.1　手さげ式消火器

図 2.1.2　据え置き式消火器

●背負い式消火器

　背負いひもなどにより，背負って使用するもの

●車載式消火器

　運搬のため車輪を有するもの

●大型消火器（図 2.1.3）

　充てんされた消火剤の量が，表 2.1.1 に示すとおりであって，その能力単位が，A 火災に適応するものにあっては A－10 単位以上，B 火災に適応するものにあっては，B－20 単位以上でなければならない．（容器が大きく，車載式だからと言って，大型消火器とは断定できない）（表 2.1.1）

図 2.1.3　大型消火器

表 2.1.1

消火器の種類	消火剤量
水消火器，化学泡消火器	80 L 以上
機械泡消火器	20 L 以上
強化液消火器	60 L 以上
ハロゲン化物消火器	30 kg 以上
二酸化炭素消火器	50 kg 以上
粉末消火器	20 kg 以上

●自動車用消火器（図 2.1.4）

　自動車に設置する消火器は，一般の消火器と違い，走行中に強い振動を受け，部品の破損，緩み，脱落などの発生や，粉末消火薬剤の場合には，振動による密充てんが起こり，いわゆる，消火薬剤のしまりなどが発生すると，機能不良や放射性能の低下が予想される．

図 2.1.4　自動車用消火器

　そこで，所定の振動試験を行い，試験後，それらの性能，機能に異常がないかを調べる．

　これに合格した消火器には，「自動車用消火器」の表示が付される．（図 2.1.5）

| （自動車用）型式番号　消 ⑩ 第 ～ 号 | 国家検定 | 貼付欄 | 合格証 |

図 2.1.5　自動車用消火器の表示

　自動車用消火器は，霧状の放射をする強化液消火器，機械泡消火器，ハロゲン化物消火器，二酸化炭素消火器，粉末消火器でなければならない．

2 充てん消火薬剤による区分と定義

●水消火器

　水（消火薬剤規格省令（以下「薬剤規格」）に規定する浸潤剤などを混和したものも含む）を圧力により放射して消火を行う消火器

●酸アルカリ消火器

　薬剤規格に規定する酸アルカリ消火薬剤（浸潤剤などを混和したものを含む）を圧力により放射して消火を行う消火器

●強化液消火器

　薬剤規格に規定する強化液消火薬剤（浸潤剤などを混和したものを含む）を圧力により放射して消火を行う消火器（図 2.1.6）

●泡消火器

　・薬剤規格に規定する泡消火薬剤（浸潤剤などを混和したものを含む）を圧力により放射して消火を行う消火器で化学泡消火器（図 2.1.7）と機械泡消火器（図 2.1.8）がある．

図 2.1.6　強化液消火器

図 2.1.7　化学泡消火器　　　図 2.1.8　機械泡消火器

● ハロゲン化物消火器

　薬剤規格に規定するハロゲン化物消火薬剤を圧力により放射して消火を行う消火器で，ハロン 1301 消火器（図 2.1.9），ハロン 1211 消火器，ハロン 2402 消火器（図 2.1.10），ハロン 1011 消火器がある．

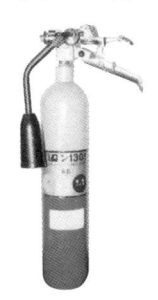

図 2.1.9　ハロン 1301 消火器　　図 2.1.10　ハロン 2402 消火器

● 二酸化炭素消火器

　液化二酸化炭素を圧力により放射して消火を行う消火器（図 2.1.11）

　（二酸化炭素消火薬剤のみが，薬剤規格では規定しておらず，JIS で規定している）

● 粉末消火器

　薬剤規格に規定する粉末消火薬剤（浸潤剤などを混和したものを含む）を圧力により放射して消火を行う消火器（図 2.1.12）

図 2.1.11　二酸化炭素消火器

図 2.1.12　粉末消火器

3 放出方式による区分と定義

●加圧式の消火器
　加圧用ガス容器の作動，化学反応または手動ポンプの操作により生じる圧力により，消火剤を放射するもの（図 2.1.13）

●蓄圧式消火器
　消火器の本体容器内の圧縮された空気，窒素ガスなど（以下「圧縮ガス」）の圧力または消火器に充てんされた消火剤の圧力により消火剤を放射するもの（図 2.1.14）

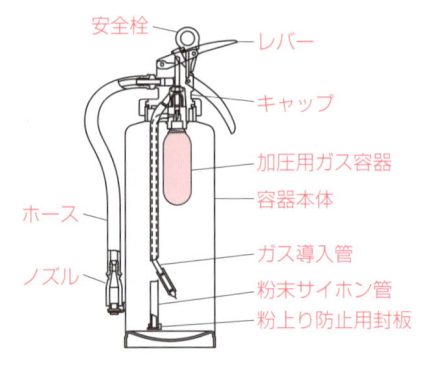

図 2.1.13　加圧式消火器構造図 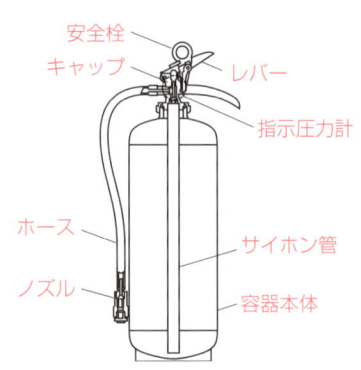　　図 2.1.14　蓄圧式消火器構造図

要点のまとめ

□消火器とは，消火剤を 圧力 により放射して消火を行う器具で 人 が操作するもので，収納容器に結合させて人が操作するものを含む．

□大型消火器の必要条件は：
能力単位は次に示すとおりである．
A 火災に適応するものにあっては， A-10 単位以上，
B 火災に適応するものにあっては， B-20 単位以上
（いずれかが満足していればよい）
また，充てんされた消火剤の量は以下に示すとおりであること．

消火器の種類	消火剤量
水消火器，化学泡消火器	80 L以上
機械泡消火器	20 L以上
強化液消火器	60 L以上
ハロゲン化物消火器	30 kg以上
二酸化炭素消火器	50 kg以上
粉末消火器	20 kg以上

□自動車用消火器は，霧状の放射をする 強化液 消火器, 機械泡 消火器, ハロゲン化物 消火器, 二酸化炭素 消火器, 粉末 消火器でなければならない．

□加圧式の消火器とは， 加圧用ガス容器 の作動, 化学反応 または 手動ポンプ の操作により生じる圧力により消火剤を放射するもの

□蓄圧式消火器とは，消火器の本体容器内の 圧縮された空気 , 窒素ガス など（以下「圧縮ガス」）の圧力または消火器に充てんされた 消火剤 の圧力により消火剤を放射するもの

2-1 消火器および消火器用消火薬剤の規格

演習問題　住宅用消火器以外の消火器の規格①

【問 1】

消火器の定義に関する次の記述のうち，正しいものはどれか．
(1) 消火器の定義では，収納容器に結合して使用する据え置き式のものも含むので，固定式のものも含まれる．
(2) エアゾール式簡易消火具は消火器ではない．
(3) エアゾール式簡易消火具も，圧力により消火薬剤を放出し，消火を行うもので，人が操作するものなので，消火器である．
(4) 固定式のもの及びエアゾール式簡易消火具も消火器である．

【問 2】

大型消火器として満足するための次の記述のうち，誤っているものはどれか．
(1) 粉末（ABC）消火器で，薬剤量 20 kg，能力単位が，A－10 単位，B－20 単位のもの．
(2) 粉末（ABC）消火器で，薬剤量 18 kg，能力単位が，A－10 単位，B－20 単位のもの．
(3) 機械泡消火器で，薬剤量 40 L，能力単位が，A－10 単位，B－20 単位のもの．
(4) 機械泡消火器で，薬剤量 20 L，能力単位が，A－5 単位，B－20 単位のもの．

【問 3】

次のうち，自動車用消火器として認められない消火器はどれか．
(1) 粉末（ABC）消火器　　　(2) 粉末（Na）消火器
(3) 棒状の放射をする強化液消火器　　　(4) 機械泡消火器

問 1 (2)

・消火器とは，消火剤を圧力により放射して消火を行う器具で人が操作するもので，収納容器に結合させて人が操作するものを含む．固定した状態で使用するものおよびエアゾール式簡易消火具は含まないと定義されている．

問 2 (2)

・大型消火器の定義は，消火能力単位と，消火薬剤量である．
・消火薬剤量については，粉末消火器において 20 kg 以上，機械泡消火器においては 20 L 以上となっている．
・消火能力単位については，A 火災，B 火災ともに適応する粉末 ABC 消火器，機械泡消火器の場合，A − 10 単位，B − 20 単位が必要ではなく，A − 10 単位，B − 20 単位のいずれかが取れていれば条件にかなう．

問 3 (3)

・自動車用消火器に必要な要件は，振動により強度的に問題ないことのほかに，消火薬剤が，混ざり合わないこと．
・自動車での火災は，油火災と同時に，電気火災も考えられるので，霧状の強化液消火器は，電気火災に適応するが，棒状で放射された場合感電することとなり，電気火災には不適なので，(3)が正解．
・ただし，現在では，ほとんどの強化液消火器は，A 火災，B 火災，C 火災適応の霧状放射のものである．

2-1 消火器および消火器用消火薬剤の規格

住宅用消火器以外の消火器の規格②

① 火災とは

火災の種類に関する定義

消火器は，その消火器に充てんされている消火薬剤の種類や，放射の種類によって，消火できる火災と，消火できない火災がある．

このため，火災の種類をきめ，その火災に適する消火器であるか否かを使用者にわからせるための消火器の外面表示を以下のように規定している．

● A 火災

B 火災以外の火災をいう（普通火災）（紙や，木材の燃える火災をいう）

● B 火災

法別表第 1 の第 4 類の危険物並びに危政令別表第 4 の可燃性固体類，可燃性液体類の火災をいう（油火災）（ガソリン，灯油などと可燃性固体類などの燃える火災をいう）

● C 火災

規格上では，C 火災と称する言葉の定義はないが，変圧器，配電盤その他これらに類する電気設備の火災をいう（電気火災）

② 消火能力単位について (第2条, 第3条)

その消火器がどの程度の火災まで消火できるかを数値で表したもので，能力単位は，A 火災と B 火災にのみ付与される．

（住宅用消火器には，消火すべき火災模型はあるが，その模型を消せることのみの要求であり，能力単位の考えはない．）

C 火災は通電されている電気設備の火災時，消火作業を行っても，感電せずに使える消火器であることを示すものであるので，能力単位はない．

1 A 火災能力単位

所定の長さ，太さの杉の気乾材を井桁に組んだ消火模型に点火し，着火 3 分経過（予備燃焼）後に消火作業を開始し，消火剤放射終了後 2 分以内に再燃焼しない場合に消火したと判定される．

消火に用いた模型（図 2.1.15）の大きさ，数によって能力単位が付与される．最大能力単位は A － 10 単位である．

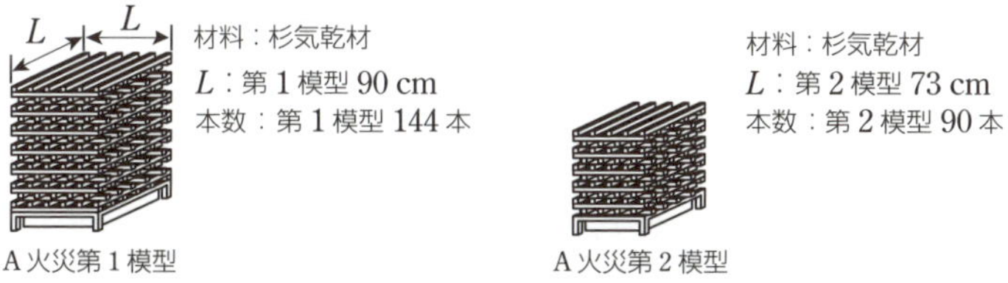

2-1 消火器および消火器用消火薬剤の規格

材料：杉気乾材
L：第1模型 90 cm
本数：第1模型 144 本

A火災第1模型

材料：杉気乾材
L：第2模型 73 cm
本数：第2模型 90 本

A火災第2模型

図 2.1.15　A火災模型

2 B火災能力単位

　所定の大きさの燃焼鍋に，所定量の水およびガソリンを入れ点火し，着火 1 分経過（予備燃焼）後に消火作業を行い，放射終了後 1 分以内に再燃焼しなければ消火したと判断される．消火に用いた模型（図 2.1.16）の大きさ，数によって能力単位が付与される．

最大能力単位は B − 20 単位である．

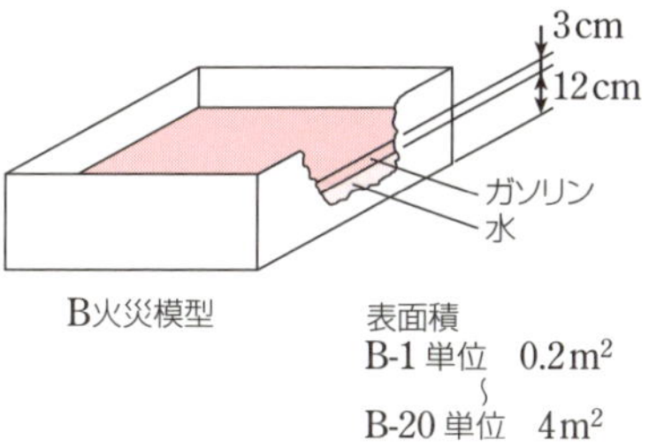

B火災模型

3 cm
12 cm
ガソリン
水

表面積
B-1 単位　0.2 m²
～
B-20 単位　4 m²

図 2.1.16　B火災模型

③ 操作の機構と操作の方法 (第5条)

　操作の方法は，いろいろな方法が考えられるが，使用者にとって，できるだけ簡便な操作方法で，しかも統一された方法が望ましいことから次のように規定されている．

1 操作の動作数

　保持装置から取り外す動作，背負う動作，安全栓を外す動作，ホースを外す動作を除き，1 動作で，容易に，かつ確実に放射を開始することができるものでなければならない．

　ただし，化学泡消火器，据え置き式消火器，背負い式消火器にあっては，2 動作以内，車載式の消火器にあっては 3 動作以内とすることができる．

2 操作方法

　原則，「レバーを握る」ことにより放射を開始するものでなければならないが，消火器の質量が小さいものや化学泡消火器などには例外を認めている．

操作の方法についての規定は，背負い式消火器，据え置き式消火器，車載式消火器には適用されない．（表 2.1.2）

表 2.1.2 消火器の区分と操作の方法　表中○印が認められる方法である．

消火器の区分		レバーを握る	押し金具をたたく	ひっくり返す	ふたを開けてひっくり返す	ハンドルを上下する
水消火器	手動ポンプ式					○
	その他のもの	○				
酸アルカリ消火器		○	○			
強化液消火器	能力単位が1を超えるもの	○				
	その他のもの	○	○			
泡消火器		○		○	○	
ハロゲン化物消火器 CO₂消火器	B火災の能力単位が1を超えるもの	○				
	B火災の能力単位が1のもの	○	○			
粉末消火器	消火剤の質量が1kgを超えるもの	○				
	その他のもの	○	○			

3 操作方法の表示

消火器の**安全栓**，**ハンドル**，**レバー**，**押しボタン**などの操作部分には，その操作方法を簡明に表示しなければならない．

④ 耐食及び防錆 (第6条)

消火器は，良質の材料でつくることはもちろんであるが，消火薬剤と接触する部分は，その消火薬剤に侵されない材料（「耐食性材料」という）でつくるか，または，**耐食**加工を施し，外気と接触する部分は錆びない材料でつくるか，または**防錆**加工を施さねばならない．

⑤ 放射性能の要求事項 (第10条)

- 放射の操作が完了した後すみやかに消火剤を有効に放射すること
- 放射時間は 20 ℃ において，10 秒以上であること．
 （消火器の使用可能温度範囲での要求ではない）
- 消火に有効な放射距離があること
- 充てんされた消火薬剤の容量または質量の 90 ％以上が放射されるものであること．ただし，化学泡消火器にあっては，85 ％以上で可．

⑥ 使用温度範囲 (第10条の2)

消火器が有効に，放射性能，消火性能などを発揮できる使用可能な温度範囲は，

0 ℃～ 40 ℃（化学泡消火器にあっては，5 ℃～ 40 ℃）

ときめられているが，それでは，この範囲外の寒い地域で使用できないので，10 ℃単位で拡大しても，有効に性能を満足するものであれば，範囲を広げられる．

現在では，最大で－ 30 ℃から 40 ℃の使用温度範囲のものがある．

⑦ 本体容器の板厚と耐圧性能等の要求事項 (第11, 12条)

1 板厚

加圧方式，容器本体の材質とその内径の区分により，最低板厚がきめられている．

2 耐圧性能

使用温度範囲の上限である，40 ℃で使用した場合の閉塞圧力（ノズル先を閉塞し，作動させた密閉圧力）をもとに，加圧方式，開閉式ノズルの有無，容器本体の材質が耐食性材料か否かにより，安全係数を乗じて，耐圧試験圧力値としている．

3 耐圧試験

耐圧試験圧力を水圧力で 5 分間かけて行い，漏れおよび強度上支障のある永久ひずみを生じないこととしている．

⑧ 蓄圧式消火器の気密性能 (第12条の2)

　蓄圧式消火器は，気密性が保たれないと蓄圧されているガスがなくなり，消火薬剤を放射することができなくなってしまうので，次の気密性が要求されている．

　消火薬剤を充てんした状態で，使用温度範囲の上限値の温度に24時間放置した後，使用温度範囲の下限値の温度に24時間放置することを3回繰り返し，最後に温度20℃の空気中に24時間放置した場合に，圧縮ガスまたは消火薬剤の漏れがないこと．

⑨ 減圧孔，減圧溝 (第13条)

　キャップ，プラグ，または口金には，充てんなどの目的で，それらを開けるとき，内部にある圧力を有効に減圧できる，減圧孔（図2.1.17）または減圧溝を設けねばならない．

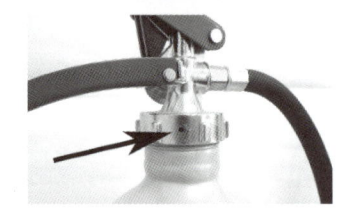

図2.1.17　減圧孔

⑩ ホースの取付け義務 (第15条)

　消火器で消火作業をする場合，重いものでは，操作がやりにくいので，ホースは基本的に取り付けねばならないとされている．ただし，ハロゲン化物消火器でその質量が4 kg未満のものおよび粉末消火器で消火薬剤の質量が1 kg以下のものは，操作しやすいので必要ないとされている．

⑪ ノズルに関する制約 (第16条)

　③の操作の機構で見たように，握るという1動作で放射を開始させるため，車載式消火器を除き，基本的に以下の制約がある．
　ノズルには，開閉式および切替式（ストレート放射や霧状放射などへの切替）の装置は設けてはならない．ただし，据え置き式の消火器および背負い式の消火器にあっては，開閉式の装置を設けることができる．

要点のまとめ

- 火災の種類は A（普通） 火災, B（油） 火災, C（電気） 火災
- 能力単位の最大値：A 火災は A- 10 , B 火災は B- 20
- 消火試験の能力判定

    A 火災：予備燃焼 3 分後に消火開始, 放射終了後 2 分で判定

    B 火災：予備燃焼 1 分後に消火開始, 放射終了後 1 分で判定

- 放射までの操作数

    原則： 保持装置 から外す動作, 背負う 動作, 安全栓 を外す動作, ホース を外す動作を除き, 1 動作以内.

    例外： 化学泡 消火器, 据え置き式 消火器, 背負い式 消火器は 2 動作以内. 車載式 消火器は 3 動作以内.

- 操作の方法

    原則： レバーを握る 方式

    例外：手動ポンプ式水, 酸アルカリ, 化学泡 各消火器

    　　　薬剤量 1 kg 以下の粉末消火器,

    　　　能力単位 1 以下の強化液, ハロゲン化物, 二酸化炭素各消火器

- 放射時間： 20 ℃で 10 秒以上
- 放射効率：使用温度範囲内で 90 %以上

    　　　　例外：化学泡消火器 85 %以上

- 使用温度範囲： 0 ℃～ 40 ℃

    　　　　　　例外：化学泡消火器 5 ℃～ 40 ℃

- ホースが不要な消火器：

    消火器 の質量が 4 kg 未満のハロゲン化物消火器

    消火剤 の質量が 1 kg 以下の粉末消火器

- ノズルの規制：車載式消火器を除く消火器のノズルには 開閉 式および 切替 式の装置はつけてはならない.

    例外： 据え置き 式, 背負い 式消火器には開閉式ノズルは許される.

2-1 消火器および消火器用消火薬剤の規格

演習問題 住宅用消火器以外の消火器の規格②

【問 1】

火災の種類と能力単位に関する以下の記述のうち正しいものはどれか．
(1) A火災とは普通火災，B火災とは油火災，C火災とは金属火災をいう．
(2) A火災とは普通火災，B火災とは金属火災，C火災とは油火災をいう．
(3) 付与される最大の能力単位は，A火災にあっては，20単位，B火災にあっては，10単位である．
(4) 付与される最大の能力単位は，A火災にあっては，10単位，B火災にあっては，20単位である．

【問 2】

操作の動作数に関する以下の記述のうち正しいものはどれか．
(1) 背負い式消火器，車載式消火器は3動作以内．
(2) 据え置き式消火器，背負い式消火器は2動作以内．
(3) 転倒式化学泡消火器，手さげ式消火器は1動作以内．
(4) 破がい転倒式化学泡消火器，背負い式消火器は3動作以内．

【問 3】

消火器の性能に関する以下の記述のうち正しいものはどれか．
(1) 消火器の放射時間は，その使用温度範囲内において10秒以上でなければならない．
(2) 消火器の放射時間は，0℃〜40℃の範囲において10秒以上でなければならない．
(3) 化学泡消火器以外の消火器の放射効率は，その使用温度範囲において90%以上でなければならない．
(4) 化学泡消火器以外の消火器の放射効率は，0℃〜40℃の温度範囲において90%以上でなければならない．

問 1 (4)

- 技術上の規格では，火災の種類は，A火災（普通火災），B火災（油火災），C火災（電気火災）につき規定している．
- 金属火災の規定はしていない．
- 最大の能力単位は，A－10，B－20である．

問 2 (2)

- 化学泡消火器以外の手さげ式消火器は，1動作以内，化学泡消火器は2動作以内である．
- 化学泡消火器の中では，転倒の1動作により放射を開始するものと，破がい転倒式のように，押し金具を押してから転倒し放射を開始するものがあるが，動作数の規定では，化学泡消火器として統一されて規定している．

問 3 (3)

- 放射時間は，一般的に，低温時においては長くなり，高温時においては短くなる．
- 規格では，20℃において10秒以上と規定している．
- 一方，放射効率は，その使用温度範囲内において，充てんされた消火薬剤の容量または質量の90％以上の量を放射できるものであることと規定している．

【問 4】

消火器の材料に関する以下の記述のうち，正しいものはどれか．
(1) 消火器は耐食性材料で造り，かつ，内面は耐食加工を施さねばならない．
(2) 消火器は耐食性材料で造り，かつ，内面は防錆加工を施さねばならない．
(3) 消火器は，消火薬剤に接触する部分は，その消火薬剤に侵されない材料で造り，または，その部分に防錆加工を施さねばならない．
(4) 消火器は，外気に接触する部分は，容易にさびない材料で造り，または防錆加工を施さねばならない．

【問 5】

消火器の使用温度範囲に関する次の記述のうち，正しいものはどれか．
(1) 消火器の使用温度範囲は，申請した温度範囲で表示できるので，－20℃～30℃でもよい．
(2) 消火器の使用温度範囲は，化学泡消火器を除き，最低でも，0℃～40℃の範囲でなければならない．
(3) 消火器の使用温度範囲は，消火器の種類ごとに決められている．
(4) 消火器の使用温度範囲は，5℃刻みで，その温度範囲を広げて表示することが出来る．

【問 6】

消火器の減圧孔(減圧溝)に関する以下の記述のうち，正しいものはどれか．
(1) 加圧式の開放式粉末消火器のキャップには，減圧孔は設ける必要はない．
(2) 加圧式のバルブ内蔵式粉末消火器のキャップには，排圧栓を設けたら，減圧孔は設けなくともよい．
(3) 加圧式の開放式粉末消火器キャップには，減圧孔を設けなければならない．
(4) 加圧式のバルブ内蔵式粉末消火器のキャップには，排圧栓も，減圧孔も設けなければならない．

問 4 (4)

- 耐食性材料の定義は，消火薬剤に侵されない材料のこと．
- 耐食加工は，消火薬剤に侵されないものであるほか，塗装膜の腐食試験，屈曲性試験，衝撃性試験，腐食試験に合格したものでなければならない．（後述「消火器の技術上の規格」参照）
- 内面は，耐食性材料または耐食加工，外面は錆びない材料かまたは耐食加工のいずれかでよい．

問 5 (2)

- 消火器の使用温度範囲は，0 ℃～40 ℃でなければならないとされ，化学泡だけが例外で5 ℃～40 ℃である．
  また，この範囲外においても規格の要求する性能が満足するものは，10 ℃刻みで，使用温度範囲が広げられる．
  現在，型式承認されているものでは，－30 ℃～40 ℃のものが最大範囲である．

問 6 (3)

- 減圧孔，減圧溝，排圧栓もその設置目的は同じで，内圧が残っている場合に安全にねじを緩めることを目的としている．
  ただし，減圧孔または減圧溝は規格ですべての消火器のキャップに取り付けが求められているのに対し，排圧栓の取り付けの規定はない．
- 排圧栓は，主にバルブ内蔵式の消火器に取り付けられているが，それはメーカーの自主的な設置である．
  すなわち，排圧栓を取り付けていても，減圧孔は取り付けねばならないこととなっている．

2-1 消火器および消火器用消火薬剤の規格

住宅用消火器以外の消火器の規格③

① ろ過網の設置（第17条）

次の消火器には，ろ過網が必要である．
- 手動ポンプにより作動する水消火器
- ガラス瓶を使用する酸アルカリ消火器もしくはガラス瓶を使用する強化液消火器
- 化学泡消火器

ノズル口径よりも大きな異物があると，放射に悪影響があるので，その口径より小さな目のろ過網を本体内に取り付けねばならないとされている．（図2.1.18）

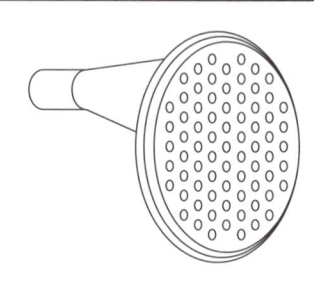

図2.1.18　ろ過網

ろ過網の規格は次のとおりである．
- ろ過網の目の最大径はノズルの最小径の3/4以下
- ろ過網の目の部分の合計面積は，ノズルの開口部の最小断面積の30倍以上

② 液面表示の必要な消火器（第18条）

次の消火器には液面表示が必要である．
- 化学泡消火器
- 酸アルカリ消火器
- 手動ポンプにより作動する水消火器

消火器作動時，必要なエアースペースがないと，内部圧力が上がり過ぎ，破裂する危険を伴ったり，性能に悪影響を及ぼすことが懸念される以下の消火器には，消火器内部に，消火薬剤の液面の位置がわかるように，液面の上限がわかるような表示を取り付けなければならない．（図2.1.19）

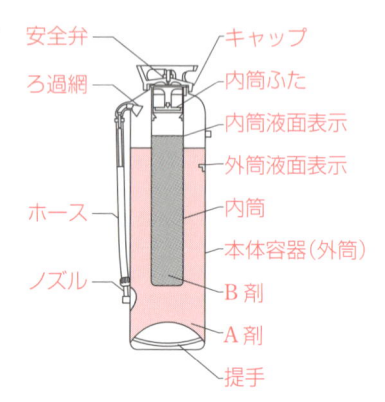

図2.1.19 化学泡消火器構造図

（ラベル：安全弁、キャップ、ろ過網、内筒ふた、内筒液面表示、外筒液面表示、ホース、内筒、本体容器(外筒)、ノズル、B剤、A剤、提手）

③ 安全栓の取付け義務とその規定 (第21条)

消火器には，不時の作動を防止するための装置（安全栓）を設けなければならない．

ただし，転倒の1動作で作動する消火器（転倒式化学泡消火器）と手動ポンプにより作動する水消火器は適用されない．（図2.1.20）（図2.1.21）

安全栓の基準

1動作で容易に引き抜くことができ，かつ，引き抜きに支障のない封が施されていなければならない．

さらに，手さげ式消火器のうち，
・押し金具をたたく1動作で作動するものおよびふたを開けて転倒させる動作で作動するもの以外の消火器
・据え置き式の消火器

については，以下の規定を満足しなければならない．

①内径が2cm以上のリング部・軸部・軸受部より構成されていること
②リング部の塗色は黄色仕上げ
③軸の材質は，SUSなどの耐食性材料
④上方向に引き抜くよう装着されていること

図2.1.20　安全栓取付け時

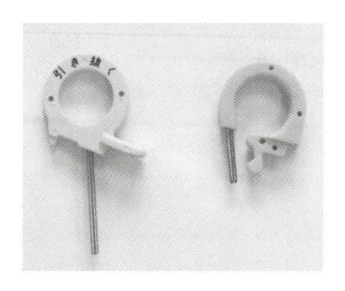

図2.1.21　安全栓

④ 使用済みの表示装置の設置 (第21条)

手さげ式消火器には，使用した場合，自動的に作動し，外観から使用済みであることを判別できる装置を設けなければならない．

これは，消火器は一度放射したものは，たとえ少ししか薬剤を放射しなかったとしても，その消火器に付与された能力・性能は出せないためである．また，粉末加圧式消火器の場合は，使用後数時間置くと，消火器本体内に導入された加圧用ガスが漏れてなくなり，以後，放射できなくなるので，一度使

用したものは薬剤が残っていても，すぐに取り替える必要があるため規定されたものである．
- ●この規定が適用される消火器：外観から使われたか否かわからないもの
  - ・加圧式粉末消火器（開閉バルブ付）
  - ・ハロン1301消火器，二酸化炭素消火器（指示圧力計のないもの）
- ●適用されない消火器：指示圧力計の指針で，外観から判るもの．作動したら消火薬剤がすべて出てしまうものなど．
  - ・指示圧力計付の蓄圧式消火器
  - ・開閉バルブのない開放式の消火器
  - ・手動ポンプにより作動する消火器

レバーを握ると，表示装置が脱落して，使用したことがわかるものの例（図2.1.22）

図2.1.22　使用済み表示装置

レバーを握ると容器内圧が上がり，内圧を受けて，インジケータ（プレッシャーアイ）が上がるものの例（図2.1.23）

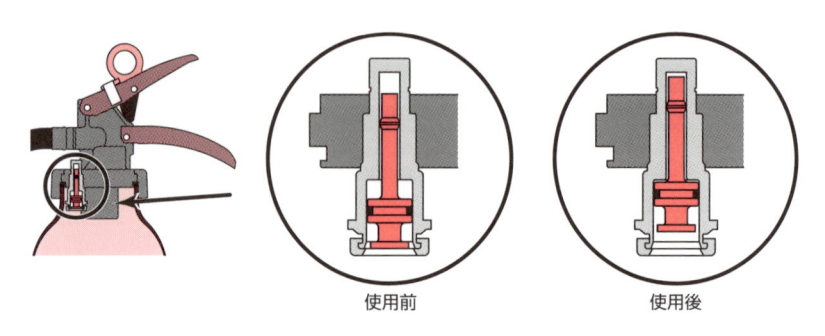

使用前　　　　使用後

図2.1.23　プレッシャーアイ

⑤ 携帯又は運搬の装置（第23条）

消火器の重さによっては携帯しにくくなったり，操作が難しくなる．

そこで，消火器の質量により，以下のような携帯または運搬の装置，方法が定められている．（表2.1.3）

表2.1.3　消火器の質量と運搬の方式

質量*	方式
28 kg 以下	手さげ式，据え置き式または背負い式
28 kg を超え 35 kg 以下	据え置き式，車載式または背負い式
35 kg を超えるもの	車載式

＊：保持装置，背負いひも，車輪の質量を除いた質量

⑥ 安全弁の装着（第24条）

消火器によっては，異常な温度上昇などに伴いその耐圧性能を超えた内部圧力が発生し，破裂する危険性のあるものもある．

（例：ハロン1301消火器，二酸化炭素消火器などの高圧ガス充てん消火器，化学泡消火器）

このような消火器には，設定した内部圧力になった場合，自動的に，安全に消火器内の圧力を放出するための安全弁の装着義務が規定されている．（図2.1.24，図2.1.25）

封板式安全弁には吹き出し口に封がされていなければならない．

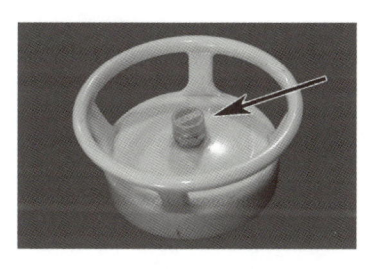

図2.1.24　化学泡消火器の安全弁 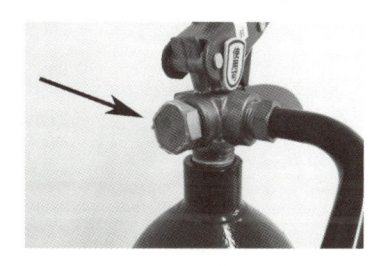　　図2.1.25　ハロン1301の安全弁

⑦ 加圧用ガス容器 (第25条)

加圧式消火器で消火剤の放出圧力源として用いるもので、充てんガスの種類は次のとおりである。(図2.1.26)

① 二酸化炭素
② 窒素ガス
③ 窒素ガスと二酸化炭素の混合物

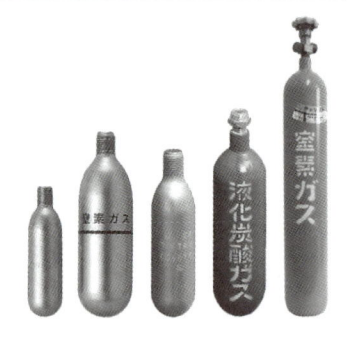

図2.1.26 加圧用ガス容器

1 容器内容積が100cm³を超えるもの

容器内容積が100 cm³を超えるものの規定は次のとおりである。
① ガスを充てんして40℃の温水に2時間浸す試験で漏れを生じないこと。
② 容器内部に取り付けられるものは、消火剤に侵されないものであること。
③ 外部に取り付けられるものは、外部からの衝撃から保護されていること。
④ 二酸化炭素を充てんする容器の内容積は、充てんする液化二酸化炭素1gにつき、1.5 cm³以上であること（充てん比1.5以上という）
⑤ 作動封板は、17.5 MPa以上、設計容器破壊圧力の3/4以下の圧力で破壊されること。

2 容器内容積が、100cm³以下のもの

容器内容積が100 cm³を以下のものの規定は次のとおりである。
1 の①～④までおよび
⑤ 二酸化炭素を充てんする容器、封板は、24.5 MPa、窒素ガスを充てんするものは、最高充てん圧力の5/3倍の圧力を2分間加えたとき、漏れなどの異常のないこと

要点のまとめ

□ ろ過網 の必要な消火器： 手動ポンプ式水 、ガラス瓶を使う 酸アルカリ 、ガラス瓶を使う 強化液 、および 化学泡 の各消火器

□ろ過網の目の最大径：ノズルの最小径の 3/4 以下．
目の部分の合計面積：ノズルの 開口部 の最小断面積の 30 倍以上
□液面表示の必要な消火器：
化学泡 消火器, 酸アルカリ 消火器, 手動ポンプ式水 消火器
□安全栓の取り付け義務のない消火器：転倒の 1 動作で作動する消火器（ 転倒式化学泡 消火器）と 手動ポンプ により作動する水消火器
□安全栓の基準：内径が 2 cm 以上のリング部・軸部・軸受部より構成．
リング部の塗色は 黄 色仕上げ
軸の材質は，SUS などの 耐食 性材料
上 方向に引き抜くよう装着されていること
□使用済みの表示装置が必要な消火器： 手さげ 式消火器で，指示圧力計のない蓄圧式の消火器（ ハロン1301 ， 二酸化炭素 消火器）または，開閉バルブ付消火器（ 加圧式粉末 消火器）
□総質量に対する携帯または運搬の装置：
28 kg 以下：手さげ式・据え置き式・背負い式
28 kg を超え 35 kg 以下：据え置き式・車載式・背負式
35 kg超：車載式（ 保持装置 ， 背負いひも ， 車輪 ）の質量を除いた質量）
□安全弁を装着しなければならない消火器：
ハロン1301 ， 二酸化炭素 消火器などの 高圧ガス 充てん消火器, 化学泡 消火器
□加圧用ガス容器の充てんガスの種類： 窒素ガス と 二酸化炭素 の混合物， 二酸化炭素 ， 窒素ガス の3種類．
内容積が100 cm³ を超えるものは， 40 ℃の温水に 2 時間浸す試験で漏れのないこと．
作動封板は， 17.5 MPa 以上，設計容器破壊圧力の 3/4 以下の圧力で破壊．
100 cm³ 以下の容器および封板は，上記のほか，二酸化炭素を充てんするものは， 24.5 MPa, 窒素ガスを充てんするものは，最高充てん圧力の 5/3 倍の圧力を 2 分間加えたとき，異常のないこと．

2-1 消火器および消火器用消火薬剤の規格　演習問題　住宅用消火器以外の消火器の規格③

【問 1】

ろ過網に関する以下の記述のうち，正しいものはどれか．
(1) 化学泡消火器のうち，ろ過網を設ける必要のある消火器は，破がい転倒式化学泡消火器のみである．
(2) ろ過網の目の最大径は，ノズルの最小径の3/4以下にしなければならない．
(3) ろ過網の目の合計面積は，ノズル開口部の最小断面積の30倍以下としなければならない．
(4) 蓄圧式強化液消火液には，ろ過網を設置しなければならない．

【問 2】

次の記述のうち，正しいものはどれか．
(1) 液面表示の必要な消火器は，水消火器，酸アルカリ消火器，化学泡消火器である．
(2) 安全栓の取付けを必要としない消火器は，化学泡消火器と，水消火器である．
(3) 背負いひも，保持装置，車輪の質量を除いた質量が，28 kg を超え 35 kg 以下の消火器は，据え置き式消火器としてよい．
(4) 手さげ式の加圧式粉末消火器には，作動済み表示装置を付けなければならない．

【問 3】

据え置き式消火器の安全栓に関する次の記述のうち，誤っているものはどれか．
(1) 軸の外径は 2 mm 以上であること．
(2) 軸の材質は，SUS 等の耐食性材料であること．
(3) 安全栓は，上方向に引き抜くように装着されていること．
(4) リング部の塗色は，黄色で仕上げられていること．

問 1 (2)

- 化学泡消火器は，不溶性の化学反応生成物ができるので，操作の方法によらず，すべての化学泡消火器にろ過網を設置する必要がある．
- ろ過網の目の合計面積は，ノズル開口部の最小断面積の 30 倍以上としなければならない．
- 強化液消火器のうち，ガラス瓶を使用するもののみがろ過網の設置対象である．

問 2 (3)

- 水消火器のうち，液面表示，安全栓の取り付け義務のないものは，手動ポンプにより作動する水消火器だけであり，蓄圧式水消火器は含まれない．
- 手さげ式の加圧式粉末消火器のうち，作動済み表示装置を付けなければならないのは，開閉バルブ式消火器のみである．

問 3 (1)

- 軸の外径に関する規定はない．規格でいう「内径 2 cm 以上のリング部・軸部・軸受部で構成」とは，安全栓の構成は，リング部，軸部および軸部を挿入するための軸受部からなり，そのうちのリング部は指を入れて引き抜くところであり，その内径が 2 cm 以上であることと規定されている．

【問 4】
次の記述のうち正しいものはどれか．
(1) 安全弁を装着しなければならない消火器は，ハロン1301消火器，二酸化炭素消火器等の高圧ガス充てん消火器，化学泡消火器である．
(2) 加圧用ガス容器容積は，充てんする液化二酸化炭素1gにつき，内容積100 cm^{3}以下の場合1.3 cm^{3}以上, 内容積100 cm^{3}を超える場合は1.5 cm^{3}以上であること．
(3) 内容積100 cm^{3}を超える二酸化炭素加圧用ガス容器は，24.5 MPaの圧力を2分間掛けても異常のないこと．
(4) 加圧用ガス容器は，ガスを充てんし，60 °C温水中に2時間浸漬して漏れのないこと．

【問 5】
使用済み表示装置に関する記述のうち，誤っているものは次のうちどれか．
(1) 手さげ式のすべての加圧式粉末消火器には，使用済みの表示装置をつけなければならない．
(2) 手さげ式の蓄圧式強化液消火器には使用済みの表示装置をつけなくてもよい．
(3) 手さげ式の加圧式粉末消火器で開閉バルブ付の消火器には，使用済みの表示装置をつけなければならない．
(4) 手さげ式の蓄圧式粉末消火器には，使用済みの表示装置をつけなくてもよい．

問 4 (1)

- 化学泡消火器は化学反応により CO_2 ガスを発生させるので，外筒剤水溶液が，液面表示以上入っていたような場合は圧力が高くなり過ぎ，破裂の危険性があるので必要．
- 加圧用ガス容器の充てん比は，その内容積に関係なく，充てんする液化二酸化炭素 1 g につき，1.5 cm³ 以上，すなわち，充てん比は 1.5 以上である．
- 消火器の規格では，内容積 100 cm³ を超える二酸化炭素加圧用ガス容器には耐圧性能に関する規定はない．これは，100 cm³ を超えるものは，高圧ガス保安法に適合するものとされており，高圧ガス保安法の耐圧性能が適用される．
- 加圧用ガス容器の気密試験は，40 ℃の温水に 2 時間浸漬である．

問 5 (1)

　使用済み表示装置は，手さげ式の消火器のうち，使用したことが外観から容易にわかるように取り付けるものである．

　一般に，蓄圧式消火器は，指示圧力計をつけているので，一度使用すれば，指針が下がることから，使用したことがわかるので，使用済み表示装置は必要としない．

　しかし，蓄圧式でも，ハロン 1301 消火器や二酸化炭素消火器のように，指示圧力計をつけないものもあるので，これらには使用済み表示装置が必要である．

　また，加圧式粉末消火器のうち，開閉バルブをつけているものは，放射の途中で薬剤の放出を止め，まだ使えると思い，そのまま設置し続けてしまうと，後日の使用時に放射できなくなることから，使用済み表示装置が必要である．

　しかし，開閉バルブがつけていないものは，一度起動操作をすれば，消火薬剤の放出が止まらないので，すべてが出てしまい，再充てんが必要であるので，使用済み表示装置を必要としない．

2-1 消火器および消火器用消火薬剤の規格

住宅用消火器以外の消火器の規格④

① 指示圧力計の設置 (第28条)

蓄圧式消火器は，消火器内の圧力が，使用可能な範囲にあるかどうかを知るために，以下に規定される指示圧力計を設けることが義務付けられている．(図 2.1.27)

蓄圧式消火器のうち，二酸化炭素消火器，ハロン 1301 消火器には適用されない．

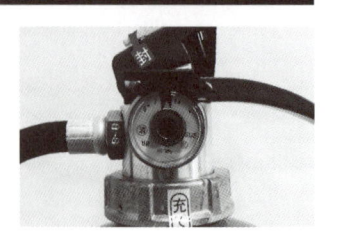

図 2.1.27　指示圧力計

1 指示圧力計表示事項

①使用圧力範囲を MPa で，およびその使用圧力範囲を緑色で明示
②圧力検出部（ブルドン管）の材質
③㊕の記号表示
　(図 2.1.28)

2 指示圧力計の保護

図 2.1.28　指示圧力計

消火器に取り付けたとき，外部からの衝撃に対し保護されていなければならない．

3 圧力検出部（ブルドン管）の材質

材質は，ステンレス（SUS），黄銅（BS），りん青銅（Pb），ベリリウム銅（BeCu）がある．指示圧力計の表示面積が小さいので，ローマ字で記載されている．(図 2.1.28)

消火薬剤が水系のものはブルドン管を腐食するので，SUS 製のものしか使用できない．ハロゲン化物消火薬剤と粉末消火薬剤はすべての材質を使用できる．

② 塗色 (第37条)

消火器の外面はその 25 % 以上を赤色仕上げとしなければならない．

③ 表示 (第38条)

1 消火器の表示

見やすい位置に次の表示をしなければならない．

(1) 消火器の種類
(2) 住宅用消火器でない旨
(3) 加圧式消火器または蓄圧式消火器の区別
(4) 使用方法（手さげ式および据置式は図示を要す）
(5) 使用温度範囲
(6) B火災又は電気火災に使用してはならない消火器にあってはその旨
(7) A火災又はB火災に対する能力単位の数値
(8) 放射時間
(9) 放射距離
(10) 製造番号
(11) 製造年（月までは表示しない）
(12) 製造者名
(13) 型式番号（自動車用は別途規定）
(14) 耐圧試験圧力値
(15) 安全弁作動圧力値
(16) 充てん消火薬剤の容量または質量
(17) 総質量（充てんされた消火薬剤を容量で表すものは不要）
(18) ホースの有効長（据置式消火器のみ）
(19) 取扱上の注意事項
　・加圧用ガス容器に関する事項
　・指示圧力計に関する事項
　・標準的な使用条件のもとで使用した場合に安全上支障がなく使用することができる標準的な期間又は期限として設計上設定された期間又は期限．
　　（これは，この期間がきたら廃棄または取り替えを強制的に行わせるものではない．廃棄などは点検の結果により判断するものである）
　・使用時の安全な取扱いに関する事項
　・維持管理上の適切な設置場所に関する事項
　・点検に関する事項
　・廃棄時の連絡先及び安全な取扱いに関する事項
　・その他取り扱い上注意すべき事項

図2.1.29　消火器の表示

2 追加表示

ハロン 1301 消火器以外の，ハロゲン化物消火器への追加表示（図 2.1.30）

```
           注      意
1) 狭い密閉した室では使用しないこと。
2) 風上より放射し，使用後はすみやかに換気をはかること。
3) 発生ガスは有害であるので，吸入しないこと。
```

図 2.1.30　ハロゲン化物消火器の表示

自動車用消火器への追加表示（図 2.1.31）

```
（自動車用）       国    貼    合
                 家
型式番号              付    格
                 検
消 ㊐ 第 ～ 号    定    欄    証
```

図 2.1.31　自動車用消火器の表示

「自動車用」の文字は赤字，表示の大きさは，横 5 cm，縦 2 cm 以上

3 適応火災と絵表示

A 火災に適応する消火器にあっては，「普通火災用」
B 火災に適応する消火器にあっては，「油火災用」
電気火災に適応する消火器にあっては，「電気火災用」

絵表示の大きさは，充てんする消火薬剤の容量，質量によりきめられている．

火災の区分	絵表示	絵表示の色
A 火災		炎は赤色．可燃物は黒色とし，地色は白色とする．
B 火災		炎は赤色．可燃物は黒色とし，地色は黄色とする．

| 電気火災 | ⚡ | 電気の閃光は黄色とし，地色は青色とする． |

図 2.1.32　火災の区分と絵表示

要点のまとめ

□指示圧力計が不要な蓄圧式消火器： 二酸化炭素 ， ハロン 1301 消火器

□指示圧力計の表示事項：

使用圧力範囲（MPa）， 圧力検出部（ブルドン管） の材質，

㋕ の記号並びに，使用圧力範囲を示す部分を

緑 色で明示する．

□ブルドン管の材質：

ステンレス（SUS）， 黄銅（BS），

りん青銅（Pb）， ベリリウム銅（BeCu） の4種

水系消火器は SUS 製のみ， ハロゲン化物，

粉末 消火器はすべて使用可．

□消火器の表示事項：

種類

住宅用 でない旨

加圧式 または 蓄圧式 の区別

使用 方法， 使用 温度範囲，

能力単位 ，適応火災の 絵表示 ， B火災，C火災 に不適な旨

放射時間 ， 放射距離

製造 番号， 製造 年， 製造者 名， 型式 番号

耐圧試験 圧力値， 安全弁作動 圧力値

消火薬剤の 容量・質量 ， 総質量

ホースの 有効長

取扱上の注意事項：（加圧用ガス容器，指示圧力計，使用できる期間，安全な取り扱い，適切な設置場所，点検， 廃棄時 の連絡先）

2-1 消火器および消火器用消火薬剤の規格

演習問題 住宅用消火器以外の消火器の規格④

【問 1】
指示圧力計に関する次の記述のうち，正しいものはどれか．
(1) 強化液消火器に用いる指示圧力計は，ブルドン管の材質が，りん青銅のものを使用してよい．
(2) 指示圧力計には，使用圧力範囲を黄色で明示しなければならない．
(3) 蓄圧式消火器のうち，指示圧力計をつけなくてもよい消火器は，二酸化炭素消火器とハロゲン化物消火器である．
(4) ハロゲン化物消火器に用いる指示圧力計は，ブルドン管の材質が，りん青銅のものを使用してよい．

【問 2】
消火器に必要な表示事項に関する以下の記述のうち，誤っているものはどれか．
(1) 適応火災の絵表示
(2) 安全に使用できる期間
(3) 製造年月
(4) 住宅用消火器でない旨

【問 3】
適応火災の表示に関する下記の記述のうち，正しいものはどれか．
(1) A火災に適応する消火器にあっては，普通火災用と表示し，地色が白の円形標識の中に，赤色で炎と可燃物の絵表示を入れる．
(2) A火災に適応する消火器にあっては，普通火災用と表示し，地色が白の円形標識の中に，赤色で炎，青色で可燃物の絵表示を入れる．
(3) A火災に適応する消火器にあっては，普通火災用と表示し，地色が青の円形標識の中に，赤色で炎，黒色で可燃物の絵表示を入れる．
(4) A火災に適応する消火器にあっては，普通火災用と表示し，地色が白の円形標識の中に，赤色で炎，黒色で可燃物の絵表示を入れる．

2-1 消火器および消火器用消火薬剤の規格

問 1 (4)

- 水系の消火薬剤は，設置中に黄銅（BS），りん青銅（Pb），ベリリウム銅（BeCu）のブルドン管を侵してしまうので，SUS製のものを使用しなくてはならない．
- 一方，侵すことのない，粉末消火薬剤，ハロゲン化物消火薬剤は，すべてのものが使用できる．
- 使用圧力範囲は緑色で明示．
- 指示圧力計をつけなくてもよい消火器は，ハロゲン化物消火器のうちハロン1301消火器のみである．ハロン1211消火器，ハロン2402消火器には取り付けが必要である．

問 2 (3)

- 消火器の製造時期の表示は，点検制度で，製造年から数えた年数ごとに行うよう規定されているところから，製造年までの表示とされている．
- 一方，消火薬剤については，製造年月までの表示なので混同しないようにすること．

問 3 (4)

適応火災の表示は，規格改正前までは，

円形標識の地色がA火災にあっては，白色，B火災にあっては黄色，C火災にあっては青色で，それぞれ，普通火災用，油火災用，電気火災用と表示するだけでよかったが，使用者により適用火災を明確に伝えるため規格が改正され，絵表示が追加された．

円形標識の中に，

A火災にあっては，地色が白で，可燃物を黒色で，炎を赤色で，

B火災にあっては，地色が黄色で，可燃物(油類の入ったポリタンク)とそこから漏れた油を黒色で，炎を赤色で，

C火災にあっては，地色が青で，電気の閃光を黄色で

仕上げた絵表示を入れ，それぞれ，普通火災用，油火災用，電気火災用と表示することとなった．

2-1 消火器および消火器用消火薬剤の規格　その他の消火器の規格

① 住宅用消火器の規格

住宅用消火器の規格は次のとおりである．

1 構造（第39条）

住宅用消火器は，蓄圧式消火器で，かつ，消火薬剤を再充てんできない構造でなければならない．

（これは，住宅用消火器は，法設置対象消火器でなく，点検義務が発生しないため，資格のない人でも，使用の可否を指示圧力計の指度で判断させるためである．また，技術のない者に再充てんをされないための措置である．）

2 消火性能（第40条）

住宅用消火器には，消火能力単位1以上の要求はない．

しかし，規格に示す，普通火災，てんぷら油火災，ストーブ火災模型をすべて消火可能で，電気火災にも適応するものでなければならない．

3 住宅用消火器として認められない消火器（消火剤）（第42条）

住宅用消火器としては，ハロゲン化物消火薬剤および二酸化炭素を充てんした消火器は認められていない．

狭い室内での使用は，人体に影響があることが理由である．

すなわち，住宅用消火器として認められるのは，水消火器，強化液消火器，泡消火器，粉末消火器の4種類である．

4 キャップ等の固定（第43条）

キャップ，プラグ，口金およびパッキンは，溶接などにより完全に口金などに固定され，取り外すことができない構造のものでなければならない．

（これも，再充てんを防ぐための構造である）

このため，住宅用消火器以外の消火器に必要とされる，減圧孔は取付けの義務はない．

5 塗色

塗色についての規定はない．すなわち，外面は何色でもよい．

6 表示（第44条）

銘板などへの表示事項として住宅用消火器以外の消火器と大きく違う点は，次のとおり．

① 適応火災の絵表示（図2.1.33）
② 使用期間または使用期限

③ 消火剤の再充てんができない旨

（住宅用消火器は，点検義務がないことから，設備士など資格のある者が点検を行わない．使用者に点検させ，使用の可否を判断させるのは難しいので，使用期間を表示させ，危険を伴わないようにしている）

図 2.1.33　住宅用消火器適応火災の絵表示

② 交換式消火器の規格

交換式消火器は，本体容器とこれに付属する，キャップ，バルブ，指示圧力計などを一体として交換できる消火器で，収納容器に結合させて消火を行うもので，住宅用消火器および，住宅用消火器以外の消火器がある．

規格要求事項は，取り付けられる消火器（収納容器）それぞれの要求事項となる．

ただし，住宅用に係る交換式消火器の放射性能は，放射効率が 85 % 以上であればよい．

要点のまとめ

□住宅用消火器は，
　　 蓄圧 　式消火器で，かつ，消火薬剤を 再充てん できない構造．消火能力単位の規定はないが，規格に示す， 普通 　火災， てんぷら油 　火災， ストーブ 　火災， 電気 　火災のすべてに適応するもの．
　　 ハロゲン化物 　および 二酸化炭素 　を充てんした消火器は認められてない．
キャップなどは，取り外すことができない構造．このため， 減圧孔 　は必要ない．

2-1 消火器および消火器用消火薬剤の規格　演習問題　その他の消火器の規格

【問 1】

住宅用消火器に関する次の記述のうちで，正しいものはどれか
- (1) 使用期限または使用期間を表示しなければならない
- (2) 普通火災における能力単位は1単位以上なければならない
- (3) ハロゲン化物消火器，強化液消火器，二酸化炭素消火器は住宅用消火器として認められない．
- (4) 減圧孔を設けなければならない

【問 2】

住宅用消火器の消火性能に関し，普通火災，てんぷら油火災，ストーブ火災及び電気火災のうち，適応しなければならない火災に関する次の記述のうち，正しいのはどれか．
- (1) 規格に示す，すべての火災に適応しなければならない
- (2) 普通火災，てんぷら油火災，ストーブ火災のうちいずれか一つ及び電気火災に適応していればよい（絵表示は，適応火災のみ）
- (3) 普通火災および電気火災に適応していればよい（絵表示は，適応火災のみ）
- (4) 普通火災，てんぷら油火災，ストーブ火災に適応していればよい（絵表示は，適応火災のみ）

【問 3】

住宅用消火器に関する以下の記述のうち，正しいものはどれか．
- (1) 普通火災の消火能力単位の数値は，1以上でなければならない．
- (2) 住宅用消火器の消火薬剤量は，1 kg以下でなければならない．
- (3) キャップを安全に開けられるよう，キャップには減圧孔を設けなければならない．
- (4) 水消火器，泡消火器，強化液消火器，粉末消火器は住宅用消火器として認められている．

問 1 (1)

- 住宅用消火器にも，取扱上の注意事項として，安全上支障がなく使用することができる標準的な期間，または期限の表示義務があるが，点検の義務はない．住宅用消火器は，メーカーが申請した使用期限，期間を明示する必要がある．
- 住宅用消火器には能力単位の付与はない．
- 狭い室内での放出ガスの影響から，住宅用消火器として認められないものは，ハロゲン化物消火器と二酸化炭素消火器のみである．
- 住宅用消火器は，キャップを開けられない構造なので，減圧孔は必要ない．

問 2 (1)

　住宅内で発生する火災の種類，火災規模を勘案して，電気火災以外には規格で火災模型が定められていて，これらのすべてが消火できなければならない．また消火作業中に感電しないように，電気火災にも適応するものでなければならない．

　このため，住宅用消火器の絵表示は，適応するもののみの表示でなく，すべてのものが表示されている．

問 3 (4)

- 住宅用消火器は，家屋内で想定される，普通火災，てんぷら油火災，ストーブ火災の火災模型をきめて，最低の消火能力として，それらすべてが消せる能力をもたせている．また電気火災にも適応するものでなければならない．このため消火能力単位の考えはない．また，同様の理由から，消火薬剤質量の上限規定もない．
- 住宅用消火器以外の消火器には，減圧孔の取付け義務があるが，住宅用消火器は，キャップが開けられない構造となっているため，減圧孔の必要はない．
- 住宅用消火器として，認められてないものは二酸化炭素消火器およびハロゲン化物消火器である．

2-1 消火器用消火薬剤の規格

消火器用消火薬剤の技術上の規格を定めたものであるが、二酸化炭素については、消火器の規格の中で、JIS K 1106 に適合するものと規定されているので、この規格の中からは除外されている．

① 消火薬剤の共通的性状（薬剤規格（以下同じ）第1条の2）

- 消火薬剤は、著しい毒性または腐食性を有しないもので、かつ著しい毒性または腐食性のあるガスを発生しないものでなければならない．
- 水溶液および液体の消火薬剤は、結晶の析出、溶液の分離、浮遊物または沈殿物の発生などの異常を生じてはならない．
- 粉末状の消火薬剤は、塊状化、変質その他の異常を生じてはならない．

② 再利用消火薬剤（第1条の3）

- 消火薬剤は、一度使用され、もしくは使用されずに収集され、もしくは廃棄されたものを原料とするもの（使用済等消火薬剤という）であってはならない．
　　ただし、再利用消火薬剤（使用済等消火薬剤を、各薬剤の規定に適合するように処理を施したもの）は、この限りでない．

③ 酸アルカリ消火薬剤（第2条）

- 酸は良質の無機酸またはその塩類であること．
- アルカリは水に溶けやすい良質のアルカリ塩類であること．

④ 強化液消火薬剤（第3条）

- 強化液消火薬剤は、次のアルカリ金属塩類などの水溶液でなければならない．
- アルカリ金属塩類の水溶液にあってはアルカリ性反応を呈するものであること．
- 凝固点が －20℃以下であること

・消火器を正常な状態で作動した場合において放射される強化液は，防炎性を有し，かつ凝固点が－20℃以下のものでなければならない．

⑤ 泡消火薬剤の発泡倍率と泡減率等（第4条）

消火薬剤の温度を20℃にした消火器を作動させた場合放射される泡の量は表2.1.4のとおりでなければならない．

表2.1.4　消火器の種類と泡の量

消火器の種類	泡の量（発泡倍率）
化学泡消火器…手さげ式，背負い式	消火薬剤の容量の7倍以上
化学泡消火器…車載式	消火薬剤の容量の5.5倍以上
機械泡消火器	消火薬剤の容量の5倍以上

●化学泡の泡減率

泡消火薬剤は，泡で燃焼物を覆って消火するものであるから，放射後泡が消滅する時間が長いほうがよい．

このため，「放射終了時から15分経過後の泡の容量の減少率〔泡減率〕は，25％を超えないこと」と規定されている．

●機械泡の25％還元時間

化学泡同様に泡の安定性を評価するもので，「放射された泡が，機械泡消火薬剤水溶液量の25％の量の水に還元〔泡が水に戻ること〕するために要する時間は1分以上であること」と規定されている．

⑥ ハロゲン化物消火薬剤

消火薬剤の種類は，次のとおりである．

常温で液体：ハロン1011，　ハロン2402，

高圧ガスで液化して消火器に充てん：ハロン1211，　ハロン1301

上記のものが規格上認められており，それぞれの物性や，性状につき規定されている．

いずれも，オゾン層を破壊する物質として，消火薬剤の生産が中止されており，既設置のハロン1301消火器のみが，市場にある．

⑦ 粉末消火薬剤（第7条）

- 粉末消火薬剤は，次のように規定されている．
    - ①防湿加工を施す
    - ②ナトリウムもしくはカリウムの重炭酸塩その他の塩類，またはりん酸塩類，硫酸塩類その他の防炎性を有する塩類（「りん酸塩類等」という）
    - ③180 μm 以下の微細な粉末
    - ④規定された試験方法による吸湿率が2％以下
    - ⑤水面に散布した場合，1時間以内に沈降しないもの
- りん酸塩類等には淡紅色系の着色を施さなければならない．
    （りん酸塩類等以外の消火薬剤にもそれぞれ着色されているが，規格上の要求事項ではない）
- 再利用粉末消火薬剤は上記のほか，含水率が2％以下でなければならない．

⑧ 浸潤剤等

ハロゲン化物消火薬剤以外の，水を含む消火薬剤には，浸潤剤，不凍剤その他，消火薬剤の性能を高め，改良をするための薬剤を混和，または添加することができる．

⑨ 表示

- 消火薬剤の容器には次の表示をしなければならない．
    容器に表示できない場合などは，包装に表示をしてもよい（図2.1.34）
    - ・品名
    - ・充てんされるべき消火器の区別
    - ・消火薬剤の容量または質量
    - ・充てん方法
    - ・取扱い上の注意事項
    - ・製造年月（月まで）
    - ・製造者名または商標
    - ・型式番号

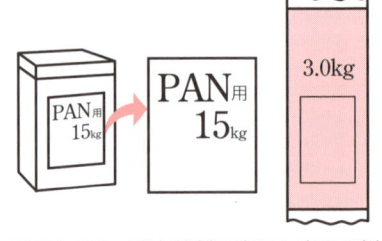

図2.1.34　消火薬剤の容器と表示の例

要点のまとめ

- □消火薬剤は，著しい 毒性 または 腐食性 を有しないもの，かつ，それらの ガス を発生しないもの．
- □水溶性および液体の消火薬剤は， 結晶 の析出，溶液の 分離 ， 浮遊物 または 沈殿物 などの異常の発生のないこと．
- □粉末状の消火薬剤は， 塊状化 ， 変質 などの異常の発生のないこと．
- □強化液消火薬剤は， アルカリ金属 塩類などの水溶液．凝固点 －20 ℃以下．

□温度20℃における，泡消火器の泡の量は以下の通り

消火器の種類		充てん薬剤容量に対する倍率
化学泡消火器	手さげ式および背負い式	7 倍以上
	車載式	5.5 倍以上
機械泡消火器		5 倍以上

- □化学泡の泡減率： 15 分後 25 %以内．
  機械泡の還元時間： 1 分以上
- □粉末消火薬剤の基材：防湿加工した ナトリウム もしくは カリウム の重炭酸塩その他の塩類，または りん酸塩類等 （りん酸塩類，硫酸塩類その他）

- □粉末消火薬剤の性状：粒径 180 μm以下．吸湿率 2 %以下．水面上で 1 時間沈降しないもの．（再利用消火薬剤は，これらのほかに，含水率 2 %以下）
  りん酸塩類等には， 淡紅色系 の着色を施す．
- □容器または包装への表示：
  ・品名　　・充てんされるべき消火器の区別，
  ・容量または質量　・充てん方法　・取扱上の注意事項，
  ・製造 年月 （消火薬剤は 月 まで）・製造者名または 商標
  ・型式番号

2-1 消火器および消火器用消火薬剤の規格

演習問題 消火器用消火薬剤の規格

【問 1】

消火薬剤に関する次の記述のうち，正しいものはどれか．

(1) 粉末状の消火薬剤は，著しい吸湿性又は腐食性を有しないもので，かつ著しい吸湿性又は腐食性のあるガスを発生しないものでなければならない．
(2) 粉末状の消火薬剤は，塊状化，変質その他の異常を生じてはならない．
(3) 粉末消火薬剤は，防湿加工をしたナトリウム若しくはカリウムの炭酸塩その他の塩類，又はりん酸塩類，硫酸塩類その他の防炎性を有する塩類でなければならない．
(4) 粉末消火器には，再利用粉末消火薬剤を使用してはならない．

【問 2】

消火薬剤に関する次の記述のうち，正しいものはどれか．

(1) 強化液消火薬剤は，アルカリ塩類等の水溶液で，凝固点が － 20 ℃以下でなければならない．
(2) 粉末消火薬剤のうち，りん酸塩類等には淡紅色系の，カリウムの重炭酸塩のものには紫色系の着色を施さなければならない．
(3) 粉末消火薬剤は，180 μm 以下の粉末で，含水率が 2 ％以下，水面に撒布した場合，1時間以内に沈降しないものでなければならない．
(4) 再利用粉末消火薬剤は，含水率が2％以下でなければならない．

【問 3】

泡消火薬剤の発泡倍率に関する次の記述のうち，誤っているものはどれか．

(1) 車載式の機械泡消火器の発泡倍率は，消火薬剤容量の 5 倍以上であること．
(2) 手さげ式の機械泡消火器の発泡倍率は，消火薬剤容量の 7 倍以上であること．
(3) 車載式の化学泡消火器の発泡倍率は，消火薬剤容量の 5.5 倍以上であること．
(4) 手さげ式の化学泡消火器の発泡倍率は，消火薬剤容量の 7 倍以上であること．

問 1 (2)

- 粉末状の消火薬剤に要求されているのは，著しい吸湿性または腐食性を有しないことではなく，塊状化，変質その他の異常を生じてはならないことである．
- 粉末消火薬剤のうち，カリウムもしくはナトリウムの塩類として認められるのは，それらの重炭酸塩である．
- 再利用消火薬剤の定義は，使用済等消火薬剤を，各薬剤の規定に適合するように処理を施したものであり，これを使用することができる．

問 2 (4)

- 強化液消火薬剤はアルカリ金属塩類の水溶液でなければならない．
- 粉末消火薬剤には，りん酸塩類等を原料とするもの（粉末（ABC）消火薬剤）には淡紅色系の，カリウムの重炭酸塩を主原料とするもの（粉末（K）消火薬剤）には紫色系の，カリウムの重炭酸塩と尿素の反応生成物を原料とするもの（粉末（KU）消火薬剤）には，ねずみ色の着色が施されているが，規格で着色が要求されているのは，粉末（ABC）消火薬剤のみである．
- 再利用消火薬剤以外の粉末消火薬剤には，含水率の規定はない．

問 3 (2)

- 機械泡消火器の発泡倍率の規格は，すべて 5 倍以上であり，化学泡消火器のように，手さげ式，背負い式は 7 倍以上，車載式は 5.5 倍以上のように分かれて規定されてはいない．

2-2 消火器の構造・機能　消火特性と消火器の種類

① 燃焼の要素と消火特性

1 燃焼の要素

ものが燃えるのに必要な要件は次のとおりである．

　①可燃物があること

　②熱が必要なこと

　③酸素が必要なこと

　④燃焼が継続してゆく連鎖反応が起こっていること

一般に，①～③を燃焼の3要素，①～④を燃焼の4要素とよんでいる．

2 消火特性

消火器により，消火をする場合は，燃焼の要素を1つでも取り去れば，消火が可能である．消火の作用は次のとおりである．

　①可燃物を除去する（可燃物の除去）

　②冷却して温度を下げる（冷却作用）

　③酸素を遮断し窒息させる（窒息作用），酸素濃度を希釈する

　④連鎖反応を抑制する（抑制作用）

上記の作用のうち，消火器では，②～④の作用により消火を行っている．消火器ごとの消火作用は，各消火器の項で述べるが，

　　水系消火器は冷却作用，

　　泡消火器と二酸化炭素消火器は窒息作用，

　　粉末消火器とハロゲン化物消火器は抑制作用

が主な消火作用である．

② 加圧式消火器（ガス加圧式）

ガス加圧式の加圧式消火器は，消火薬剤を放射する圧力源として，加圧用ガス容器に入ったガスを用いるものである．

1 加圧用ガス容器

加圧用ガス容器は次の位置に取り付けられる．

　●手さげ式などの小型消火器は，消火器の内部に取り付けられる．（図2.2.1）

　　手さげ式消火器の加圧用ガスは，二酸化炭素が充てんされているも

のが大半だが，性能を向上させるために，二酸化炭素と窒素ガスの混合ガス，または窒素ガスが充てんされているものもある．
● 車載式のような大型のものは，消火器の外部に取り付けられる．（図2.2.2）
大型消火器の加圧用ガスは，窒素ガスが充てんされているものが多いが，消火薬剤の少ないものには二酸化炭素が充てんされている．

2 使用方法と構造

使用方法は次のとおりである．
① レバーを握る操作または押し金具をたたくことにより加圧用ガス容器の封板をカッターで破る，あるいは，加圧用ガス容器のバルブのハンドルを回すことで加圧用ガス容器内に封入されたガスを開放する
② ガス導入管よりガスを容器内に導入
③ 消火薬剤を混合撹拌
④ 消火薬剤は粉末サイホン管を通って
⑤ ノズルから放射される

主に，粉末消火器に多いが，強化液消火器および機械泡消火器の大型消火器にもこの方式のものがある．

詳細は後述するが，手さげ式消火器の中には，キャップ部に開閉バルブを有した開閉バルブ式のものと開閉バルブのない，開放式の消火器がある．

開放式のものは①の操作で，継続的に放射が行われるが，開閉バルブ付のものは，レバーを握っているときだけ放射が行われ，レバーをはなせば放射が止まるものである．

設置中の消火器内圧は，大気圧である．

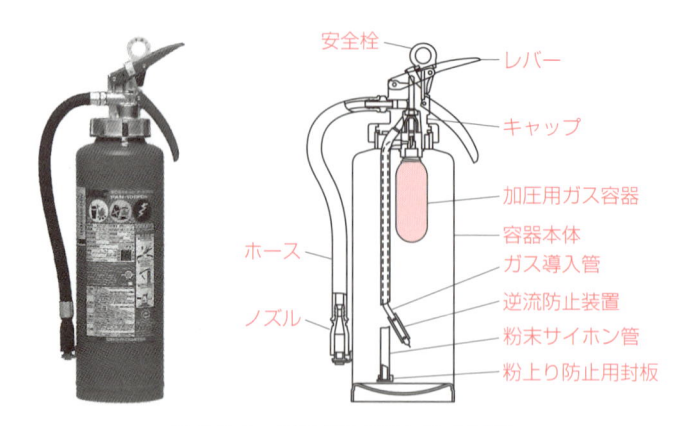

図 2.2.1　加圧式粉末消火器（小型）

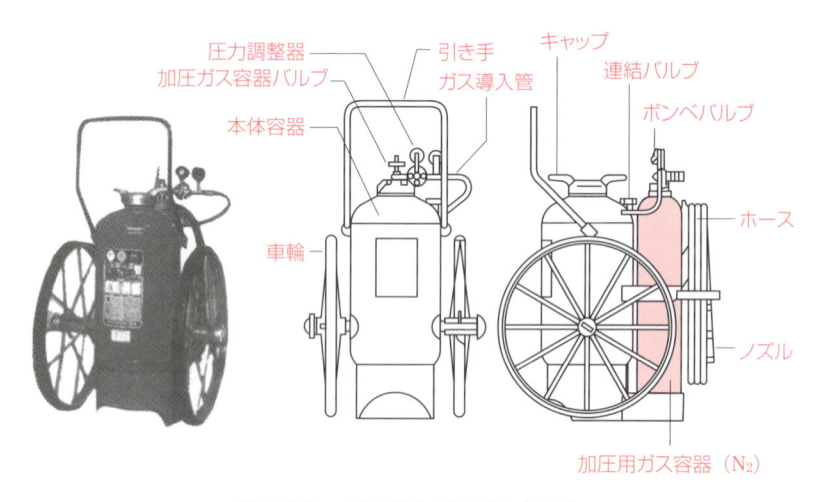

図 2.2.2　加圧式粉末消火器（大型）

③ 加圧式消火器（反応式）

　反応式の加圧式消火器とは，2種類の消火薬剤水溶液を本体内にもち，それらの化学反応により発生するガスを圧力源として消火薬剤を放射する消火器である．

　設置中は，消火器内の酸性とアルカリ性の2つの消剤水溶液が混ざり合わないように内筒剤と外筒剤を隔離してセットし，使用時に，混合するこ

とによって，酸―アルカリ反応が起こり，発生するCO_2ガス圧力によって，消火薬剤をノズルから放射する構造のものである．

規格上では，酸アルカリ消火器もこの範囲に含まれるが，現在では，化学泡消火器のみがその例である．（図2.2.3）

設置中の消火器内圧は大気圧力である．

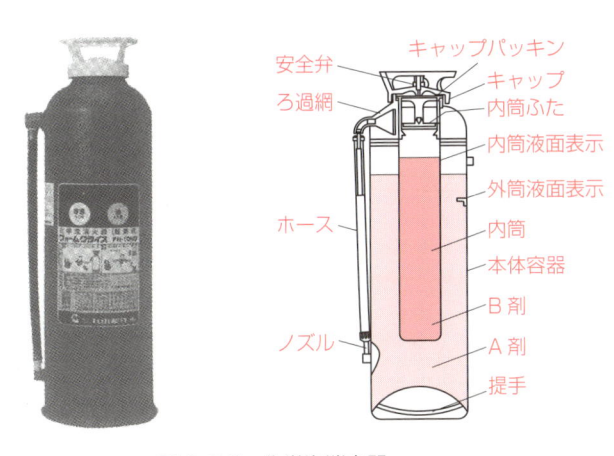

図2.2.3　化学泡消火器

④ 蓄圧式消火器（充てんされた消火薬剤のもつ圧力のみによらないもの）

消火器本体内に，消火薬剤とそれに加えて，窒素ガスまたは圧縮空気を充てん密閉したものである．

使用時，レバーを握ることによりバルブが開き，サイホン管を経由して，消火薬剤をノズルから放射する構造のものである．（図2.2.4）

粉末消火器，強化液消火器，機械泡消火器，水消火器，ハロン1211消火器，ハロン2402消火器，ハロン1011消火器がその例である．

このうち，ハロン1211消火器は消火薬剤が，高圧ガス保安法でいう，高圧ガスに当たるため，容器本体は，高圧ガス保安法の適用も受け，容器弁（バルブ）もこれに準拠したものが取り付けられる．

このため，容器弁には，自動安全弁が取り付けられている．（図2.2.7）

設置中の容器内圧は，0.7〜0.98 MPa（ハロン1211消火器は1.03〜1.77 MPa）である．

2 消火器の規格・構造・機能・整備

容器本体内の圧力が使用できる圧力範囲にあるかどうかがわかるように使用圧力範囲を緑色で示した，指示圧力計が取り付けられている．（図2.2.5）

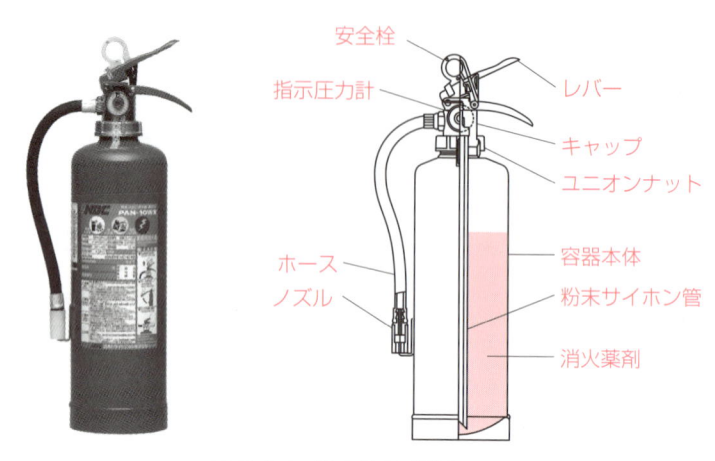

図2.2.4 粉末蓄圧式消火器

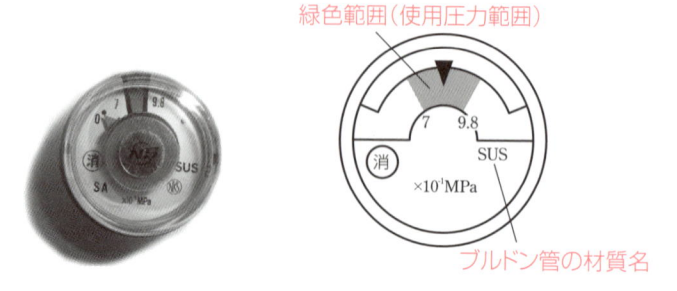

図2.2.5 指示圧力計

⑤ 蓄圧式消火器（自圧式：充てんされた消火薬剤の持つ圧力のみによるもの）

消火器本体内に，充てんしている消火薬剤の蒸気圧により，
使用時は
　レバーを握ることによりバルブが開き，サイホン管を経由して消火薬剤をノズルから放射する
構造のものである．（図2.2.6）
二酸化炭素消火器，ハロン1301消火器がその例である．

設置中の容器内圧は，それぞれの消火薬剤の蒸気圧である．

消火薬剤が，高圧ガス保安法でいう，高圧ガスに当たるため，容器本体は，高圧ガス保安法の適用も受け，容器弁（バルブ）もこれに準拠したものが取り付けられる．

このため，容器弁には，自動安全弁が取り付けられている．（図 2.2.7）
指示圧力計は取り付けられていない．

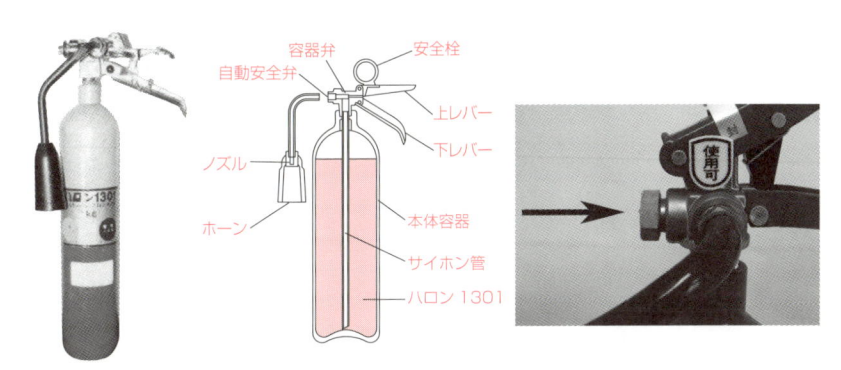

図 2.2.6　ハロン 1301 消火器　　　図 2.2.7　自動安全弁

⑥ 自動車用消火器

消火器の設置される状態は，一般用消火器の場合，床面に置かれるか，壁などに取り付けられるもので，設置中は振動や衝撃は通常受けない．

一方，自動車用消火器とは，自動車，電車などに取り付けられるものをいい，設置状態で，自動車などの振動を受けるものである．

消火器は，部品点数が多く，それらの部品は，ねじ込まれているもの，接着剤で取り付けられているもの，ビス止めしているものなどがある．

振動により発生した力に対し，これらの部品が脱落，変形，損傷することが起きては，性能が十分に発揮できない．また，粉末消火剤の場合は，振動による密充てんが起きると，粉体がほぐれにくくなり放射の効率を悪くすることにもなる．

そこで，自動車などに搭載する消火器は，特別に，規格で定められた，縦方向，上方向，横方向の三方向の振動試験を行い，試験終了後，部品などの取付け状態に異常の発生がないことや，放射，消火性能試験を行って，異常

のないことを確認する．

　これらの試験に合格した消火器には，自動車用の文字を赤色とした，表示をしなければならない．（図 2.2.8）

（自動車用）	国家検定	貼付欄	合格証
型式番号			
消 ㊥ 第　～　号			

図 2.2.8　自動車用消火器の表示

　自動車などに取り付ける場合は，保持装置により固定して取り付けられる．（図 2.2.9）

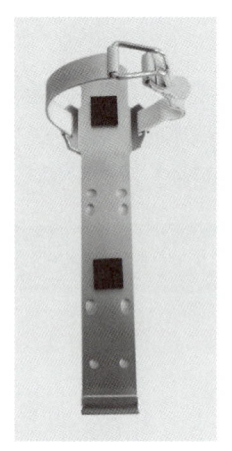

図 2.2.9　保持装置

要点のまとめ

- □燃焼の4要素とは，可燃物，熱，酸素，連鎖反応である．
- □消火の4作用とは，可燃物の除去，冷却作用，窒息作用，抑制作用である．
- □消火器の加圧方式による種類とは 加圧 式消火器（ガス加圧 式，反応 式），蓄圧 式消火器である．
- □ガス加圧式の消火器では，加圧用ガス容器が，一般的に，大型消火器にあっては，容器本体の 外部 に，手さげ式のものは，容器本体の 内部 に取り付けられている．
- □ガス加圧式消火器内のガスを消火器本体内に導入する操作方法は，レバー を握る，押し金具 をたたく，ハンドル を回しバルブを開ける，3方法がある．
- □ガス加圧式消火器は，粉末 消火器に多いが，大型強化液消火器と大型機械泡消火器にもこの方式のものがある．
- □設置中のガス加圧式消火器の本体内圧は，大気圧 である．
- □反応式の加圧式消火器とは，現在設置されているものでは，化学泡 消火器のことである．
- □設置中の化学泡消火器の容器内圧は 大気圧 である．
- □指示圧力計を付けている蓄圧式消火器は，粉末 消火器，水 消火器，強化液 消火器，機械泡 消火器，ハロン1211 消火器，ハロン2402 消火器，ハロン1011 消火器
- □指示圧力計を付けていない蓄圧式消火器は，二酸化炭素 消火器，ハロン1301 消火器である．
- □高圧ガス保安法の適用を受ける消火器は，二酸化炭素 消火器，ハロン1301 消火器，ハロン1211 消火器である．
- □自動車用消火器には，取付け方向が，上方向，横方向，縦方向の3方向の 振動試験 が課せられている．
- □自動車用消火器には，取付けのための 保持装置 が必要である．
- □自動車用消火器には，通常の表示のほかに，自動車用の文字を 赤 色とした，別の表示を行なわなければならない．

2-2 消火器の構造・機能 演習問題 消火特性と消火器の種類

【問 1】

消火作用に関する次の記述のうち正しいものはどれか．
(1) 消火器による消火は，可燃物を除去する，温度を下げる，酸素を遮断する，の三作用のうちのいずれか又は複合した作用により行っている．
(2) 消火器による消火作用は，冷却作用，連鎖作用，抑制作用，の三作用のうちのいずれか又は複合した作用により行っている．
(3) 消火器による消火作用は，抑制作用，冷却作用，窒息作用の三作用のうちのいずれか又は複合した作用により行っている．
(4) 消火器による消火作用は，可燃物の除去，窒息作用，抑制作用の三作用のうちのいずれか又は複合した作用により行っている．

【問 2】

蓄圧式消火器に関する次の記述のうち，正しいものはどれか．
(1) ハロン1301消火器，ハロン1211消火器，ハロン2402消火器には指示圧力計を設けなければならない．
(2) ハロン1301消火器，ハロン1211消火器，粉末消火器には指示圧力計を設けなければならない．
(3) ハロン1301消火器，粉末消火器，機械泡消火器には指示圧力計を設けなければならない．
(4) ハロン1211消火器，強化液消火器，機械泡消火器には指示圧力計を設けなければならない．

【問 3】

次の記述のうち正しいものはどれか．
(1) 二酸化炭素消火器，ハロン1301消火器，ハロン2402消火器は高圧ガス保安法の適用を受ける．
(2) 指示圧力計を設けなくてもよい蓄圧式消火器は，二酸化炭素消火器，ハロン1301消火器である．
(3) 粉末消火器の容器内圧は，設置時は 0.7～0.98 MPa の間である．
(4) 自動車用消火器には，耐震装置が必要である．

問 1 (3)

・燃焼が起こるための 4 要素とは，
可燃物があること，
発火点以上に温度が上がること，
燃焼は酸化作用であり酸素があること，
燃焼が継続するための連鎖反応起きていることである．
消火は，このうち 1 つの条件を取り除くことにより可能であり，消火方法は，可燃物を除去する，発火点以下に温度を下げる，酸素と遮断する，連鎖反応を抑制する 4 つの方法がある．
消火器では，可燃物を取り除くことができないので，それ以外の方法で消火が行われている．

問 2 (4)

・蓄圧式消火器のうち，指示圧力計を設けなくてもよい消火器は，二酸化炭素消火器とハロン 1301 消火器だけである．
・指示圧力計の必要な消火器の種類を記憶するよりも，指示圧力計を設けなくてもよい消火器を覚えること．

問 3 (2)

・高圧ガス保安法の適用を受ける消火器は，二酸化炭素消火器および，ハロゲン化物消火器のうち，ハロン 1301 消火器とハロン 1211 消火器だけである．
ほかのハロゲン化物消火薬剤は，高圧ガスにあたらないものである．
・蓄圧式消火器以外の消火器内圧は，大気圧である．
・自動車用消火器を自動車などに取り付ける装置は，保持装置である．

2-2 消火器の構造・機能　粉末消火器（小型）

粉末消火器は，大きく分けると次の4つに分類される
　①充てんされる消火薬剤の種別
　　（ABC消火薬剤，Na消火薬剤，K消火薬剤，KU消火薬剤）
　②大型消火器と小型消火器
　③一般用消火器と自動車用消火器
　④加圧式消火器と蓄圧式消火器

さらに，小型消火器は，次の2つに分類される
　①一度操作をしたら，消火薬剤の全量が放射されてしまう開放式のもの
　②レバーを握ったときは放射し，放したときには放射が止まる，断続放射のできる，開閉バルブ式のもの

図2.2.10　加圧式消火器，蓄圧式消火器

① 加圧式消火器

1 加圧式消火器の構造

加圧式小型粉末消火器の構造は図のようになっている．

それぞれの名称と役割をしっかりと覚えよう．

図2.2.11は，開放式消火器，図2.2.12は，断続放射が可能な，開閉バルブ式消火器の構造図である．

2 放射までの挙動

消火器の起動操作と，放射までの挙動を図2.2.11の開放式消火器で説明すると，次のとおりである．

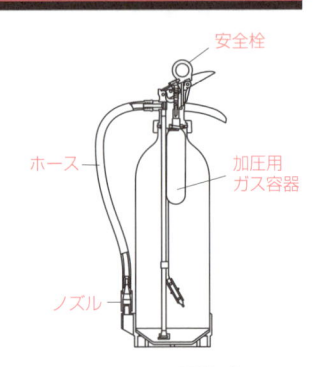

図2.2.11　開放式

①安全栓を抜く
②レバーを握る
③カッターが下がり，加圧用ガス容器の封板を破る
④加圧用ガス容器内のガスが，ガス導入管を通り，先端の逆流防止装置から容器内に入る
⑤容器内に入ったガスは瞬時に粉末消火薬剤を撹拌混合する
⑥粉末サイホン管先端の粉上がり防止装置の封板を破る
⑦サイホン管，ホースを経由して，ノズルから消火薬剤を放射する．

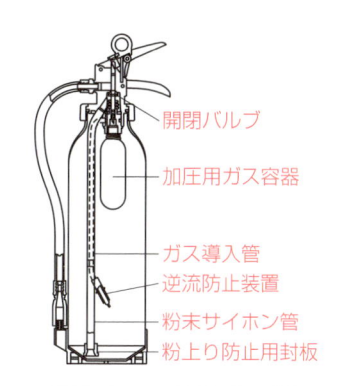

開閉バルブ付きの場合は，バルブが開いているとき（すなわち，レバーを握っているとき）だけ，消火薬剤が通過することになる．

図 2.2.12　開閉バルブ式

3 開放式，開閉バルブ式の構造

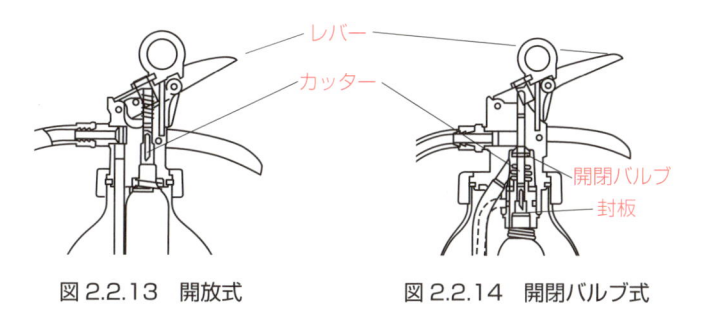

図 2.2.13　開放式　　　図 2.2.14　開閉バルブ式

拡大構造図を図 2.2.13 および図 2.2.14 に示す．

開放式には図 2.2.13 に示すように，バルブがなく，一度レバーを握って操作をすると，消火薬剤が全量放射されてしまうものである．

開閉バルブ式は，図 2.2.14 に示すように開閉バルブが付いている．開閉バルブは，加圧用ガス容器封板を破封するためのカッターと一体となっているのが一般的で，その下部にはばねがあり，常時上方向に押されている．

このため，レバーを放すと弁が閉まり，放射が止まるのである．

ただし，粉末消火器の場合，レバーを放すことにより，弁は閉まっても，弁および弁座シートとの間に，細かい消火薬剤が挟まったままとなる．その

ため, 短期的には断続放射は可能だが, 長時間そのままにしておくと, 弁シート面から加圧用ガスだけがノズルから漏れてしまい, レバーを握っても放射はできなくなる.

断続放射は, 火災時の操作性をよくしたものであり, 殺虫剤や, ヘアースプレー缶のように, 長期にわたり何度も, 使用できるものではない.

消火が簡単に済んでもそのままにしておかず, 一度使ったら必ず整備し, 再充てんをしなければならない.

これは, 規格で学んだ, 開閉バルブ式消火器に使用済み表示装置を取り付ける理由となっている.

4 ガス導入管と逆流防止装置

図 2.2.15 は, ガス導入管先端部の逆流防止装置の取付け拡大図の例である.

ガス導入管は, 加圧用ガス容器内のガスを容器本体内に導くものだから, 先端が解放されていればよい. しかし, 設置中に, 細い管の中に粉末消火薬剤が入っていると, そのガス導入管内の消火薬剤部分に, 加圧用ガスが急激に加わり, ガス導入管内に詰まるおそれがある.

そのため, 逆流防止装置は消火薬剤が入らないように設けるもので, いわゆる逆止弁の効果をもたせたものである.

また, 導入されたガスと粉末消火薬剤が混合撹拌される必要があるので, その効果も考えた構造となっている.

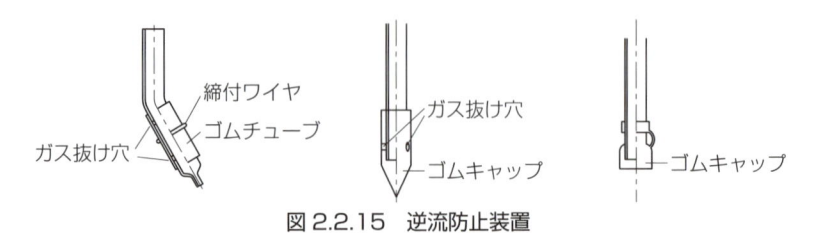

図 2.2.15 逆流防止装置

5 粉末サイホン管と粉上がり防止用封板

図 2.2.16 に, 粉末サイホン管の先に設ける粉上がり防止用封板装着例を示す. この装置も, ガス導入管先端に設ける逆流防止の機能をもたせている.
目的は次の2つである.

①粉末消火薬剤が粉末サイホン管に入らなくするため
②外気の流入を抑えるため

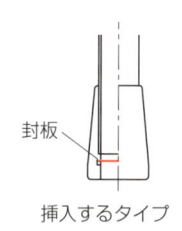

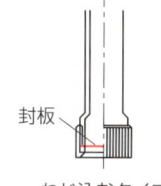

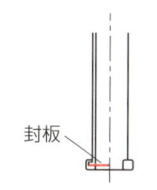

封板	封板	封板
挿入するタイプ	ねじ込むタイプ	横からパチンとはめ込むタイプ

図 2.2.16 粉上がり防止用封板

　外気の流入を抑えることで，開放式の消火器において，薬剤の吸湿固化などの異常発生を防止することができる．

　形状，構造，封板の材質，板厚などは，消火器の型式ごとの性能を考慮してつくられ，一品一葉と考えるべきである．

　点検整備時に，これを取り替える際は，必ず同じものを使わねばならない．

6 加圧用ガス容器

● ガスの種類と内容積による区別

　小型消火器用の加圧用ガス容器は，内容積が 100 cm^3 以下のものが大半だが，充てんする消火薬剤量の多いものには，100 cm^3 を超えるものが使われている．

　また，充てんガスは，液化二酸化炭素が多い．しかし，低温時においては，液化炭酸ガスの気化の速度が遅くなり，ドライアイスになってしまう．

　それでは，必要なガス量が足りなくなってしまうので，放射距離や，放射効率，さらには消火性能まで低下してしまう．

　放射性能などを向上させるために，低温度でも使える消火器には，はじめから気体で充てんされている窒素ガスや二酸化炭素と窒素ガスの混合ガスを使うものもある．

● 規格適合表示マークの表示

　内容積 100 cm^3 以下の加圧用ガス容器は，

　　高圧ガス保安法の対象から外れ，消火器の規格によることになっており，日本消防検定協会の行う，受託評価適合マークを付されたものとされている．（図 2.2.17）

　内容積 100 cm^3 を超えるものは，

　　高圧ガス保安法の適用を受け，それに適合した表示のあるものでなければ使用できないこととなっている．（図 2.2.18）

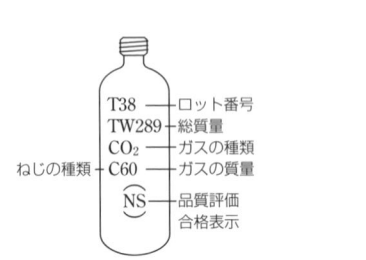

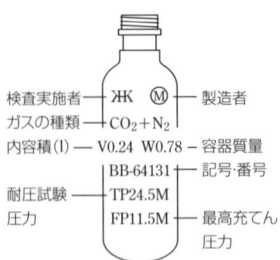

図2.2.17　100 cm³以下の容器　　図2.2.18　100 cm³を超える容器

また，加圧用ガス容器外面の塗色は次のとおり．

内容積が100cm³を超えるもの：

高圧ガス保安法に基づき，外面の50％以上に塗色を施さねばならない．（二酸化炭素は緑色，窒素ガスはねずみ色）

100cm³以下のもの：

高圧ガス保安法適用外なので，上記の色を付けないメッキ品である．

● ガスの封入方法と取付けねじ

容器内に充てんされるガスの封入方法は次のとおり．

- 100 cm³以下のものは，ねじ部先端に封板を溶接して封入されている．（図2.2.19）
- 100 cm³を超えるものは，ねじ部を封板で抑え込み封入されているもの（図2.2.20）と，ねじ込み式のバルブで封入しているもの（図2.2.21）がある．

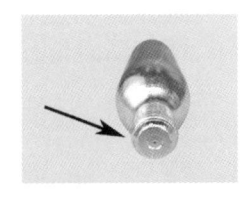

図2.2.19　溶接封板　　図2.2.20　ねじ込み封板　　図2.2.21　容器弁付

消火器本体への取付けねじは，次の2つがある．
- 内容積 100 cm³ 以下の加圧用ガス容器は，右ねじ
- 内容積 100 cm³ を超える加圧用ガス容器は，左ねじ

● 容器内圧の温度依存性

二酸化炭素の容器内の圧力と温度の関係を図 2.2.22 に，窒素ガスの圧力と温度の関係を図 2.2.23 に示す．

いずれも高圧ガスが充てんされている容器で，その取扱いは注意が必要である．その中でも二酸化炭素は，窒素ガスに比べ，温度依存性が高く，消火器の使用温度範囲の上限である 40 ℃における内圧は，10 MPa を超えるので，高温な場所に放置しないなど，取扱いに特に注意を要する．

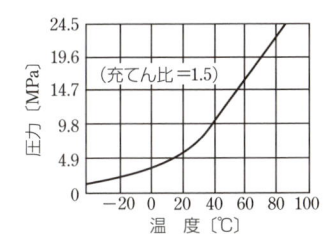

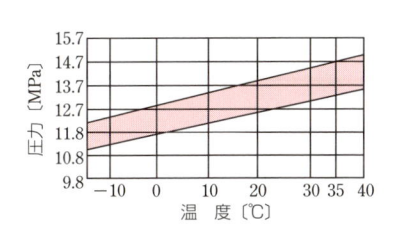

図 2.2.22　二酸化炭素，温度―圧力線図　　図 2.2.23　窒素，温度―圧力線図

7 消火薬剤と消火効果，着色

粉末消火器には，次の種類の消火薬剤が充てんされている．

- 粉末（ABC）消火薬剤
- 粉末（Na）消火薬剤
- 粉末（K）消火薬剤
- 粉末（KU）消火薬剤

しかし，製造され，設置されているものの大半は，粉末（ABC）消火薬剤が充てんされたものである．

粉末消火薬剤は，180 μm 以下の微細な粉末で，吸湿固化しないよう，シリコン樹脂などで表面処理がされている．

いずれの消火薬剤も，次の火災に適合している．

①消火効果の高い，抑制作用により，油火災（B火災）
②電気伝導性がない粉末消火剤であるために，電気火災（C火災）

粉末（ABC）消火薬剤のみ，普通火災（A火災）にも適応しているので通称，粉末（ABC）消火薬剤とよばれている．

各消火薬剤の主成分と適応する火災は以下のとおり．

消火薬剤	主成分	適応火災	色調
粉末（ABC）消火薬剤	りん酸アンモニウム	A,B,C	淡紅色系
粉末（Na）消火薬剤	炭酸水素ナトリウム	B,C	白または淡緑色
粉末（K）消火薬剤	炭酸水素カリウム	B,C	紫色系
粉末（KU）消火薬剤	尿素と炭酸水素カリウムの反応生成物	B,C	ねずみ色

色調は，りん酸アンモニウムを主成分とするもののみ，規格上で淡紅色に着色しなければならないことは既に学んだ．それ以外の着色は自主的なもので，現在まで，上記の色で統一してつくられているので，色による判別が可能になっている．

8 減圧孔，減圧溝と排圧栓

図2.2.24に減圧孔，図2.2.25に排圧栓の写真を示す．

どちらも，キャップを開ける前に圧力を安全に抜くためのものである．

減圧孔は住宅用消火器を除くすべての消火器に取り付けなければならないと規格で要求されているものであり，排圧栓は自主的につけているものである．

減圧孔または減圧溝は，キャップを緩めていくと内圧が排出される構造となっている．キャップを緩めると，キャップと口金の間に装てんされているパッキン部も緩み，隙間から口金ねじ部を伝い内圧が漏れ出るようになっている．はじめはゆっくりとねじを緩め，ガスをゆっくりと放出させ，ガスの音がなくなってから，完全に外す必要がある．

図2.2.24　減圧孔

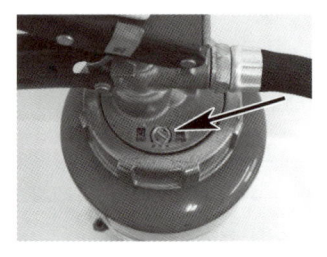

図2.2.25　排圧栓

減圧孔の場合は，写真のようにキャップ部に穴が見えるが，減圧溝は，キャップ側の内ねじ（雌ねじ）に，縦の溝が切られているので，外観からは見えない．

排圧栓は，写真のようなねじ式のもので，ねじを緩めれば内圧が排出される構造になっている．

② 蓄圧式消火器

図 2.2.26 および図 2.2.27 は，小型蓄圧式粉末消火器の写真と構造図である．

消火器内には，消火薬剤と圧縮ガスが充てんされていて，その内圧力は，$0.7\,\mathrm{MPa} \sim 0.98\,\mathrm{MPa}$ である．

容器内は，粉末サイホン管と開閉バルブ装置のみで構成され，加圧式消火器に比べ，部品点数は著しく少ない．

キャップ内部には，弁棒本体があり，レバーを握る動作で弁の開閉を行うことにより消火薬剤の断続放射が行える．

開閉バルブ内蔵式だが，一度使用したかどうかは，指示圧力計の示度の低下でわかるので，使用済み表示装置をつけなくてよい．

図 2.2.26　蓄圧式消火器

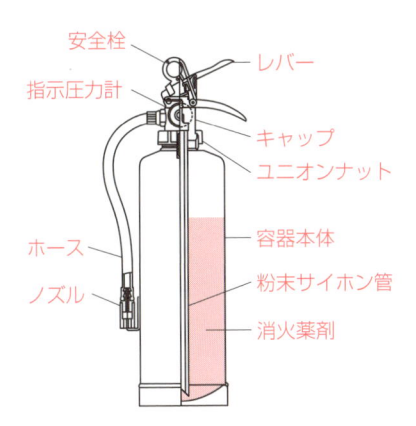

図 2.2.27　構造図

要点のまとめ

□加圧式小型粉末消火器には 開放 式と 開閉バルブ 式のものがある．

□開閉バルブ式消火器は，使用後，たとえ 消火薬剤 が残っていても，すぐに整備し消火薬剤などの 再充てん を行わなければならない．

□逆流防止装置は， ガス導入管 先端部に，粉上がり防止用封板は 粉末サイホン管 先端部に取り付けられ，その目的は，粉末薬剤の管内への侵入防止である．

□加圧用ガス容器に充てんされているガスは， 二酸化炭素 が大半だが，低温時の消火器性能を向上させるため， 窒素 および 窒素と二酸化炭素 の混合ガスのものもある．

□内容積 100 cm³ 以下の加圧用ガス容器は， 受託評価 適合マークを付されたもの，内容積 100 cm³ を超えるものは， 高圧ガス保安法 に適合した表示のあるものでなければ使用できない．

□加圧用ガス容器外面の塗色は，内容積が 100 cm³ を超えるものにあっては，二酸化炭素は 緑 色，窒素ガスは ねずみ 色としなければならない．100 cm³ 以下の加圧用ガス容器には， 塗色 の義務付けはなく，消火剤に侵されないようメッキが施してある．

□加圧用ガス容器のねじを締める方向は，内容積 100 cm³ 以下のものは， 右 方向（ 右 ねじ），内容積 100 cm³ を超えるものは， 左 方向（ 左 ねじ）である．

□二酸化炭素ガスは窒素ガスに比べて，加圧用ガス容器内の 内圧 の温度依存性が高い．

□住宅用消火器を除くすべての消火器には，キャップを開ける前に容器内部の圧力を安全に抜く装置として，減圧孔 または 減圧溝 を設けなければならない．

□消火薬剤の粒度は 180 μm 以下，吸湿率は 2 ％以下であり，種類は，
　粉末（ABC）消火薬剤（主剤：りん酸アンモニウム），淡紅 色）
　粉末（Na）消火薬剤（主剤：炭酸水素ナトリウム），無 色），
　粉末（K）消火薬剤（主剤：炭酸水素カリウム），紫 色）
　粉末（KU）消火薬剤（主剤：尿素 と炭酸水素カリウムの反応物，ねずみ 色）

□粉末消火薬剤の適応火災
　A 火災（抑制 作用ほか）（ABC 消火薬剤のみ），B 火災（抑制 作用），電気 火災（C 火災）

□蓄圧式粉末消火器の部品名称　　□加圧式粉末消火器の部品名称

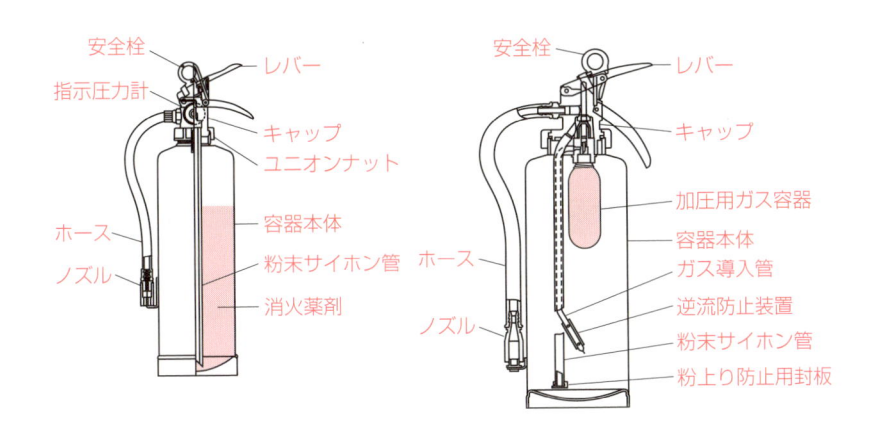

蓄圧式粉末消火器：安全栓，指示圧力計，レバー，キャップ，ユニオンナット，ホース，ノズル，容器本体，粉末サイホン管，消火薬剤

加圧式粉末消火器：安全栓，レバー，キャップ，加圧用ガス容器，容器本体，ガス導入管，逆流防止装置，粉末サイホン管，粉上り防止用封板，ホース，ノズル

2-2 消火器の構造・機能 演習問題 粉末消火器（小型）

【問 1】

手さげ式の加圧式粉末消火器に関する次の記述のうち，正しいものはどれか．

(1) 住宅用消火器を除くすべての消火器には減圧孔または減圧溝を設けねばならない．
(2) 消火器に排圧栓を設ける消火器には，減圧孔は設ける必要はない．
(3) 開閉バルブ式のものは，開閉バルブの操作で，断続放射ができるので，排圧栓を設けなければならない．
(4) 開放式消火器は，レバーを握ると消火薬剤はすべて放射されるので，減圧孔は設ける必要はない．

【問 2】

手さげ式の加圧式粉末消火器に関する以下の記述のうち，正しいものはどれか．

(1) 逆流防止装置とは，粉末サイホン管に装着する，粉上がり防止用封板のことである．
(2) 粉上がり防止用封板とは，ガス導入管に装着されるものである．
(3) 粉上がり防止用封板は，粉末サイホン管に装着されるものである．
(4) 粉上がり防止用封板はガス導入管に，逆流防止装置は粉末サイホン管に装着するものである．

【問 3】

加圧用ガス容器に関する以下の記述のうち，正しいものはどれか．

(1) 内容積 100 cm^3 以下の，二酸化炭素を充てんした加圧用ガス容器は，外面の 25％以上を緑色の塗色としなければならない．
(2) 内容積 100 cm^3 以上の，二酸化炭素を充てんした加圧用ガス容器は，外面の 50％以上を緑色の塗色としなければならない．
(3) 内容積 100 cm^3 を超える，二酸化炭素を充てんした加圧用ガス容器は，外面の 50％以上を緑色の塗色としなければならない．
(4) 内容積 100 cm^3 を超える，二酸化炭素を充てんした加圧用ガス容器は，外面の 25％以上を緑色の塗色としなければならない．

問 1 (1)

- 消火器には原則的に，減圧孔または減圧溝を設けて，消火器内に残留したガスがあっても，安全に，キャップその他を開けることができるようにしなければならないと定められている．
  しかし，住宅用消火器は，そもそもキャップが開けられない構造と定められているので，住宅用消火器には減圧孔の要求はない．
- 排圧栓は，自主的に付けているものであり，排圧栓を付けたからといって，減圧孔を設けなくてよいことにはならない．

問 2 (3)

- 逆流防止装置はガス導入管に，粉上がり防止用封板は粉末サイホン管に設けるものである．
- いずれのものも，細い管の中に粉末消火薬剤の侵入を防止するもので，その目的は同じである．目的は同じでも，構造・性能は違うので，名称と取り付ける相手をしっかり記憶すること．

問 3 (3)

- 加圧用ガス容器のさまざまな規制は，100 cm^3 を基準にして変わる．
  「以上」，「以下」，「未満」，「を超える」 であるかどうかの規制をしっかりと覚えなければならない．
  「以上」，「以下」は，その数値を含んだものであり，「未満」，「を超える」はその数値を含まないものである．
- 高圧ガス保安法による，塗色の範囲は，50％以上である．
- 消火器の規格では，住宅用消火器以外の消火器に赤色 25％以上が要求される．

2-2 消火器の構造・機能　粉末消火器（大型）

粉末大型消火器は，充てんされている消火薬剤の量が20 kg以上で，総質量も35 kgを超えているので規格上必ず車載式となっている．

① 加圧式消火器

加圧用ガス容器は，容器本体の外に取り付けられていて，小さいもの（薬剤20〜24 kgのもの）には，内容積100 cm³を超える容器に二酸化炭素が充てんされたものが，大きいものには，窒素ガスが充てんされたものを取り付けている．

窒素ガス加圧用ガス容器を取り付けるものには，容器本体と加圧用ガス容器の間に圧力調整器が取り付けられている．（図2.2.29）

ホースの先には，小型消火器では規格上認められない，開閉装置付きのノズルがつけられている．

使用にあたっては，加圧用ガス容器に取り付けられている安全栓を抜いたのち，二酸化炭素のものは押し金具を押すことにより，窒素ガスのものはボンベバルブのハンドルを緩めることにより，加圧用ガスを本体容器に導入し，薬剤を撹拌混合させたのち，ノズルレバーを開いて放射を開始する．

いずれも，開閉装置付きノズルなので，レバーを放せば放射が止まる．

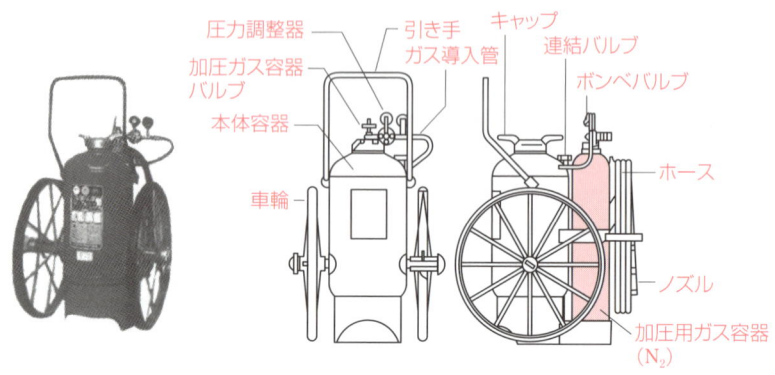

図2.2.28　大型消火器　　図2.2.29　大型消火器側面図

1 圧力調整器

圧力調整器は，加圧用ガス容器に取り付ける．

窒素ガスは，気体で加圧用ガス容器本体内に貯蔵されているので，たくさんのガス量を充てんするために圧力が高くなり，通常は，約14 MPaとなっ

ている．このため，消火器本体内に，高い圧力のまま導入すると危険なので，加圧用ガス容器と消火器本体の間に，圧力調整器を設ける．これにより，約 1/10 程度の圧力に下げてから容器内にガスを導入できる．

　図 2.2.30 のとおり，圧力調整部および窒素ガス容器内の圧力を読む一次側圧力計と調整された圧力を読む二次側圧力計が取り付けられ，二次側圧力計には，調整圧力の範囲が緑色で示されている．

図 2.2.30　圧力調整器

2 ノズル

　ノズルの構造は，これも規格上，大型消火器には認められている開閉装置付きのノズルになっている．（図 2.2.31）

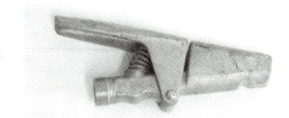

図 2.2.31　開閉ノズル

　開閉ノズルとしている理由は，消火操作の利便性や，加圧用ガスを起動してから，ノズルを開閉するために時間が必要なためである．大型消火器は薬剤量が多く，良好な放射状況を得るには，導入された加圧用ガスと粉末消火薬剤が混合撹拌され，流動性をよくする必要がある．そのため，ガス導入後，放射まで 5 秒以上ノズルを開かないための装置でもある．

　型式試験で行われる放射試験方法では，開閉式ノズルを有する消火器は，加圧を開始してから 5 秒後に，圧力調整器のあるものは 1 分後に放射することとなっている．

② 蓄圧式消火器

　充てん薬剤量が 20 kg 以上なので，加圧式同様，車載式になっている．

　内部の構造は，小型の蓄圧式と同様である．放射までの手順は，キャップの外にある作動レバーを押すことによりバルブを開き，ホース先端にある開閉レバーを握ってノズルから消火薬剤を放射させる．

　また，指示圧力計が装着されている．

図 2.2.32　大型消火器（蓄圧式）

　図 2.2.32 は大型蓄圧式粉末消火器の写真である．

2-2 消火器の構造・機能　強化液消火器

　強化液消火器は，ほとんどのものが蓄圧式の小型消火器であり，加圧式は大型消火器にわずかにみられるだけである．

① 強化液消火器の構造・性能など

　図 2.2.33 は小型蓄圧式強化液消火器の写真，図 2.2.34 は構造図である．

　蓄圧式消火器本体内には，強化液消火薬剤と圧縮ガスが充てんされており，その内圧力は，0.7 ～ 0.98 MPa である．

　容器内は，サイホン管と開閉バルブ装置のみで構成され，加圧式消火器に比べ，部品点数は著しく少ない．

　キャップ内部に弁棒本体があり，レバーを握る動作で弁の開閉を行うことにより，消火薬剤の断続放射が行える．

　開閉バルブ内蔵式だが，使用状況は，指示圧力計の示度でわかるので，使用済み表示装置を付けていない．

　指示圧力計はブルドン管の材質が SUS 製のものでなければならない．

　電気火災（C 火災）に適応するために，強化液を霧状放射できる構造のノズルとなっていることが特徴である．

図 2.2.33　強化液消火器（蓄圧式）

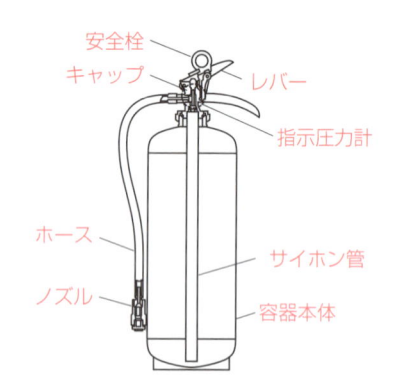

図 2.2.34　強化液消火器構造図
（安全栓，キャップ，レバー，指示圧力計，ホース，サイホン管，ノズル，容器本体）

　規格上，強化液消火薬剤の凝固点は –20 ℃以下でなければならないとされており，消火器の使用温度範囲も，–20 ～ 40 ℃である．

　消火作用と**適応火災**は次のとおりである．

　　●**冷却**作用等による普通火災（A 火災）
　　●**抑制**作用による油火災（B 火災）
　　●**霧状放射をするもの**は電気火災（C 火災）

　ほとんどのものが，霧状放射のできるノズルであり，これも A 火災，B 火災，

110

C 火災に適応する消火器の1つである．

② 消火薬剤

強化液消火薬剤の特徴は次のとおり．

- 炭酸カリウム（K_2CO_3）の濃厚な水溶液
- pH は約 12 の強アルカリ性
- 比重は 1.3 〜 1.4
- 凝固点は $-30 \sim -25$ ℃

近年は，中性の消火薬剤も開発され，これを用いる強化液消火器は，消火器銘板に「強化液（中性）消火器」と表示されている．

要点のまとめ（粉末大型消火器，強化液消火器）

- □ 粉末大型消火器は，消火剤量 20 kg 以上，消火器の総質量も 35 kg を超えるので，規格上からすべて 車載 式消火器．ノズルは 開閉 装置付．
- □ 粉末大型消火器の加圧用ガス容器：内容積 100 cm³ を超えるもので，消火薬剤質量 20 〜 24 kg のものには二酸化炭素，それを超えるものは 窒素ガス 容器
- □ 窒素ガスを用いるものには，減圧するための 圧力調整器 が必要．
- □ 圧力調整器の構成：圧力調整部，一次側と二次側の圧力計で構成．二次側圧力計には 調整圧力 範囲を 緑 色で表示する
- □ 小型の強化液消火器は 蓄圧 式で，圧力範囲は 0.7 〜 0.98 MPa
- □ 強化液消火器の指示圧力計のブルドン管は SUS 製のみ．
- □ 強化液消火器の適応火災：棒状ノズルは，A および B 火災
  霧状ノズルは，A，B および C 火災
- □ 強化液消火器の消火作用： 冷却 ， 抑制 作用
- □ アルカリ性の強化液の性状： 炭酸カリウム の水溶液
  凝固点 -30 ℃〜 -25 ℃以下，
  比重 1.3 〜 1.4
- □ 中性強化液消火器には 強化液（中性） 消火器と表示する

2-2 消火器の構造・機能 演習問題　粉末消火器(大型)／強化液消火器

【問 1】

粉末大型消火器に関する次の記述のうち，正しいものはどれか．
(1) すべての大型消火器には，加圧用ガス容器と消火器本体の間に圧力調整器が設けられている．
(2) 100 cm³ を超える加圧用ガス容器を用いるものには，すべて，加圧用ガス容器と消火器本体の間に圧力調整器が設けられている．
(3) 粉末大型消火器で，窒素ガスの加圧用ガス容器を用いるものには，すべて，加圧用ガス容器と消火器本体の間に圧力調整器が設けられている．
(4) 100 cm³ を超える二酸化炭素の加圧用ガス容器を用いるものには，すべて，加圧用ガス容器と消火器本体の間に圧力調整器が設けられている．

【問 2】

圧力調整器に関する次の記述のうち，正しいものはどれか．
(1) 圧力調整器には，一次側圧力計に調整圧力範囲を緑色で表示しなければならない．
(2) 圧力調整器には，一次側圧力計に調整圧力範囲を黄色で表示しなければならない．
(3) 圧力調整器には，二次側圧力計に調整圧力範囲を示す，緑色の表示をしなければならない．
(4) 圧力調整器には，二次側圧力計に調整圧力範囲を黄色で表示しなければならない．

【問 3】

強化液消火器に関する次の記述のうち，正しいものはどれか．
(1) 蓄圧式強化液消火器に使用する，指示圧力計のブルドン管の材質は，BS 製のものでなければならない．
(2) 蓄圧式強化液消火器に使用する指示圧力計の使用圧力範囲は，$7 \sim 9.8 \times 10^{-1}$ MPa の範囲である．
(3) 蓄圧式強化液消火器の使用圧力範囲は，$0.6 \sim 0.98$ MPa の範囲である．
(4) 蓄圧式強化液消火器の使用温度範囲は，$-20 \sim 40$ ℃，$-10 \sim 40$ ℃の二種類がある．

問 1 (3)

- 規格上は，圧力調整器を設けなければならない消火器の規制はない．
- 大型消火器の場合でも，二酸化炭素の加圧用ガス容器を用いるものには圧力調整器は設けられていないが，窒素ガスの加圧用ガス容器を使用するものには設けられている．

問 2 (3)

- 消火器本体内に導入される圧力は，二次側圧力計に示される．
- 調整圧力範囲は緑色で明示しなければならない．
- 一次側圧力計に示される圧力は，加圧用ガス容器の内圧であり，二次側圧力計に示される圧力は減圧された圧力，すなわち消火器本体内の圧力を示すものである．
  一次側圧力計にも，加圧用ガス容器内の圧力範囲を示す明示があるが，これは一般的に赤色で示されている．

問 3 (2)

- 強化液消火器は水系統であり，銅系統の金属を腐食する性質があるので，SUS 製のブルドン管の指示圧力計を用いなければならない．
- 蓄圧式強化液消火器の使用圧力範囲は，0.7 ～ 0.98 MPa である．
- 指示圧力計には，$7 \sim 9.8 \times 10^{-1}$ MPa と表示されている．
- 強化液消火器の使用温度範囲は，規格上 −20 ～ 40 ℃の範囲でなければならないとされているので，−10 ～ 40 ℃の使用温度範囲のものはない．

2-2 消火器の構造・機能　泡消火器

泡消火器は次の2つである．
- ●化学反応により泡を発生させて放射する 化学 泡消火器
- ●ノズル部分で機械的に泡を発生させて放射する 機械 泡消火器

① 化学泡消火器

化学泡消火器は，小型，大型に分類されるほか，操作方法の違いにより次の3種類がある．

- ●転倒式
- ●破がい転倒式
- ●開がい転倒式

1 転倒式化学泡消火器の構造・性能など

図 2.2.35 は，小型転倒式化学泡消火器の写真，図 2.2.36 はその構造図である．

また図 2.2.37 は消火薬剤（粉末状）の写真である．

転倒式化学泡消火器とは，転倒の1動作のみにより，放射を開始できるものである．

図 2.2.35　転倒式化学泡消火器

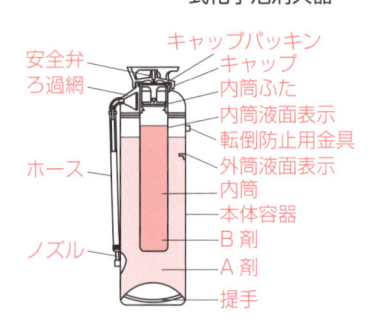

構造図に見られるように，内部には，プラスチック製の内筒（図 2.2.38）が備えられており，外筒（容器本体）のA剤水溶液（アルカリ性）と内筒のB剤水溶液（酸性）が，お互いに混合しないように隔離されて充てんされている．

図 2.2.36　転倒式化学泡消火器

内筒ふた（図 2.2.39）は，設置後の移動時など多少の振動では，2液が混ざらないよう，内筒上部に置かれているものである．

また，ホース取り付け部の容器本体内部には，ろ過網が装着されている．

さらに，外筒内面には，液面表示が溶接され，内筒にもその表示がある．

キャップは，プラスチック成形品のものが多い．

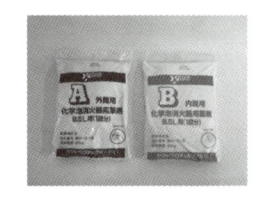

図 2.2.37　化学泡消火薬剤

キャップには，反応の際，内圧が著しく高くなると破裂する危険性が生じるので，図 2.2.40 に示すように所定圧になったら安全に圧力が抜けるよう自動安全弁が設けられている．

この転倒式については，不時の動作により起動を防止するために必要な，安全栓の装着は義務付けられていない．

安全栓を不要とする消火器は，この転倒式化学泡消火器だけである．

その代わりに，転倒防止用金具の装着が義務付けられているのである．

ほかの消火器と違い，輸送時に混合するおそれがあるので，A 剤（外筒剤），B 剤（内筒剤）は，図 2.2.37 のように，粉末状の薬剤で供給され，それぞれ消火器を設置する場所で溶解させ，水溶液で消火器に充てんしなければならない．

使用時は，容器底にある提手（とって）をもち，消火器を逆さにし，2 液を混合させる．これにより発生する泡を，同時に発生する二酸化炭素ガスのガス圧により，ノズルから泡状のまま放射する．

(1) ろ過網（図 2.2.41）

化学反応により発生した不溶成分が，ノズル口径を詰まらせないように，その設置を要するものである．

　目の最大径　　：ノズル最小径の 3/4 以下
　目の合計面積：ノズルの開口部の最小断面積の 30
　　　　　　　　倍以上

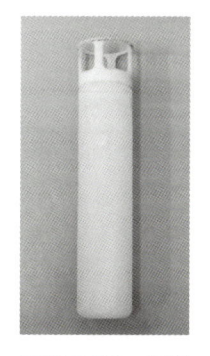

図 2.2.38　内筒

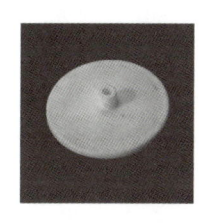

図 2.2.39　内筒ふた

図 2.2.40　自動安全弁

図 2.2.41　ろ過網

(2) 液面表示

液面表示を設けなければならない理由は，所定容量の水溶液を，外筒，内筒それぞれに正しく充てんするためのもので，2 液の反応により発生するガス量は水溶液の量ではなく，溶解した薬剤量できまる．そのため，水溶液量が液面表示部より多い場合は，容器内のエアスペースが，規定値より小さくなり，その結果，設計された圧力より著しく高くなってしまう．

この場合には，消火器本体が破裂する危険性が発生する．

また逆に，水溶液量が少ないと，内圧が低くなり，性能が出ないこととなるため，適正な水溶液量を確保するために設けるものである．

現場でのA剤，B剤水溶液作成にあたって，メスシリンダの代わりをなすものと考えればよい．このため，はじめに外筒剤水溶液を充てんし，表示に合わせた後，内筒を挿入する必要がある．

(3) 消火薬剤

写真のように，A剤（外筒剤），B剤（内筒剤）は，粉末状で吸湿固化しないよう，ポリ袋に充てんされ，封がされている．（図2.2.42）

A剤，B剤の成分は次のとおりである．

　A剤：炭酸水素ナトリウム（$NaHCO_3$）
　　　＋起泡剤＋安定剤その他
　B剤：硫酸アルミニウム（$Al_2(SO_4)_3$）

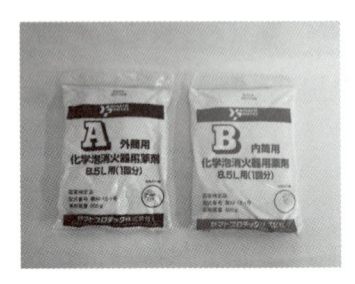

図2.2.42　化学泡消火薬剤

設置する現場で，溶解され充てんされた消火薬剤水溶液は，混合すると，CO_2ガスを発生し，また，水不溶性の水酸化アルミニウムを生成し，起泡剤によりできた泡の被膜の中に存在する．

これにより，熱に強い，強固な泡となり放出される．

20℃における発泡量は，手さげ式消火器および背負い式消火器では，充てんされた消火薬剤量の7倍以上，車載式消火器では，5.5倍以上である．

また，起泡剤の経年劣化が早く，定期的に詰め替えが必要で，通常1年に1度行う．

(4) 消火作用と適応火災

消火作用と適応火災は次のとおりである．
　●冷却作用による，普通火災（A火災）
　●泡で油の表面を覆うことによる窒息作用による油火災（B火災）

この消火剤は，低温時における反応速度が遅いため，化学泡消火器のみが使用温度範囲の最低範囲が5〜40℃になっている．

2 破がい転倒式化学泡消火器および開がい転倒式化学泡消火器の構造・性能など

図 2.2.43 に破がい転倒式消火器の写真および構造図，図 2.2.44 に開がい転倒式の写真を示す．

転倒の 1 動作で，放射が開始されてしまう転倒式に比べ，転倒しただけでは，A 剤，B 剤が混ざらないように工夫されたものである．

図のように，破がい転倒式は，キャップの上にある安全栓（安全キャップ）を外し，押し金具を押すことにより，先端にあるカッターで内筒部に取り付けられた内筒封板を破ってから転倒するものである．

開がい転倒式は，安全ピンを外し，内筒の上部を抑え込んでいる内筒ふたを開けてから転倒するものである．内筒ふた，または封を開ける構造が命名の由来である．

いずれも，不時の動作を防止するために，安全栓を取り付けているが，破がい転倒式では，押し金具にキャップをかぶせることで対応している．また，開がい転倒式では，蓋を開けるハンドルに，安全ピンを挿入することにより，対応している．

大型消火器は車載式なので，横にして走行しても液が混ざらぬように，転倒式ではなく，破がい転倒式か開がい転倒式の，いずれかの方式を取らなくてはならない．

車載式の場合の放射は，消火器を横にして車輪により動かし，使用する場所まで運ぶ．消火薬剤が混ざらないように，一度消火器本体を地面に垂直に立てる．蓋を破るか開けた後に，消火器を横に倒して使用しなければならない．

20 ℃において，発泡量は，充てんされた消火剤量の，5.5 倍以上である．

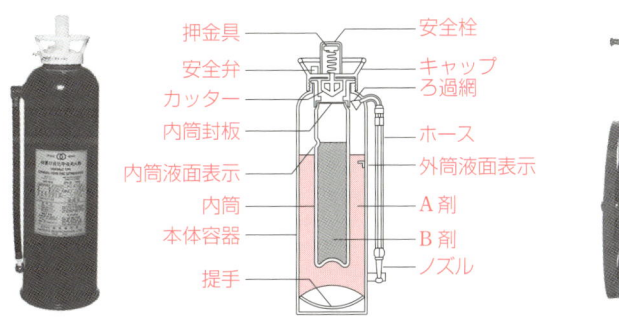

図 2.2.43 破がい転倒式化学泡消火器

図 2.2.44 開がい転倒式化学泡消火器

② 機械泡消火器

1 機械泡消火器の構造・性能など

機械泡消火器は，充てんされた消火薬剤を，内部に蓄圧されたガスまたは外部から加圧導入されたガス圧で押し出し，発泡ノズル部で空気を吸い込み，泡として放射されるもので，化学反応によらず，機械的に発泡させるものである．

小型消火器は蓄圧式のみ，大型消火器には蓄圧式と加圧式の両方がある．

使用温度範囲は－20～40℃のものが多い．

図2.2.45に小型消火器を示す．図2.2.46に発泡ノズルの構造図を示す．

図2.2.45　機械泡消火器（小型）　　図2.2.46　発泡ノズル

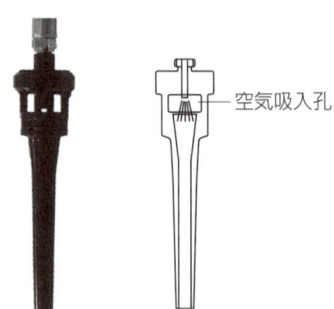

2 消火薬剤

消火薬剤は起泡性の高い界面活性剤の水溶液が用いられている．

このうち特殊なフッ素系界面活性剤を用いたものは，油面上にフィルムをつくることから，水成膜泡消火薬剤とよばれている．

発泡倍率は，20℃において，5倍以上である．

消火作用と適応火災は次の2つである．

- 水の冷却作用によるA火災
- 泡で油面を覆う窒息作用によるB火災

経年変化も少なく，化学泡消火薬剤のように1年に一度の消火薬剤交換は不要である．

要点のまとめ

□泡消火器の種類：化学泡消火器（転倒式，破がい 転倒式，開がい 転倒式），機械 泡消火器

□化学泡消火器：二液 の混合により化学反応が起こり泡として放出するもの．
　□A剤，B剤の混合防止措置：
　　内筒の上部に，転倒式は，内筒 ふた が，破がい転倒式には，内筒 封板 が，開がい転倒式には，ハンドルと一体の内筒 ふた が取り付けられている．
　□液面表示：充てん容量を示す表示を，本体内面および 内筒 に設ける．
　□破裂危険防止のため，自動安全弁 を設ける．
　□ろ過網の規格：
　　目の最大径は，ノズル径の 3/4 以下
　　目の合計面積は，ノズルの開口部の最小断面積の 30 倍以上
　□使用温度範囲：5 ℃～40 ℃
　□転倒式化学泡消火器には，安全栓 は不要，転倒防止 措置は必要．
　　破がい転倒式，開がい転倒式には，安全栓 は必要，転倒防止 措置は不要．
　□A剤（外筒剤）は 炭酸水素 ナトリウム，B剤（内筒剤）は 硫酸 アルミニウム．
　□薬剤の交換：1年に 1 回
　□車載式開がい転倒式の使用法：移動後，一度 垂直 に立ててからハンドルで ふた を開き，容器を横に倒してから放射する．

□機械泡消火器：発泡ノズル で空気と混合され泡として放射するもの
　□消火薬剤：界面活性剤が主剤
　　　　　フッ素系界面活性剤を使うものは 水成膜 泡消火薬剤

□泡消火器の消火作用：冷却 作用，窒息 作用

□泡消火器の適応火災：A火災および B 火災

2-2 消火器の構造・機能 演習問題 泡消火器

【問 1】

化学泡消火器に関する次の記述のうち，正しいものはどれか．
(1) 発泡倍率は，車載式にあっては5倍以上である．
(2) 消火薬剤は，A剤水溶液を内筒に，B剤水溶液を外筒に充てんする．
(3) 破がい転倒式化学泡消火器は，内筒ふたをハンドルで開けて使用する構造である．
(4) 消火器内面及び内筒には液面表示が設けられている．

【問 2】

泡消火器に関する次の記述のうち，正しいものはどれか．
(1) 泡消火器には自動安全弁を設けなければならない．
(2) 泡消火器の消火作用と適応火災は，冷却作用によるA火災，泡で燃焼物を覆う窒息作用による油火災である．
(3) 転倒式化学泡消火器，破がい転倒式化学泡消火器には，安全栓を設けなくともよい．
(4) 機械泡消火薬剤は一年に一度交換が必要である．

【問 3】

泡消火器に関する次の記述のうち，正しいものはどれか．
(1) 消火器内部に取り付ける，ろ過網の目の大きさは，ノズル部の最小径の3/4以下である．
(2) 消火器内部に取り付ける，ろ過網の目の大きさは，ノズル部の最小径の3/4以上である．
(3) 消火器内部に取り付ける，ろ過網の目の最大面積は，ノズルの開口部の最小断面積の30倍以下である．
(4) 消火器内部に取り付ける，ろ過網の目の合計面積は，ノズルの開口部の最小断面積の30倍以下である．

問 1 (4)

- 化学泡消火器の発泡倍率は，手さげ式，背負い式にあっては 7 倍以上，車載式にあっては 5.5 倍以上で，機械泡消火器のそれは，5 倍以上と規定されている．
- A 剤は外筒に，B 剤は内筒に充てんする．
- 破がい転倒式は，内筒封板をカッターで破ってから転倒し放射をするものである．

問 2 (2)

- 泡消火器のうち，自動安全弁を設けなければならないのは，化学泡消火器だけである．
- 化学泡消火器のうち，転倒による 1 動作で放射が開始する転倒式化学泡消火器のみが，安全栓を設ける必要がなく，破がい転倒式は，押し金具の上に，キャップを設け，不時の作動を防止している．
- 化学泡消火薬剤には，腐敗しやすい発泡剤成分があり，1 年に 1 度交換する必要があるが，機械泡消火器の成分は，合成界面活性剤であり，長期的に安定するため，点検結果により，詰め替えの要否を判断すればよい．

問 3 (1)

- ろ過網の目の規定は，内部で発生する物質でノズルを詰まらせることを防止するための規定であり，ノズル最小径の 3/4 以下である．
  また，ろ過網を通過する量が少ないとノズルでの一定な流量が確保できないので，ろ過網の目の最低合計面積をノズル断面積の 30 倍以上と規定している．

2-2 消火器の構造・機能　ハロゲン化物消火器

ハロゲン化物消火器は，毒性や環境保護のため，平成6年から消火薬剤の製造が中止されているので，それ以後の消火器の生産はない．

ただし，既に設置されている消火器の使用は認められているので，点検時の技術的対応が必要である．

① ハロン1301消火器

1 ハロン1301消火器の構造・性能など

ハロン1301消火薬剤が液化されて充てんされ，消火薬剤のもつ蒸気圧力で放射可能（自圧式）な蓄圧式消火器である．（図2.2.47）

蓄圧式でありながら，消火薬剤の内圧は量によらず一定であり，圧力計の示度を見ることよりも，消火器の重量を測定することにより使用可能か判断できるので，指示圧力計の取り付け義務はない．

消火薬剤はブロモトリフルオロメタン（CF_3Br）で，蒸気圧が高く，高圧ガス保安法の適用を受ける高圧ガスである．これを充てんする消火器自体も，高圧ガス保安法の適用を受け，必要な表示および検査に合格した表示のあるものでなければならない．

このため，通常の消火器に比べ，容器板厚は厚く，重い．

ほかの消火器のキャップにあたる部分は，容器弁といい，これも高圧ガス保安法に準じた強度などが要求されている．

容器弁には，安全弁が装着されている．

また，消火器外面の塗色についても，外面の50％以上をねずみ色に仕上げる必要があり，消火器の技術上の規格でいう，25％以上の赤色仕上げの規定と合わせ，外面は赤色とねずみ色の2色となっている．

通常の蓄圧式消火器と同様，レバーを握ると液化ガスは，ガス化されながらノズルから放射される．

ノズル先には，消火薬剤ガスが拡散されないよう，ホーンが装着されている．

使用温度範囲は －30～40℃

消火作用と適応火災は次のとおり．

- 抑制作用による油火災（B火災）
- ガスで放射されるので感電のおそれがなく，電気火災（C火災）
- 消火薬剤量が2kg以上のものは，冷却作用による普通火災（A火災）

2-2 消火器の構造・機能

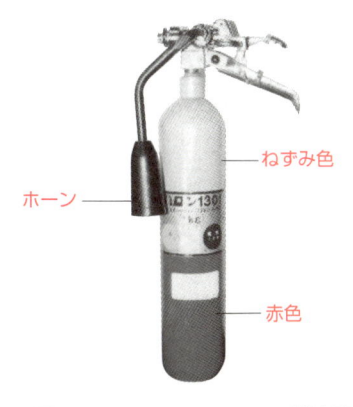

図 2.2.47　ハロン 1301 消火器

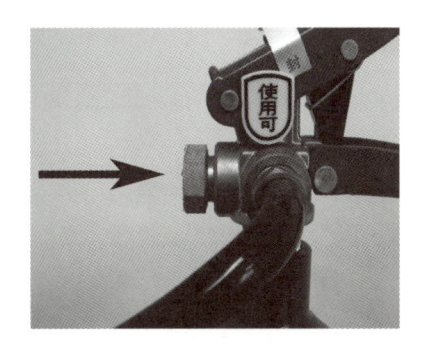

図 2.2.48　安全弁

② ハロン 1211 消火器

1 ハロン 1211 消火器の構造・性能など

消火薬剤は，ブロモクロロジフルオロメタン（CF_2ClBr）である．

このガスも，高圧ガス保安法の適用となっており，容器本体は厚く重い．容器弁も装着されている．容器本体に液化ガスの状態で充てんされている．このため，消火器の外面は，50％以上をねずみ色，25％以上を赤色仕上げとなっている．

ハロン 1301 消火器と構造はほぼ同様だが，自圧で放射するには圧力が弱いため，窒素ガスを加え蓄圧されている．このため，指示圧力計が取り付けられている．

使用温度範囲は －30 ～ 40 ℃

消火作用と適応火災は次のとおり．
● 抑制作用による油火災（B 火災）
● ガスで放出され感電のおそれ

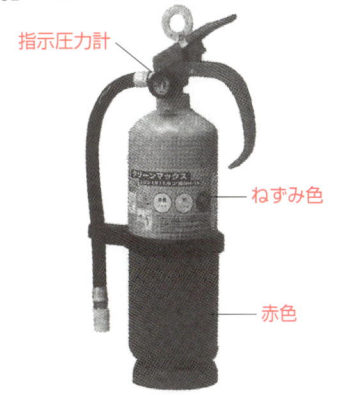

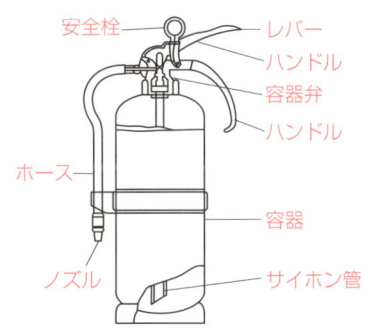

図 2.2.49　ハロン 1211 消火器

123

がなく，電気火災（C 火災）
- 消火薬剤量が 2.3 kg 以上のものは，冷却作用による普通火災（A 火災）

2 設置制限

この消火薬剤は，消火作業の際，熱により分解されて効果を発するものだが，その際，有毒ガスも発生するため，地下街，準地下街，地階，無窓階などで開口部の面積が少ない場所への設置は禁止されている．

③ ハロン 2402 消火器

1 ハロン 2402 消火器の構造・性能など

液体のハロン 2402 消火薬剤が窒素ガスとともに充てんされた蓄圧式の消火器である．

消火薬剤は，ジブロモテトラフルオロエタン（$C_2F_4Br_2$）で，高圧ガス保安法の適用はない．

このため，高圧ガス保安法による外面塗色の必要はないが，25 ％以上赤色仕上げとしなければならない．

ハロン 2402 消火器は，本体を黄銅製でつくられたものが多い．そのため容器本体は材料の黄銅色のままで，これに取り付けた保持装置を赤く塗装することにより，規格の 25 ％を満足させている．鋼製容器の場合は，本体が赤く塗装されている．

常温で蒸発性の液体であるが，その内圧は低く，窒素ガスで加圧充てんされている．

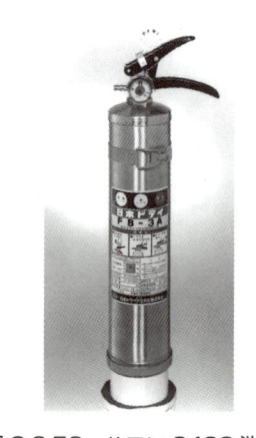

図 2.2.50 ハロン 2402 消火器

このため，指示圧力計の取り付けが必要な消火器である．（図 2.2.50）

使用温度範囲は －30 ～ 40 ℃

消火作用と適応火災は次のとおりである．
- 抑制作用による油火災（B 火災），
- ガスで放射されるので感電のおそれがなく，電気火災（C 火災）

●消火薬剤量が1L以上のものは，冷却作用による普通火災（A火災）

2 設置制限

この消火薬剤は，消火作業の際，熱により分解されて効果を発するものだが，その際，有毒ガスも発生するため，地下街，準地下街，地階，無窓階などで開口部の面積が少ない場所への設置は禁止されている．

④ ハロン1011消火器

1 ハロン1011消火器の構造・性能など

液体のハロン1011消火薬剤が窒素ガスとともに充てんされた蓄圧式の消火器である．

消火薬剤は，ブロモクロロメタン（H_2BrCl）で，高圧ガス保安法の適用はない．

その他，使用温度範囲，消火作用と適応火災，塗色，設置制限については，ハロン2402消火器と同様であり詳細は割愛する．最近の生産実績はない．

要点のまとめ

ハロゲン化物消火器共通：
□外面塗色： 50 %以上ねずみ色， 25 %以上赤色
□使用温度範囲： −30 ℃〜40℃

ハロン1301消火器：
□消火薬剤は液化ブロモトリフルオロメタン（CF_3Br）で， 高圧ガス
□自圧式の蓄圧式消火器であり，指示圧力計は 不要
□ほかの消火器のキャップに当たる 容器弁 があり，容器弁には 安全 弁を設ける
□適応火災と消火作用：A火災（ただし，消火剤 2 kg以上）（ 冷却 作用），B火災（ 抑制 作用），C火災
□設置制限：地下街，無窓階への設置制限 なし

2-2 消火器の構造・機能　二酸化炭素消火器

① 二酸化炭素消火器の構造・性能など

　二酸化炭素消火薬剤が液化されて充てんされ，消火薬剤のもつ圧力で放射可能（自圧式）な蓄圧式消火器である．

　蓄圧式だが，消火薬剤の内圧は量の多少によらず一定であり，圧力計の示度を見ることよりも，消火器の重量を測定することにより使用可能か判断できる．そのため，指示圧力計の取り付け義務はない．

　消火薬剤は高圧ガス保安法の適用を受ける高圧ガスである．

　これを充てんする消火器自体も，高圧ガス保安法の適用を受け，必要な表示および検査に合格した表示のあるものでなければならない．このため，通常の消火器に比べ，容器板厚は厚く，重い．

　ほかの消火器のキャップにあたる部分は，容器弁といい，これも高圧ガス保安法の適用を受ける．容器弁には，安全弁が装着されている．

　また，**消火器外面の塗色**については，外面の 50％以上を緑色 に仕上げる必要があり，消火器の技術上の規格である，25％以上の赤色仕上げの規定と合わせ，外面は赤色と緑色の２色となっている．

　通常の蓄圧式消火器と同様，レバーを握ると液化ガスは，ガス化されてノズルから放射される．

　ノズル先には，消火薬剤ガスを拡散せずに放射するため，ホーンが装着されている．

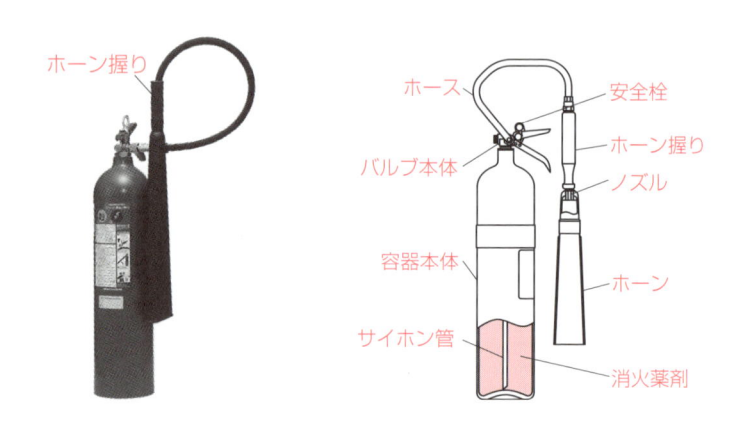

図 2.2.51　二酸化炭素消火器

放射の際は，ホーンの手前部分にある，ホーン握りをもち，消火作業をする．

放射の際，ノズル部で液化二酸化炭素が断熱膨張し，一部はドライアイスになりながら気化する．放射管の部分が，金属管のままだと，放射時に冷却され，これを直につかんで操作しては，手が凍傷を起こすおそれがあるため，これを防止するためにホーン握りが取り付けられている．

使用温度範囲は　$-30 \sim 40\,\text{℃}$

消火作用と適応火災は，次のとおりである．

- 不燃性で，空気より重いガスにより油面を覆う窒息作用による油火災（B火災）
- ガスで放出されるので感電のおそれがなく，電気火災（C火災）

② 設置制限

二酸化炭素消火薬剤は，消火作業の際，窒息作用により消火を行うものなので，人体への影響も大きく，地下街，準地下街，地階，無窓階などで開口部の面積が少ない場所への設置は禁止されている．

要点のまとめ

- ☐ 自圧式の蓄圧式消火器で，指示圧力計は 不要 ．
- ☐ 消火薬剤は液化二酸化炭素で， 高圧ガス に当たる．
- ☐ 高圧ガス保安法に準拠した 容器弁 があり， 容器弁 には 安全弁 が装着されている．
- ☐ 容器外面は， 50 %以上 緑 色，25%以上 赤色 仕上げとなっている．
- ☐ 使用温度範囲は -30 〜 $40\,\text{℃}$
- ☐ 消火作用と適応火災は， 窒息 作用による 油 火災（ B 火災），電気火災（C火災）
- ☐ 地下街，無窓階などへは 設置制限 があり，その旨の 注意書きラベル を貼付すること．
- ☐ ホーン握りを設ける目的は，放射時の 冷却 による，手への 凍傷 防止である．

2-2 消火器の構造・機能 演習問題　ハロゲン化物消火器／二酸化炭素消火器

【問 1】

ハロゲン化物消火器に関する次の記述のうち正しいものはどれか．

(1) ハロン1211消火器，ハロン1301消火器，ハロン2402消火器は地下街等への設置制限がある．
(2) ハロン1011消火器，ハロン1211消火器，ハロン2402消火器には指示圧力計が設けられている．
(3) ハロン1211消火器，ハロン1301消火器，ハロン2402消火器は高圧ガス保安法適用容器になっている．
(4) ハロン1211消火器，ハロン1301消火器には指示圧力計が設けられていない．

【問 2】

ガス系消火器に関する次の記述のうち正しいものはどれか．

(1) 二酸化炭素消火器のホーン握りは，感電防止のためにつけられている．
(2) ハロン1301消火器と二酸化炭素消火器は，地下街等への設置制限がある．
(3) 二酸化炭素消火器の外面には，50％以上ねずみ色，25％以上赤色の塗色を施してある．
(4) ハロン1301消火器と二酸化炭素消火器には容器弁に安全弁が設けられている．

【問 3】

ガス系消火器に関する次の記述のうち正しいものはどれか．

(1) ハロン1211消火器，ハロン1301消火器，二酸化炭素消火器の消火剤は，いずれも高圧ガスなので，自圧式の蓄圧式消火器である．
(2) 二酸化炭素消火器の消火作用は，抑制作用である．
(3) ハロン1301消火器の消火作用は，窒息作用である．
(4) ハロン1211消火器には指示圧力計が必要である．

問 1 (2)

- ハロゲン化物消火薬剤のうち，熱分解して著しい毒性ガスの発生するものは，ハロン 1011，ハロン 1211，ハロン 2402 消火薬剤であり狭い部屋などへの設置制限がある．
- 指示圧力計を取り付けなければならない蓄圧式の消火器のうち，ハロン 1301 消火器，二酸化炭素消火器は適用が除外されている．
- ハロゲン化物消火器のうち，高圧ガス保安法の適用を受けるものは，ハロン 1301 消火器，ハロン 1211 消火器である．

問 2 (4)

- 二酸化炭素消火器のホーン握りは，放射時に手が凍傷を起こすことを防止するために取り付けられている．
- ハロン 1301 消火器は，使用する際に発生するガスの毒性は低い．そのため，設置制限はない．
- 高圧ガスの種類とそれを貯蔵する容器（消火器本体）への塗色は，ハロゲン化物消火薬剤はねずみ色，二酸化炭素は緑色である．

問 3 (4)

- ハロン 1301 消火器と二酸化炭素消火器はそれぞれ，消火薬剤の蒸気圧が高く，レバーを握れば自圧で放射できる．しかし，ハロン 1211 は蒸気圧が低く自圧では有効な放射ができないため，窒素ガスも充てんしている．
- 二酸化炭素消火器の消火作用は，不燃性ガスにより酸素を遮断する窒息作用である．
- ハロン 1301 消火器の消火作用は，熱分解生成物による連鎖反応の抑制作用である．

2-3 消火器の整備・点検　点検基準と点検要領

① 点検基準

消防用設備・機器の点検には，機器点検と，総合点検がある．
そのうち消火器は，機器点検のみ規定されている．
機器点検の期間は，6カ月ごとに行うよう定められている．
消火器の点検のみならず，設置されている状況も含めて点検を行う．
消火器の点検には，外観からの目視または手で触ることにより行う，「消火器の外形」点検と消火器を分解して内部を確認したり，放射性能を確認する「消火器の内部及び機能」点検がある．

② 機器点検の項目

機器点検の項目は次のとおりである．

1 設置状況
　ア　設置場所　　イ　設置間隔　　ウ　適応性　　エ　耐震措置

2 表示及び標識

3 消火器の外形
　ア　本体容器　　　　　　　　　ク　ノズル，ホーン及びノズル栓
　イ　安全栓の封　　　　　　　　ケ　指示圧力計
　ウ　安全栓　　　　　　　　　　コ　圧力調整器
　エ　使用済み表示装置　　　　　サ　安全弁
　オ　押し金具及びレバー等の　　シ　保持装置
　　　操作装置　　　　　　　　　ス　車輪（車載式に限る）
　カ　キャップ　　　　　　　　　セ　ガス導入管（車載式に限る）
　キ　ホース

4 消火器の内部及び機能

消火器（二酸化炭素消火器およびハロゲン化物消火器を除く．以下同じ．）のうち製造年から3年（化学泡消火器にあっては設置後1年，蓄圧式の消火器にあっては製造年から5年）を経過したもの，または消火器の外形の点検において安全栓，安全栓の封もしくは緊結部等に異常が認められたもの（ただし，作動済み表示装置が作動していないものは除く）について実施すること．この場合において，消火器の外形の点検において安全栓，安全栓の封，

または緊結部等に異常が認められなかったもののうち，製造年から3年を経過した加圧式の粉末消火器および5年を経過した蓄圧式の消火器にあっては，抜取り方式により点検を行うことができる．

　ア　本体容器及び内筒等　　　　カ　開閉式ノズル及び切替式ノズル
　　（ア）本体容器　　　　　　　　キ　指示圧力計
　　（イ）内筒等　　　　　　　　　ク　使用済みの表示装置
　　（ウ）液面表示　　　　　　　　ケ　圧力調整器
　イ　消火薬剤　　　　　　　　　　コ　安全弁及び減圧孔（排圧栓を含む）
　　（ア）性状　　　　　　　　　　サ　粉上り防止用封板
　　（イ）消火薬剤量　　　　　　　シ　パッキン
　ウ　加圧用ガス容器　　　　　　　ス　サイホン管及びガス導入管
　エ　カッター及び押し金具　　　　セ　ろ過網
　オ　ホース　　　　　　　　　　　ソ　放射能力

5 消火器の耐圧性能

消火器のうち，製造年から10年を経過したもの，または消火器の外形の点検において本体容器に腐食等が認められたものについて実施すること．
　ただし，この点検を実施してから3年を経過していないものを除く．
　ア　本体容器　　イ　キャップ

③ 点検要領

点検要領の全文につきこの章の末尾に記載するが，一般的留意事項および特に留意する部分につき，個々に示す．

1 一般的留意事項

・性能に支障なくともごみなどの汚れは，はたき，雑巾などで掃除する．
・合成樹脂製の容器または部品の清掃にはシンナー，ベンジンなどの有機溶剤を使用しないこと．
・キャップまたはプラグを開けるときは容器内の残圧に注意し，残圧を排除する手段を講じた後に開けること．
・キャップの開閉には，所定のキャップスパナを用い，ハンマーでたたいたり，タガネを当てたりしないこと．

- ハロゲン化物および粉末消火薬剤は，水分が禁物なので，消火器本体の容器内面および部品の清掃や整備には十分注意すること．
- 二酸化炭素消火器，ハロゲン化物消火器および加圧用ガスの充てんは，専門業者に依頼すること．（消防設備士は行えない）

2 設置状況

ア 設置場所床面からの高さ

人が手を伸ばして操作部をもてる高さであり，消火器上部までの高さが 1.5 m 以下である．

イ 適応性

適応火災は，A 火災，B 火災，C 火災の表示があっても，すべての可燃物に適応できるものでなく，適応できない火災があることを，点検要領の第 1-1 表（適応消火器具）から理解すること．

ウ 耐震措置（転倒防止金具）

耐震措置の対象となるのは，手さげ式の化学泡消火器．（図 2.3.1）

3 表示と標識

表示は銘板に記載，
標識は図のもの（図 2.3.2）

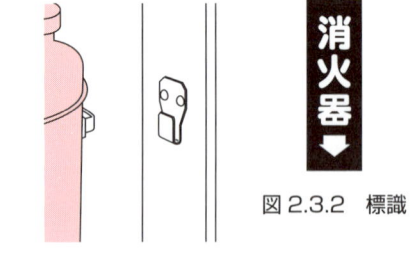

図 2.3.2 標識

図 2.3.1 転倒防止金具

4 消火器の外形

ア 本体容器

- 腐食のあるものは耐圧性能点検へ
- 溶接部が損傷しているもの，著しい変形，腐食のあるもの，さびが剥離するものは廃棄する

イ キャップ

- 粉末消火器で，変形，損傷，緩みなどのあるものは，湿気のある外気が，容器内に入って，消火薬剤が吸湿，固化のおそれがあるので，消火薬剤の性状を点検する．

ウ ホース，ノズル，ホーン，ノズル栓

- ホースに消火薬剤の漏れ，またはつまりがあるものは，消火薬剤が漏れた可能性があるため，消火薬剤量を点検する．
- 加圧式粉末消火器で，つまり，損傷，ねじの緩みのあるものは，湿気の侵入のほか，加圧用ガス容器の封板の破れ，腐食も懸念されるので，

消火薬剤の量と性状，および加圧用ガス容器の封板のチェックとガス量の点検を行う．
ただし，開閉バルブ付のものは，バルブ部で外気の侵入を抑えられるので，その必要はない．

エ　指示圧力計
- 指示圧力値が緑色範囲の下限より下がっていた場合は，放射した可能性があるので，消火薬剤量を確認する．
- 指示圧力値が緑色範囲外のものは，指示圧力計の異常が考えられるので，指針の作動（動き）の点検をする．

オ　安全弁
- 吹き出し口の封が損傷，脱落しているもので，反応してしまっている化学泡消火器は薬剤を詰め替える．その他の消火器は消火薬剤量を点検する．
- ハロゲン化物消火器，二酸化炭素消火器で，ねじの緩みのあるものは，消火剤の漏れが懸念されるので，消火薬剤量を点検する．

5　消火器の内部および機能

ア　本体容器および内筒
- 内部点検用の照明器具（図2.3.3）および反射鏡（図2.3.4）を使って確認する．
- 内面に著しい腐食，防錆材料（塗膜）の剥離，脱落のあるものは廃棄する．

図2.3.3　内部照明器具

図2.3.4　反射鏡

イ　消火薬剤量
- 薬剤量を質量で表示してあるものは，消火器の総質量を測定し，充てん薬剤量に対応してきめられた，総質量の許容範囲内にあることを確認する．（消火薬剤を抜き出して計るのではない）
- 化学泡消火器の場合は，消火薬剤を別容器に移す前に，液面表示により確認する．

ウ　加圧用ガス容器
- ガス量の点検
容器弁付き窒素ガスは内圧を測定することにより，その他のものは総質量を測定することにより許容範囲内にあることを確認する．

エ　指示圧力計の作動
- 分解する際，先に内部圧力を排出するが，その際に，指針の動きなどを確認する．

オ　作動済み表示装置
- 外形点検項目にも，作動済み表示装置の点検項目があるが，ここでいう作動済み表示装置は，レバーを握ると脱落するものではなく，消火器内圧が上がったときに作動するインジケータータイプ（プレッシャーアイ）のもののことで，キャップを取り外してから，手で動きを確認する．（図2.1.23参照）

カ　圧力調整器（図2.3.5）
- 点検の手順
  ①消火器本体との連結バルブを閉める
  ②加圧用ガス容器のバルブを開き，圧力計の指度および指針の動きを確認する．
  ③加圧用ガス容器のバルブを閉め，高圧側（一次側）の指度を確認する．指度が下がった場合は，漏れ箇所を確認する．
  ④圧力調整器の逃し弁またはガス導入管の結合部を緩めてガスを放射し，元の状態に復元する．

図2.3.5　圧力調整器の点検

キ　放射能力
- 車載式消火器は行わない．
- 外形点検で腐食のあるものは放射しない．

ク　耐圧性能
- 製造年から10年を経過した消火器または外形点検で本体容器に腐食などが認められたものについて行う．その後，3年ごとに行う．

要点のまとめ

☐点検の周期： 6 カ月ごと
☐内部および機能点検の対象：

- 化学泡消火器：　設置　後　1　年経過のもの
- 蓄圧式消火器：　製造　後　5　年経過のもの
- その他：製造後　3　年経過のもの（ハロン1301，二酸化炭素消火器は除く）
- 安全栓，安全栓の封，緊結部に異常のあるもの（　使用済み表示　未作動は除く）

□耐圧性能点検の対象：以下のもので終了後は　3　年ごとに行う
- 製造年から　10　年経過のもの
- 本体容器に　腐食　のあるもの

□点検時の留意事項：
- キャップなどを開ける前に　残圧　を排除
- キャップの開閉は所定の　キャップスパナ　を使用
- 内部点検は　照明器具　，　反射鏡　を使う
- 内部に著しい腐食，塗膜の剥離のあるもの→　廃棄
- 消火薬剤量は消火器の　総質量　測定で判定（薬剤は抜き出さない）
  化学泡は　液面表示　で確認
- 二酸化炭素，ハロゲン化物消火器，加圧用ガス容器の点検→　専門業者　へ
- 溶接部に損傷，変形，腐食のあるもの，さびが剥離するもの→　廃棄
- 粉末消火器でキャップの変形，損傷，緩みのあるもの→　消火薬剤性状　点検
- ホース，ノズルなどに詰りのあるもの→　消火薬剤量　の点検
- 加圧式粉末消火器のホース，ノズルにつまり，損傷，ねじの緩みのあるもの→消火薬剤量と性状点検，加圧用ガス容器　封板　と　ガス量　点検（開閉バルブ付は不要）
- 指示圧力計の指針が緑色範囲下限を割っているもの→　消火薬剤量　点検
- 指示圧力計の指針が緑色範囲外のもの→　作動（動き）　点検
- 安全弁の吹き出し口の封の損傷，脱落→　消火薬剤量　点検
  化学泡消火器は反応しているものを含め，消火薬剤の　詰め替え
- 加圧用ガス容器のガス量点検：窒素ガスは　内圧力　測定，その他は　総質量　測定

2-3 消火器の整備・点検 演習問題 点検基準と点検要領

【問 1】
消火器の点検に関する次の記述のうち，正しいものはどれか．
(1) 蓄圧式強化液消火器が，設置後5年を経過したので，内部及び機能検査を実施した．
(2) 化学泡消火器が，設置後6カ月を経過したので，内部及び機能検査を実施した．
(3) 蓄圧式粉末消火器が，製造後3年経過したので，内部及び機能検査を実施した．
(4) 加圧式粉末消火器が，製造後3年経過したので，内部及び機能検査を実施した．

【問 2】
消火器の点検方法に関する次の記述のうち，正しいものはどれか．
(1) プラスチック製キャップが油等で汚れていたので，ベンジンを使って，汚れを落とした．
(2) 内部点検を行う際，キャップが緩まないので，クランプ台にしっかり固定し，パイプレンチを用いてキャップを緩めた．
(3) 本体容器の腐食は著しくなかったが，溶接部に損傷があったので，耐圧試験をせずに廃棄した．
(4) 強化液消火器のキャップの変形や緩みが認められたので，消火薬剤の性状検査を行った．

【問 3】
消火器の外形点検の結果，消火薬剤の点検へ移行しなければならないものは，次のうちどれか．
(1) 開閉バルブ付の加圧式粉末消火器のキャップが緩んでいるもの．
(2) 指示圧力計の指針が，緑色範囲の上限を超えているもの．
(3) 開閉バルブ付の加圧式粉末消火器で，ノズルにつまりのあるもの．
(4) 蓄圧式消火器で，本体容器に，著しい腐食のあるもの．

問 1 (4)

- 内部および機能検査を行わなければならないものは，次のとおり．
  - 化学泡消火器は，設置後 1 年経過した場合
  - 蓄圧式消火器以外の消火器は，製造後 3 年経過した場合
  - 蓄圧式消火器は，製造後 5 年を経過した場合
- 消火器ごとの対象が，製造後なのか，設置後なのかも留意すること．

問 2 (3)

- 合成樹脂製のものには，有機溶剤を使用すると，ストレスクラッキングを発生させ，強度低下を起こすので使用してはならない．
- キャップを緩める際，クランプ台に固定して，キャップスパナを用いて行う．パイプレンチを用いると，キャップに傷をつけることとなるため，用いてはならない．
- キャップの緩みなどがあった場合，粉末消火薬剤の場合は，吸湿，固化が疑われるので性状をチェックする必要があるが，強化液消火薬剤の場合は，性状検査の必要はない．

問 3 (1)

- 開閉バルブ付の加圧式粉末消火器であっても，キャップの緩みによる，外気の侵入があるので，消火薬剤の性状の点検が必要である．
- 指示圧力計の指針が，緑色範囲の上限を超えているものは，指示圧力計の欠陥が考えられるので，作動チェックを行う．
- 開閉バルブ付の加圧式消火器は，バルブ部で外気を遮断するので，消火薬剤の性状検査は必要ない．
- 本体容器に著しい腐食のあるものは，ただちに廃棄しなければならない．

2-3 消火器の整備・点検　点検の順序

① 点検の順序

順序を間違えると，それぞれの特性が確認できなくなるので注意すること．また，放射試験についてはタイミングを間違えないように覚えること．

1 加圧式消火器（化学泡消火器以外）

① 消火薬剤量を質量で表示してあるものは，総質量を秤量して消火薬剤量が許容値以内であることを確認する．
② 排圧栓のあるものはこれを開き（図 2.3.6），容器内圧を完全に排出する．
③ 本体容器をクランプ台などに固定し，キャップスパナなどを用いてキャップを開け（図 2.3.7），加圧用ガス容器の支持具，加圧用ガス容器などを取り出す．（図 2.3.8）
④ 加圧用ガス容器を取り外す．（このとき，安全栓は装着したまま行う）（図 2.3.9）
⑤ 消火薬剤量を容量で表示してあるものは，液面表示と同一レベルであるかどうかを確認する．
⑥ 消火薬剤を別の容器に移す．
⑦ 清掃
  ・水系消火器の場合：水洗い
  ・粉末消火器の場合：圧縮空気などによるエアブロー（図 2.3.10）
⑧ 部品の確認（消火器内面の確認もこの際行う）

放射試験は，①の確認のあとに行う．

図 2.3.6　排圧栓で排圧

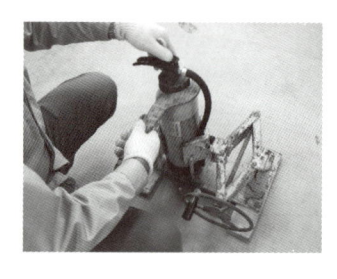

図 2.3.7　キャップを開ける

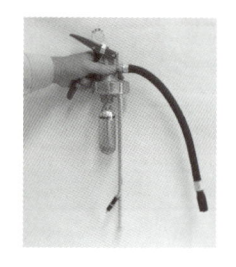

図 2.3.8　キャップを取り出す

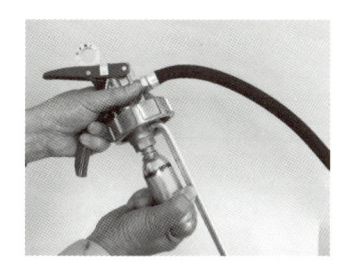

図2.3.9　加圧用ガス容器取り外し

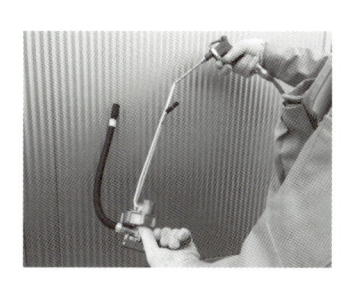

図2.3.10　クリーニング

2 化学泡消火器

① 容器本体をクランプ台などに固定し，木製のてこ棒をキャップに差し込んで回し，キャップを外し，内筒を取り出す．（図2.3.11）
② 消火薬剤（A剤，B剤とも）が液面表示と同一レベルであるかどうかを確認する．（A剤量は，B剤入り内筒を抜いてから確認）

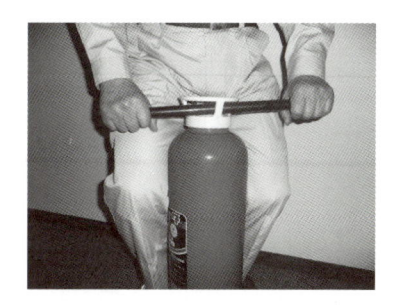

図2.3.11　キャップを開ける

③ 消火薬剤を別の容器に移す．（A剤，B剤は別々の容器へ）
④ 本体容器内外，キャップ，ホース，ノズル，ろ過網，内筒などを水洗い．
⑤ 各部品の確認（消火器内面の確認もこの際行う）

放射試験は，②の確認を行い，内筒を挿入し，組み立てたあとに行う．

3 蓄圧式消火器

① 総質量を秤量して消火薬剤量を確認する．
② 指示圧力計の指度を確認する．
③ 排圧栓のあるものはこれを開き，ないものは容器を逆さにして，レバーを徐々に握り（図2.3.12），容器内圧を完全に抜く．（こうすると消火薬剤を出さずに，圧縮ガスだけを出すことができる）
④ 本体容器をクランプ台などに固定し，キャップスパナなどでキャップまたはバルブ本体を本体容器から外す．

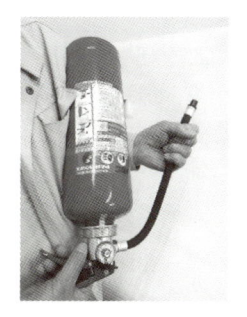

図2.3.12　内圧排出

⑤ 消火薬剤を別の容器に移す．
⑥ 清掃
　・水系消火器の場合：水洗い
　・粉末消火器の場合：圧縮空気などによるエアブロー
⑦ 各部品について確認（消火器内面の確認もこの際行う）
放射試験は，②の確認のあとに行う．

② 耐圧性能点検の順序・方法

1 加圧式消火器（化学泡消火器以外）

① 排圧栓のあるものはこれを開き，容器内圧を完全に排出する．
② キャップを外し，加圧用ガス容器などを取り出す．
③ 消火薬剤を別の容器に移す．
④ エアブローなどにて本体容器の内外を清掃し，本体容器内面および外面に腐食または防錆材料の脱落などがないかを確認する．
⑤ ホース，加圧用ガス容器を取り外し，安全栓を引き抜く．（ここまでは，安全栓は抜かない）
⑥ 粉上り防止用封板を取り外す．
⑦ 本体容器内を水道水で満水にし，レバーを握ったままの状態（図 2.3.13）で本体内に挿入し，キャップを締める．（開閉バルブ式消火器の場合，サイホン管内およびバルブ内に水が行き渡らない）
⑧ 耐圧試験用接続金具を加圧中に外れることのないよう確実にホース接続部に接続する．
⑨ 保護枠などを消火器にかぶせ，耐圧試験機を接続する．

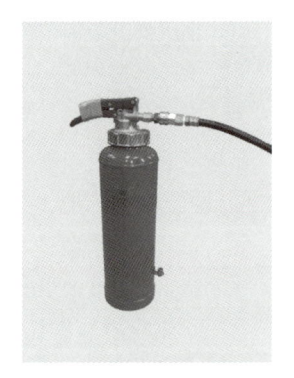

図 2.3.13　水圧試験

⑩ 耐圧試験機を作動させ，各締め付け部および接続部からの漏れがないことを確認しながら本体容器に表示された耐圧試験圧力値（以下「所定の水圧」という）まで，急激な昇圧を避け，圧力計で確認しながら徐々に昇圧する．（図 2.3.14）
⑪ 所定の水圧を5分間かけ，変形，損傷または漏れのないことを確認する．

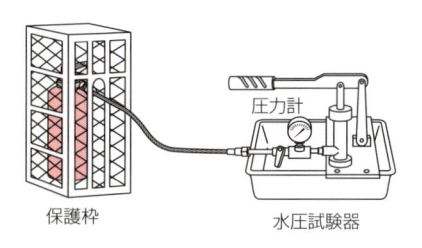

図 2.3.14 耐圧試験

⑫ 耐圧試験機の排圧栓から水圧を排除し，圧力計の指針が「0」になったのを確認してからキャップを開け，本体容器内の水を排水する．
⑬ 本体容器などの水分をウエスまたはエアブローなどで除去する．
※ 粉末消火薬剤にあっては水分が禁物なので，乾燥炉などで十分に乾燥させ，本体容器内，サイホン管内，ガス導入管およびキャップ部分などに水分がないことを十分に確認する．
⑭ 本体容器などに水分がないことを確認した後，部品などの組立て，消火薬剤の充てんなどを行う．

2 化学泡消火器

① キャップを外し，内筒を取り出す．
② 消火薬剤を別の容器に移す．
③ 本体容器の内外を水洗いし，本体容器内面および外面に腐食または防錆材料の脱落などがないかを確認する．
④ ホースを取り外す．
⑤ 本体容器内を水道水で満水にし，キャップを締める．
⑥ ホース接続部に耐圧試験用接続金具を加圧中に外れることのないよう確実に接続する．
⑦ 保護枠などを消火器にかぶせ，耐圧試験機を接続する．
⑧ 耐圧試験機を作動させ，各締め付け部および接続部からの漏れがないことを確認しながら，所定の水圧まで急激な昇圧を避け，圧力計で確認しながら徐々に昇圧する．
⑨ 所定の水圧を5分間かけて，変形，損傷または漏れのないことを確認する．
⑩ 耐圧試験機の排圧栓から水圧を排除し，圧力計の指針が「0」になったのを確認してからキャップを開け，本体容器内の水を排水する．

⑪ 本体容器などの水分を，ウエスまたはエアブローなどで除去する．
⑫ 本体容器などに水分がないことを確認した後，部品などの組立て，消火薬剤の充てんなどを行う．

3 蓄圧式消火器

① 指示圧力計の指針を確認する．（排圧してしまってからでは，確認できない）
② 排圧栓のあるものはこれを開き，ないものは容器を逆さにしてレバーを徐々に握り，容器内圧を完全に排出する．
③ 指示圧力計の指針が「0」になったのを確認してから，キャップを外す．
④ 消火薬剤を別の容器に移す．
⑤ エアブローなどにて本体容器の内外を清掃し，本体容器内面および外面に腐食または防錆材料の脱落などがないかを確認する．
⑥ ホースを取り外す．
⑦ 本体容器内を水道水で満水にし，レバーを握ったままの状態で容器内に挿入し，キャップを締める．
⑧ 耐圧試験用接続金具（継手金具）を，加圧中に外れることのないよう確実にホース接続部に接続する．
⑨ 保護枠などを消火器にかぶせ，耐圧試験機を接続する．
⑩ 耐圧試験機を作動させ，各締め付け部および接続部からの漏れがないことを確認しながら，所定の水圧まで急激な昇圧を避け，圧力計で確認しながら徐々に昇圧する．
⑪ 所定の水圧を5分間かけて，変形，損傷または漏れのないことを確認する．
⑫ 耐圧試験機の排圧栓から水圧を排除し，圧力計の指針が「0」になったのを確認してから本体容器内の水を排水する．
⑬ 本体容器などの水分をウエスまたはエアブローなどで除去する．
※ 粉末消火薬剤にあっては水分が禁物であるので，乾燥炉などで十分に乾燥させ，本体容器内，サイホン管内，ガス導入管およびキャップ部分などに水分がないことを十分に確認すること．
⑭ 本体容器などに水分がないことを確認した後，部品などの組立て，消火薬剤の充てんなどを行う．

要点のまとめ

点検の順序

□加圧式消火器（化学泡消火器以外）

総質量秤量 ≫ （放射）：放射を行うものに限る．以下同じ ≫ 内圧 排除 ≫ キャップを開ける（クランプ台に固定，キャップスパナで）

部品の確認，内面確認 ≪ 内面水洗い（ 粉末 消火器はエアブロー） ≪ 消火剤 取出し ≪ 加圧用ガス容器取り外し（ 安全栓 を付けたまま）

□化学泡消火器

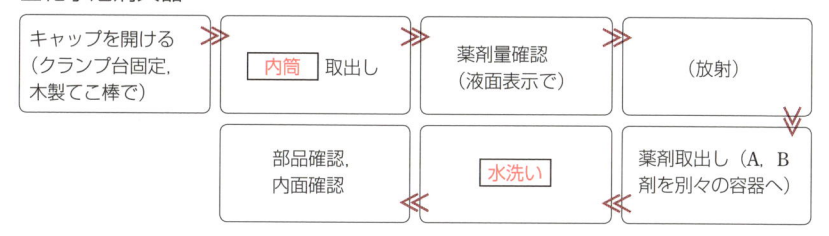

キャップを開ける（クランプ台固定，木製てこ棒で） ≫ 内筒 取出し ≫ 薬剤量確認（液面表示で） ≫ （放射）

部品確認，内面確認 ≪ 水洗い ≪ 薬剤取出し（A，B剤を別々の容器へ）

□蓄圧式消火器

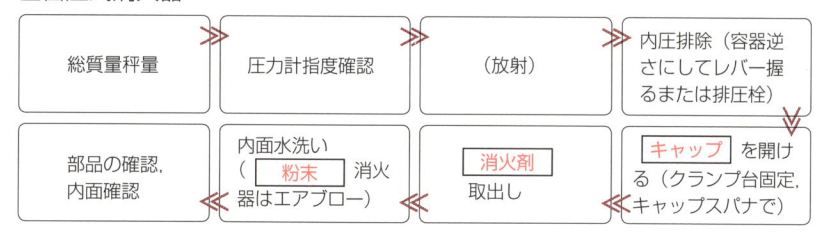

総質量秤量 ≫ 圧力計指度確認 ≫ （放射） ≫ 内圧排除（容器逆さにしてレバー握るまたは排圧栓）

部品の確認，内面確認 ≪ 内面水洗い（ 粉末 消火器はエアブロー） ≪ 消火剤 取出し ≪ キャップ を開ける（クランプ台固定，キャップスパナで）

□耐圧性能試験の順序

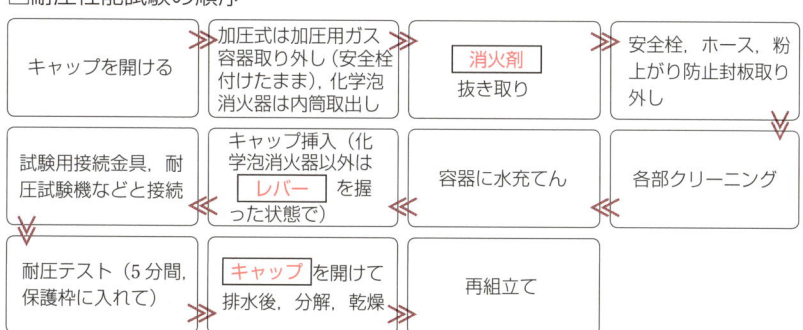

キャップを開ける ≫ 加圧式は加圧用ガス容器取り外し（安全栓付けたまま），化学泡消火器は内筒取出し ≫ 消火剤 抜き取り ≫ 安全栓，ホース，粉上がり防止封板取り外し

試験用接続金具，耐圧試験機などと接続 ≪ キャップ挿入（化学泡消火器以外は レバー を握った状態で） ≪ 容器に水充てん ≪ 各部クリーニング

耐圧テスト（5分間，保護枠に入れて） ≫ キャップ を開けて排水後，分解，乾燥 ≫ 再組立て

2-3 消火器の整備・点検 演習問題 点検の順序

【問 1】
点検の順序に関する次の記述のうち，正しいものはどれか．
(1) 放射の試料は，ほかの点検試料と別に抜き取り，放射を行った．
(2) 放射の試料は，放射試験を行ってから，内部及び機能点検を行った．
(3) 化学泡消火器の放射試験は，消火薬剤量を確認した後に行った．
(4) 化学泡消火器のすべての内部及び機能点検を行った後に放射試験を行った．

【問 2】
点検の方法に関する以下の記述のうち，誤りはどれか．
(1) 化学泡消火器の，A剤水溶液の容量を点検する際，A剤水溶液に沈み込んでいる内筒の容積を差し引いて判定した．
(2) 化学泡消火器の，A剤水溶液の容量を点検する際，内筒を取り出してから，液面表示を確認した．
(3) 加圧用ガス容器を取り外す際は，安全栓を取り外さず行った．
(4) 蓄圧式消火器内圧を排除する際，容器を逆さにして，レバーを徐々に握り内圧を抜いた．

【問 3】
耐圧性能試験に関する以下の記述のうち，正しいものはどれか．
(1) 加圧式粉末消火器の耐圧試験は，水分を嫌うので，圧縮ガスを用いて，徐々に加圧して行った．
(2) 化学泡消火器の耐圧試験は，所定の水圧を3分間かけ，変形，損傷又は漏れのないことを確認した．
(3) 蓄圧式粉末消火器の耐圧試験を終了後，容器本体，部品を乾燥装置に入れて，完全に水分がなくなるまで乾燥してから組み立てた．
(4) 蓄圧式消火器の耐圧試験時，容器に水を満たし，レバーにより，弁の開閉をしながらキャップを挿入してねじ込んでから行った．

問　1　(3)

- 放射の試料は，内部および機能点検試料の中から抽出する．
- 放射試験は，加圧式では，総質量の秤量を終えてから，蓄圧式では，総質量の秤量と指示圧力計の指針の確認を終えてから行わないと，特性が隠れてしまう．
- 化学泡消火器の放射試験は，すべての内部機能点検を終えてからだと，ろ過網やホースのつまりという欠陥が隠れてしまうので，(3)のやり方が正しい．

問　2　(1)

- A剤水溶液が，液面表示の位置にあるか否かは，内筒挿入時ではなく，内筒を挿入する前の位置である．
- 加圧用ガス容器を取り外す際は，レバーが動き，カッターによる加圧用ガス容器封板への損傷などを避けるため，必ず安全栓を取り付けたまま行う．
- 蓄圧式消火器の場合，容器を逆さにすると，消火薬剤が，キャップのほうに集まり，サイホン管の先端部には，窒素ガスのみとなるので，レバーを握るとガスのみが放射され，排圧できる．

問　3　(3)

- ガス圧での耐圧試験は，破裂時に危険が伴うので，必ず水圧で行わなければならない．
- 耐圧試験の時間は，所定の圧力に到達してから5分間である．
- 粉末消火薬剤は水分があると機能が損われるので，水圧試験後は，乾燥装置に入れ，完全に水分を除去する必要がある．
- 耐圧試験時には，すべての部分が水で満たされていないと，漏れなどの発見が難しくなるうえ，破裂時の危険性が伴う．バルブのあるものは，サイホン管内などに空気が残ってしまうので，必ず，レバーを握ったままの状態にして容器本体へ取り付けてから行う．

2-3 消火器の整備・点検　分解・再充てん・組立て

① 粉末消火器（加圧式）

① レバーを握り，消火器内に残圧がないことを確認する．
② 本体容器をクランプ台などに固定し，キャップを外し，残った消火薬剤を取り出す．
③ 加圧用ガス容器，安全栓，粉上がり防止用封板を取り外す．
④ サイホン管先端から圧縮ガスなどを通し，バルブ，ホース，ノズルの中をクリーニングする．（開閉バルブ式のものは，バルブを開け閉めしながら行う）（図 2.3.15）
⑤ レバーを握り，カッターの動きと合わせて動作確認する．

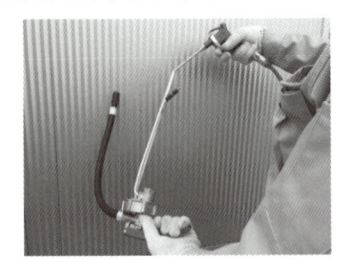

図 2.3.15　クリーニング

⑥ 使用済み表示装置の必要なものは取り付け，排圧栓のあるものは，元の状態（閉状態）に戻して，封をする．
⑦ 安全栓を取り付け，封をした後，加圧用ガス容器，粉上がり防止用封板を取り付ける．
⑧ 消火薬剤を規定量充てんし，パッキンの当り面，口金ねじの消火薬剤を取り除いてから，できるだけ時間をおかずに，キャップを挿入し，手でキャップを締める．
(粉末消火薬剤を充てんした後，しばらく放置すると，消火薬剤が締まってしまい，サイホン管が入りにくくなる．無理に押し込むと，サイホン管やガス導入管の変形につながるので，そのような際は，口金部を手の平でふさぎ，容器を逆さにして上下に振り，消火薬剤をほぐしてから再挿入する)
⑨ クランプ台に固定し，ノズルの位置，方向などに留意して，キャップスパナを使ってしっかりと締める．

② 粉末消火器（蓄圧式）

① レバーを握り，消火器内に残圧がないことを確認する．
② 本体容器をクランプ台などに固定し，キャップ，バルブを外し，残っ

た消火薬剤を取り出す．
③　サイホン管先端から，圧縮ガスなどを通し，バルブ，ホース，ノズルのクリーニングを行う．（バルブを開け閉めしながら行う）
④　消火薬剤を規定量まで充てんし，パッキンの当り面，口金ねじの消火薬剤を取り除いてから，できるだけ時間を置かずに，キャップを挿入し，手でキャップを締める．
⑤　クランプ台に固定し，ノズルの位置，方向などに留意して，キャップスパナを使い，キャップをしっかりと締める．
⑥　圧縮ガス圧入口のあるものはそこから，ないものはホースを外し，ホース取付けねじ部に接続金具（継手金具）を取り付け，窒素ガスを規定圧まで充てんする．

圧縮ガス充てん方法（ホース取り付け部からの充てん）

1. 窒素ガス容器，圧力調整器，高圧ホース，三方バルブ，継手金具，消火器を図2.3.16に示すようにつなぐ．
2. 三方バルブを閉にする．
3. 窒素ガス容器のバルブを開く．
4. 圧力調整器の調整バルブを右に回し，二次側圧力値を充てん圧力値に一致させる．
5. 三方バルブを開にする．
6. 消火器のレバーを握りバルブをゆっくりと開ける．
7. 指示圧力計の指度が，規定圧力になったら，消火器のレバーを放し，バルブを閉める．

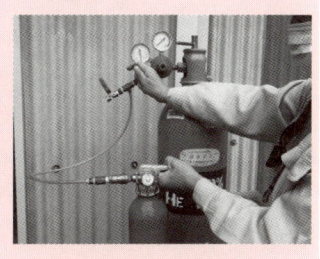

図2.3.16　圧充填

図2.3.17　三方バルブ

⑦　水槽に水没させて，各部からの漏れがないことを確認する．（図2.3.18）
⑧　水分を拭き取り，安全栓を取り付け，封をする．

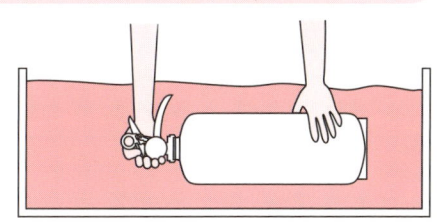

図2.3.18　気密試験

③ 強化液消火器，機械泡消火器，水消火器（蓄圧式）

① レバーを握り，消火器内に残圧がないことを確認する．
② 本体容器をクランプ台などに固定し，キャップ，バルブを外し，残った消火薬剤を取り出す．
③ 容器内部，サイホン管，バルブ，ホース，ノズルを水でよく洗う．（バルブを開け閉めしながら行う）
④ 消火薬剤を規定量充てんし，パッキンの当り面，口金ねじの消火薬剤を取り除いてからキャップを挿入し，手でキャップを締める．
⑤ クランプ台に固定し，ノズルの位置，方向などに留意して，キャップスパナなどを使って，キャップをしっかりと締める．
⑥ 圧縮ガス圧入口のあるものはそこから，ないものは，ホースを外し，ホース取付けねじ部に接続金具（継手金具）を取り付け，窒素ガスを規定圧まで充てんする．

> **圧縮ガス充てん方法（ホース取付け部からの充てん）**
> 1. 窒素ガス容器，圧力調整器，高圧ホース，三方バルブ，継手金具，消火器を図2.3.16のようにつなぐ．
> 2. 三方バルブを閉にする．
> 3. 窒素ガス容器のバルブを開く．
> 4. 圧力調整器の調整バルブを右に回し，二次側圧力値が，充てん圧力値より0.1 MPa高い圧力に一致させる．（これは，水系消火薬剤に，窒素ガスが溶け込んでしまうことが原因である．充てんしたときに，一時的に圧力が下がるが，しばらく経過すると，規定圧力に戻る）
> 5. 三方バルブを開にする．
> 6. 消火器のバルブをゆっくりと開ける．
> 7. 指示圧力計の指度が，規定圧力になったら，消火器のレバーを放し，バルブを閉める．

⑦ 水槽に水没させて，各部からの漏れがないことを確認する．
⑧ 水分を拭き取り，安全栓を取り付け，封をする．

④ 化学泡消火器

① キャップを木製のてこ棒を用いて徐々に開ける．
② 内筒をゆっくり取り出す．
③ 容器内外，キャップ，内筒，ろ過網，ホース，ノズルの中を水でよく洗う．
　このとき，外筒剤（A剤），内筒剤（B剤）が残っていたら，絶対に混ぜ合わせないようにして大量の水とともに，廃棄，処理をする．
④ 本体容器の内面にある液面表示の 80 ％程度まで水を入れ，それをポリバケツなどに移す．
　A剤をこの中に徐々に入れ，撹拌しながら完全に溶解する．
　（容器内での溶解作業は塗膜を痛めるので，絶対にしてはならない．）
　溶解したA剤水溶液を，本体容器に移す．
　溶液の高さが，液面表示に一致するまで，水を加える．
⑤ 内筒の 1/2 程度まで水を測り，A剤に使用していない別の容器に移す．
　B剤をこの中に徐々に入れ，撹拌しながら完全に溶解する．
　溶解したB剤水溶液を，内筒に移す．
　溶液の高さが，内筒の液面表示に一致するまで，水を加えた後，内筒外面にB剤の付着がないように，水で洗い流す．
⑥ 内筒ふたを内筒に取り付ける．（破がい転倒式は，鉛封板を取り付ける）
⑦ 垂直に移動させながら，クランプ台に固定した後，内筒を静かに取り付け，キャップをしっかり締める．
⑧ 破がい転倒式は，安全装置であるキャップを押し金具にかぶせ，封をする．開がい転倒式のものは，ハンドルを回し，内筒にふたを取り付けたのち，安全栓を取り付け，封をする．

⑤ 二酸化炭素消火器，ハロン 1301 消火器，ハロン 1211 消火器

　二酸化炭素消火器，ハロン 1301 消火器，ハロン 1211 消火器の消火薬剤充てんは，高圧ガス保安法により許可された事業者でなければ行えないので，専門業者に依頼すること．

⑥ 点検用工具

点検に用いる主な工具は次のとおりである．名称と用途を覚えましょう．

メスシリンダ	比重浮ひょう（比重はかり）
液体消火薬剤の比重測定や容量の測定に使う．	液体消火薬剤の比重測定を行うもの．
エアガン	キャップスパナ
窒素ガスや圧縮空気を使って，ガス圧による消火器部品のクリーニングを行うもの．	消火器のキャップを開閉する際に使用する道具．
接続金具	クランプ台
消火器の耐圧試験や圧力の充てん時に，消火器のホース取付け部などに取り付けるもの．	消火器のキャップを開閉する際，容器本体を固定するもの．

2-3 消火器の整備・点検

ロート（漏斗）	三方バルブ（三方コック）
 消火薬剤を消火器に充てんする際，容器口金に挿入し，こぼれないように消火薬剤を充てんするもの．	 蓄圧式消火器の圧力充てん時に，窒素ボンベと消火器の間につなぎ，ガス圧を通したり，止めたり，逃がしたりするもの．

標準圧力計	
	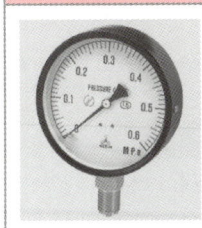 蓄圧式消火器のホース取付け部に取り付け，指示圧力計および内圧のチェックを行うもの．

要点のまとめ

留意事項

☐ 開閉バルブ付加圧式及び蓄圧式粉末消火器

  バルブ を開閉しながら， 圧縮ガス で，バルブ，ホース， ノズル の中をクリーニングする．

☐ 強化液消火器，機械泡消火器，水消火器

  バルブ を開閉しながら， 水 で，バルブ，ホース， ノズル の中をクリーニングする．

☐ 化学泡消火器

・A剤，B剤の溶解方法ほか：

  本体内面の液面表示の 80 ％程度まで水を入れ，別の溶解容器に移してA剤を溶かし，消火器本体に入れたのち， 液面表示 まで水を加える．

  内筒の 1/2 程度まで水を測り，別の溶解容器に移してB剤を溶かし，内筒に入れたのち， 液面表示 まで水を加える．外面にB剤の付着がないよう洗う．

・ 垂直 にもち，静かに移動し， クランプ台 に固定してキャップを締める．

2-3 消火器の整備・点検 演習問題 分解・再充てん・組立て

【問 1】

使用後の分解，組立てに関する次の記述のうち，正しいものはどれか．
(1) 加圧式粉末消火器を組み立てる際，加圧用ガス容器，粉上がり防止用封板を取り付けてから，安全栓を取り付け封をした．
(2) プラスチック製キャップを締め付ける際，キャップスパナで締め付けた．
(3) 粉末消火器のクリーニングを行う際，開閉バルブを開閉して行った．
(4) 蓄圧式強化液消火器は，開閉バルブ付なので，バルブを開閉しながら，サイホン管下部から窒素ガスでクリーニングを行ってから組み立てた．

【問 2】

化学泡消火器の再充てんに関する次の記述のうち，正しいものはどれか．
(1) A剤を溶解する際，消火器本体の液面表示の80％まで水を入れ，その中にA剤粉末を入れて，よく撹拌して溶解し，液面表示まで水を足した．
(2) B剤を溶解する際，内筒の1/2までの水を測り，A剤に使用したポリバケツの中でB剤の溶解を行った．
(3) A剤を溶解する際，容器本体の液面表示まで水を入れ，別の容器に移して，溶解を行った．
(4) A剤を溶解する際，消火器本体の液面表示の80％まで水を入れ，それを別の容器に移して，A剤粉末を入れて，よく撹拌して溶解し，液面表示まで水を足した．

【問 3】

蓄圧式消火器へ窒素ガス充てんする際，窒素ガス容器，圧力調整器，高圧ホース，三方コック，継手金具，消火器をそれぞれつないだ後の次の記述のうち，正しいものはどれか．
(1) 三方コックを開けて，窒素ガス容器の弁を開いた．
(2) 窒素ガス容器の弁を開き，三方コックの弁を開いてから，圧力調整弁を調整して，充てん圧力まで圧力を調整した．
(3) 三方コックを閉じてから，窒素ガスの弁を開き充てん圧力調整を行った．
(4) 粉末消火器への充てん圧力が高くなり過ぎたので，充てん用ホースを外し，レバーを握って圧力を下げた．

問 1 (3)

- 加圧用ガス容器を取り付ける際は，必ず安全栓を取り付けてから行わなければならない．
- プラスチック製キャップを開閉する際は，木製のてこ棒が望ましい．
- 強化液消火器は，水洗して清掃を行う．

問 2 (4)

- 容器内で溶解を行うと，撹拌棒などにより，容器内面の塗装に傷がつくおそれがあるため，必ず別容器で溶解を行わねばならない．
- A剤で使用したポリバケツでのB剤の溶解は，A剤水溶液が付着していて，反応が起きるおそれがあるので，禁物である．
- A剤は，液面表示の80％の水を，B剤は内筒の1/2の水を，それぞれ別の容器に取り，その中で，それぞれを溶解して，水溶液をつくる．

問 3 (3)

- それぞれの器具をつないだ後は，消火器内に圧力を入れない手立てをしてから，充てん圧力を調整する．
- 蓄圧式粉末消火器の場合，圧力の過充てんが起きたときは，容器を逆さにしてからレバーを握り，圧力のみを抜き取る．その後，きちんとクリーニングを行ってから，再度組立てる必要がある．
容器を逆さにせずにレバーを握ると，放射時と同じ状態となり，バルブシート面に粉末消火薬剤が付着してしまい，漏れの原因となる．

[点検要領]

第1 消火器具

1 一般的留意事項

(1) 性能に支障がなくともごみ等の汚れは、はたき、雑きん等で掃除すること。
(2) 合成樹脂製の容器又は部品の清掃にはシンナー、ベンジン等の有機溶剤を使用しないこと。
(3) キャップ又はプラグ等を開けるときは容器内の残圧に注意し、残圧を排除する手段を講じた後に開けること。
(4) キャップの開閉には、所定のキャップスパナ(第1-1図)を用い、ハンマーで叩いたり、タガネをあてたりしないこと。
(5) ハロゲン化物及び粉末消火薬剤は、水分が禁物なので、消火器本体の容器内面及び部品の清掃や整備には十分注意すること。
(6) 二酸化炭素消火器、ハロゲン化物消火器及び加圧用ガス容器の中のガスを排除するときは、専門業者に依頼すること。
(7) 点検のために、消火器を所定の設置位置から移動したままにする場合は、代替消火器を設置しておくこと。

第1-1図 キャップスパナ

2 機器点検

点検項目		点検方法(留意事項は※で示す。)	判定方法(留意事項は※で示す。)
設置状況	設置場所	目視又は簡易な測定により確認する。	ア 通行又は避難に支障がないこと。 イ 使用に際し、容易に持ち出すことができること。 ウ 床面からの高さが1.5m以下の箇所に設けられていること。 エ 消火器に表示された使用温度範囲内である箇所に設置されていること。なお、使用温度範囲外の箇所に設置されているものは、保温等適当な措置が講じられていること。 オ 本体容器又はその他の部品の腐食が著しく促進されるような場所(化学工場、メッキ工場、温泉地等)、著しく湿気の多い箇所(厨房等)、たえず潮風又は雨雪にさらされている箇所等に設置されているものは、適当な防護措置が講じられていること。
	設置間隔		防火対象物又は設置を要する場所の各部分から、一の消火器に至る歩行距離が20m以下、大型消火器にあっては30m以下となるように配置してあること。
	適応性	第1-1表に示す適応消火器具の表により確認する。	適応した消火器具が設置されていること。

第1-1表 適応消火器具

消火器具の区分		水を放射する消火器		強化液を放射する消火器		泡を放射する消火器	二酸化炭素を放射する消火器	ハロゲン化物を放射する消火器	消火粉末を放射する消火器		水バケツ又は水槽	乾燥砂	膨張ひる石又は膨張真珠岩
		棒状	霧状	棒状	霧状				りん酸塩類等を使用するもの	炭酸水素塩類等を使用するもの			その他のもの
建築物その他の工作物		○	○	○	○	○			○		○	○	○
	電気設備		○		○		○	○	○	○			

2-3 消火器の整備・点検

対象物の区分				第一類	第二類	第三類	第四類	第五類	第六類	指定可燃物	
				アルカリ金属の過酸化物又はこれを含有するもの	その他の第一類の危険物	鉄粉、金属粉若しくはマグネシウム又はこれらのいずれかを含有するもの	引火性固体	その他の第二類の危険物	禁水性物品	その他の第三類の危険物				可燃性固体類又は合成樹脂類(不燃性又は難燃性でないゴム製品、原料ゴム及びゴムくずを除く。)	可燃性液体類	その他の指定可燃物
○			○			○	○	○		○		
○					○	○	○	○		○		
			○			○	○	○			○	
○		○				○						
○			○			○	○	○		○	○	
				○		○	○	○		○	○	
				○	○	○	○	○		○	○	
	○	○	○	○		○	○	○		○	○	
	○	○	○	○		○	○	○		○	○	
	○	○	○	○		○	○	○		○	○	

備考
1. ○印は、対象物の区分の欄に掲げるものに、当該各項に掲げる消火器具がそれぞれ適応するものであることを示す。
2. りん酸塩類等とは、りん酸塩類、硫酸塩類その他防炎性を有する薬剤をいう。
3. 炭酸水素塩類等とは、炭酸水素塩類及び炭酸水素塩類と尿素との反応生成物をいう。
4. 禁水性物品とは、危険物の規制に関する政令第10条第1項第10号に定める禁水性物品をいう。

耐震措置（転倒により消火薬剤が漏出するおそれのある消火器に限る。）	目視により確認する。	ア 変形、損傷等がないこと。 イ 取付け等の措置が適正であること。
表示及び標識	目視により確認する。	ア 損傷、汚損、脱落、不鮮明等がないこと。 イ 表示については、所定の銘板が貼付されていること。 ウ 標識については、消火器具設置場所の見易い位置に消火器具の種類にしたがい、「消火器」、「消火バケツ」、「消火水槽」、「消火砂」又は「消火ひる石」と表示した標識が設けてあること。 エ 型式失効に伴う特例期間を過ぎたものでないこと。

155

消火器の外形	本体容器	目視により確認する。	※(ｱ) 消火薬剤の漏れ、変形、損傷、著しい腐食等がないこと。 ※(ｲ) 腐食のあるものは耐圧性能に関する点検を行うこと。 (ｳ) 溶接部の損傷しているもの又は著しい変形のあるもので機能上支障のおそれのあるもの、著しく腐食しているもの及び錆がはく離するようなものは廃棄すること。 ※(ｴ) 銘板のないもの又は製造年から型式失効に伴う特例期間を過ぎたものは廃棄すること。 ※(ｵ) ハロゲン化物消火器にあっては、注意書シールが貼付されていることの有無を確認し、その結果を点検表の備考欄に記載すること。
	安全栓の封	目視により確認する。	ア 損傷又は脱落がないこと。 イ 確実に取り付けられていること。
	安全栓	目視により確認する。	ア 安全栓が外れていないこと。 イ 操作に支障がある変形、損傷等がないこと。 ウ 確実に装着されていること。
	使用済みの表示装置	目視により確認する。	変形、損傷、脱落等がなく、作動していないこと。
	押し金具及びレバー等の操作装置	目視により確認する。	変形、損傷等がなく、確実にセットされていること。
	キャップ	目視及び手で締め付け等を行うこと等により確認する。	ア 強度上支障がある変形、損傷等がないこと。 ※(ｲ) 緩んでいるものは締め直されていること。 (ｳ) 粉末消火器で変形、損傷、緩み等のあるものにあっては、消火薬剤の性状を点検すること。
	ホース	目視及び手で締め付け等を行うこと等により確認する。	ア 変形、損傷、老化等がなく、内部につまりがないこと。 イ 容器に緊結されていること。 ※(ｳ) ホースの緩み又は固定にるつまりによるものを除く。)でっまり、著しい損傷、取付けねじの緩みのあるものにあっては、加圧用ガス容器の封板及びガス量、消火薬剤量又は固化によるつまりのあるものは、ホース取付けねじの緩み込等の締め直しを行うこと。
	ノズル、ホーン及びノズル栓	目視及び手で締め付け等を行うこと等により確認する。	ア 変形、損傷、老化等がなく、内部につまりがないこと。 イ ホースに緊結されていること。 ウ ノズル栓が外れていないこと。 エ ホーン握り(二酸化炭素消火器に限る。)が脱落していないこと。 ※(ｵ) 異物によるつまりは清掃すること。 (ｶ) 消火薬剤の漏れ又は固化によるつまりのあるものは取り付け直しをすること。 (ｷ) ねじの緩みのあるものは締め直しをすること。 (ｸ) ノズル栓の外れているものは取り付け直すこと。

2-3 消火器の整備・点検

指 示 圧 力 計	目視により確認する。 ※ 指示圧力計を有しない二酸化炭素消火器及びハロゲン化物消火器にあっては、質量を測定して確認する。	(オ) 加圧式の粉末消火器（開閉バルブ付きのものを除く。）であり、著しい損傷、取付けねじの緩み二等のあるものにあっては、加圧用ガス容器の封板反及びガス量、消火薬剤量及び性状を点検すること。 ア 変形、損傷等がないこと。 イ 指示圧力値が緑色範囲内にあること。（第1−2図） ※ 指針が緑色範囲の下限より下がっているものは、消火薬剤量を点検すること。 (イ) 指示圧力値が緑色範囲外のものは、指示圧力計の作動状況を点検すること。 緑色範囲 消 SUS 9.8 7 ×10⁻¹MPa 第1−2図 指示圧力計
圧 力 調 整 器	目視により確認する。	ア 変形、損傷等がないこと。
安 全 弁	目視及び手で締め付けを行うこと等により確認する。	ア 変形、損傷等がないこと。 イ 緊結されていること。 ※(ア) 噴き出し口の封が損傷、脱落しているものにあっては、詰め替えること。 (イ) その他の消火器にあっては、消火薬剤量を点検すること。 (ウ) ねじの緩みは締め直しを行うこと。 (エ) ハロゲン化物消火器、二酸化炭素消火器ではねじの緩んでいるものにあっては、消火薬剤量を点検すること。
保 持 装 置	目視及び着脱を行うこと等により確認する。	ア 変形、著しい腐食等がなく、容易に取り外しができること。
車輪（車載式消火器に限る。）	目視及び手で操作することにより確認する。	ア 変形、損傷等がなく、円滑に回転すること。 ※ 点検のつど、注油を行い円滑に動くようにしておくこと。
ガス導入管（車載式消火器に限る。）	目視及び手で締め付けを行うこと等により確認する。	ア 変形、損傷等がないこと。 イ 緊結されていること。 ※(ア) 結合部の緩みは締め直しを行い、つぶれ等は修正をすること。 (イ) 粉末消火器で折れ、つぶれ等の変形、損傷、結合部の緩みのあるものにあっては、消火薬剤の性状を点検すること。

157

2 消火器の規格・構造・機能・整備

消火器の内部及び機能	本体容器及び内筒等	消火器(二酸化炭素消火器及びハロゲン化物消火器を除く。以下同じ。)のうち、製造年から3年(化学泡消火器にあっては設置後1年、蓄圧式の消火器にあっては製造年から5年)を経過したもの又は消火器の外形の点検において使用済みの表示装置が設けられているもののうち、当該装置が脱落しているもの、又は作動していないものを除く。)のうち、安全栓の封が脱落しているもの、又は安全栓の封又は緊結部等に異常が認められたもののうち、製造年から3年を経過した粉末消火器及び5年を経過した蓄圧式の消火器については、安全栓の封又は緊結部等に異常が認められたもののうち、製造年から3年を経過した粉末消火器及び5年を経過した蓄圧式の消火器については、加圧式の粉末消火器及び5年を経過した蓄圧式の消火器については、抜取り方式による点検を行うことができる(別添1「消火器の内部及び機能に関する点検方法」)により確認する。
		本体容器内面及び反射鏡(第1-4図)を本体容器内に挿入し、裏面等の見にくい箇所は反射鏡(第1-4図)により確認する。

第1-3図 内部点検用の照明器具

第1-4図 反射鏡

		腐食、防錆材料の脱落等のあるものは廃棄すること。※ 本体容器内面に著しい腐食、防錆材料の脱落等のあるものは廃棄すること。 
	内筒等	内筒及び内筒ふた、内筒封板に変形、損傷、腐食、漏れ等がないこと。
	液面表示	液面表示が明確なこと。
	性 状	ア 変色、腐敗、沈澱物、汚れ等がないこと。 イ 固化していないこと。
		(1) 強化液消火薬剤又は泡消火薬剤は、個々にポリバケツ等に移して確認する。 (2) 粉末消火薬剤は個々にポリ袋等に移して確認する。
	消火薬剤量	所定量(質量は第1-2表の許容範囲内)あること。 (1) 薬剤量を質量で表示しているものは秤量により確認する。 (2) 液面表示で表示しているものは、消火薬剤を移す前に液面表示により確認する。

第1-2表 消火器総質量の許容範囲

薬剤の表示質量	総質量の許容範囲
1kg未満	+100g〜 −80g
1kg以上 2kg未満	+200g〜 −80g
2kg以上 5kg未満	+300g〜 −100g
5kg以上 8kg未満	+400g〜 −200g
8kg以上 10kg未満	+500g〜 −300g
10kg以上 20kg未満	+700g〜 −400g

2-3 消火器の整備・点検

20kg以上 40kg未満	+1,000g〜 −600g	
40kg以上 100kg未満	+1,600g〜 −800g	
100kg以上	+2,400g〜 −1,000g	

ア 変形、損傷、著しい腐食がなく、封板に損傷がないこと。
イ 液化炭酸ガス又は窒素ガス、混合ガス封板式のものにあっては第1−3表に示す許容範囲内に、容器弁付窒素ガスのものにあっては第1−5図に示す所定圧力の範囲内にあること。
※ 取り付けねじには右ねじのものと左ねじのものがあるから注意すること。

第1−3表 加圧用ガス容器総質量の許容範囲

ガスの別		充てんガス量	許容範囲
作動封板を有するもの	液化炭酸ガス CO_2	5g以上 10g満	±1g
		10g以上 20g未満	±3g
		20g以上 50g未満	±5g
		50g以上 200g未満	±10g
		200g以上 500g未満	±20g
		500g以上	±30g
	窒素ガス N_2		表示充てんガス量の±10%以内
	混合ガス CO_2+N_2	500g以上 900g未満	±30g
容器弁付のもの	液化炭酸ガス CO_2	900g以上	±50g
	窒素ガス N_2		

第1−5図 窒素ガスの圧力範囲

圧力 MPa — 温度 ℃

(加圧用ガス容器)

(1) 目視により確認する。
(2) 液化炭酸ガス又は窒素ガス、混合ガス封板式のものにあっては秤で総質量を測定して確認する。
(3) 容器弁付窒素ガスのものにあっては内圧を測定することにより確認する。

2 消火器の規格・構造・機能・整備

項目	点検方法	判定方法
カッター及び押し金具	加圧用ガス容器が取り外されていることを確認した後、レバー、ハンドル等の操作により作動状況を確認する。	変形、損傷等がなく、円滑かつ確実に作動すること。
ホース	ホースを取り外し目視により確認する。	変形、損傷等がなく、円滑かつ確実に作動すること。ホース及びホース接続部につまり等がないこと。※ つまりのあるものは清掃すること。
開閉式ノズル及び切替式ノズル	レバー等の操作により確認する。	ノズルの開閉又は切替操作が円滑かつ確実に作動すること。
指示圧力計	容器内圧を排出するとき、指針の作動を目視により確認する。	円滑に作動すること。
使用済みの表示装置	作動軸を手での操作して確認する。	円滑に作動すること。
圧力調整器	次の操作により確認する。 (1) 消火器本体容器との連結バルブを閉める。 (2) 加圧用ガス容器のバルブを開き、圧力計の指度及び圧力調整器の作動を確認する。 (3) 加圧用ガス容器のバルブを閉め、高圧側の指度を確認する。なお、指度が下がった場合は、漏れの箇所を確認する。 (4) 圧力調整器の逃がし弁又はガス導入管の結合部を緩めてガスを放出し、元の状態に復元する。	指針の作動が円滑であり、調整圧力値が緑色範囲内であること。
安全弁及び減圧孔（排圧栓を含む。）	目視又は操作により確認する。	ア 変形、損傷、つまり等がないこと。 イ 排圧栓は確実に作動すること。 ※ つまりのあるものは清掃すること。
粉上り防止用封板	目視及び手で触れて確認する。	ア 変形、損傷等がないこと。 イ 確実に取り付けられていること。
パッキン	目視により確認する。	変形、損傷、老化等がないこと。
サイホン管及びガス導入管	目視及び通気等により確認する。	ア 変形、損傷、つまり等がないこと。 イ 取付部の緩みがないこと。 ※(ア) つまり部がないところのものは清掃すること。 (イ) 取り付け部がないところのものは締め付け直しをすること。
ろ過網	目視により確認する。	損傷、腐食、つまり等がないこと。※ つまりのあるものは清掃すること。
放射能力	車載式の消火器以外の消火器については、放射試験を抜取り方式により実施し、放射状態を確認する。	放射状態が正常であること。※ 外形の点検で腐食の認められたものには放射しないこと。※ 放射が不能のもの又は著しく異常があるものは各項目の点検をしながら原因を確認し、該当項目の判定に従って処置すること。

2-3 消火器の整備・点検

消火器の耐圧性能			消火器のうち、製造年から10年を経過したもの又は消火器の外形の点検において本体容器に腐食等が認められたものについて実施すること。ただし、この点検を実施してから3年を経過していないものを除く（別添2「消火器の耐圧性能に関する点検方法」により確認する。）。
	本体容器	目視により確認する。	所定の水圧をかけた場合において、変形、損傷又は漏水等がないこと。
	キャップ	目視により確認する。	所定の水圧をかけた場合において、変形、損傷又は漏水等がないこと。
簡易消火用具	外形等	目視により確認する。	水バケツ及び水槽に変形、損傷、著しい腐食等がないこと。 ※ 著しい変形、損傷、腐食等のあるものは廃棄すること。
	水量等	目視により確認する。	ア 規定量あること。 イ 乾燥砂等は乾燥していること。 ウ 乾燥砂等にあっては、当該乾燥砂等の付近にスコップが設置してあること。 ※(ア) 規定量ないものは補充すること。 (イ) 乾燥砂等で乾燥の悪いものは乾燥させておくこと。

別添1　消火器の内部及び機能に関する点検方法
第1　抜取り方式による確認試料の作成要領

消火器の種類	方式	対象の区分	確認（放射能力を除く項目）	項目（放射能力）
水	加圧式	製造年から3年を経過したもの	全数	全数の10%以上
水	蓄圧式	製造年から5年を経過したもの	※ 抜取り数	抜取り数の50%以上
化学液	加圧式	製造年から3年を経過したもの	全	全数の10%以上
化学液	蓄圧式	製造年から5年を経過したもの	※ 抜取り数	抜取り数の50%以上
化学泡	加圧式	設置後1年を経過したもの	全	全数の10%以上
機械泡	加圧式	製造年から3年を経過したもの	全	全数の10%以上
機械泡	蓄圧式	製造年から5年を経過したもの	※ 抜取り数	抜取り数の50%以上
粉末	加圧式	製造年から3年を経過したもの	全	全数の10%以上
粉末	蓄圧式	製造年から5年を経過したもの	※ 抜取り数	抜取り数の50%以上
全器種		外形確認で欠陥があり、内部及び機能の確認を要するもの	全（確認指示項目に欠陥のないものは、その他の項目は省略できる。）	

備考　1　車載式のものは、放射能力を除く。
　　　2　表中※印のあるものは、次の抜取り方によること。
(1) 確認試料（確認ロット）の作り方
　器種（消火器の種類別）、種別（大型、小型の別）、加圧方式（加圧方式、蓄圧式の別）の同一のものを1ロットとすること。ただし、製造年から8年を超える加圧式の粉末消火器及び製造年から10年を超える蓄圧式の消火器は別ロットとする。
(2) 試料の抜取り方
　ア　製造年から3年以下の加圧式の粉末消火器及び製造年から5年を超える10年以下の蓄圧式の消火器は5年でロット全数の確認が終了するよう概ね均等に製造年の古いものから抽出する。
　イ　製造年から3年を超え8年以下の加圧式の粉末消火器及び製造年から10年を超える蓄圧式の消火器は2.5年でロット全数の確認が終了するよう概ね均等に製造年の古いものから抽出する。
　注）2000年製造品は、2004年点検から3年を超えていると判断する。

第2　抜取り方式の場合の判定

1	欠陥がなかった場合	当該ロット良とする。
2	欠陥があった場合	(1) 消火薬剤の固化又は容器内面の塗膜のはくり等の欠陥がある場合、欠陥試料と同一メーカー、同一質量、同一製造年のもの全数について内面項目の確認を行うこと。 ただし、内面塗膜のはくり等が明らかに外部からの衝撃によるものと判断されるものは、この限りでない。 (2) 前(1)以外の欠陥がある場合、欠陥のあった試料について整備するよう指示すること。

2-3 消火器の整備・点検

第3 加圧方式の区分による確認の順序（例）

1	加圧式の消火器（化学泡消火器以外）	(1) 消火薬剤量を質量で表示してあるものは、総質量を秤量して消火薬剤量を確認する。 (2) 排圧栓のあるものはこれを開き、容器内圧を完全に排出する。 (3) キャップを外し、加圧用ガス容器等の支持具、加圧用ガス容器等を取り出す。 (4) 消火薬剤量を同一レーベルで表示してあるものは、液面表示と同一レーベルであるかどうかを確認する。 (5) 消火薬剤を別の容器に移す。 (6) 清掃 ア 水系の消火器にあっては、本体容器の内外、キャップ、ホース、ノズル、サイホン管等を水洗いする。 イ 粉末消火器にあっては、水分が禁物であるので乾燥した圧縮空気等により本体容器内、キャップ、ホース、ノズル、サイホン管等を清掃する。 (7) 各部品についての確認のある確認を行う。 ※ 放射の試料は(1)の確認のあと放射を行うこと。
2	加圧式の消火器（化学泡消火器）	(1) キャップを外し、内筒を取り出す。 (2) 消火薬剤量が液面表示と同一レーベルであるかどうかを確認する。 (3) 消火薬剤を別の容器に移す。 (4) 消火薬剤の本体容器の内外、キャップ、ホース、ノズル、ろ過網、内筒等を水洗いする。 (5) 各部品についての確認のある確認を行う。 ※ 放射の試料は(2)の確認のあと放射を行うこと。
3	蓄圧式の消火器	(1) 総質量を秤量して消火薬剤量を確認する。 (2) 指示圧力計の指度を確認する。 (3) 排圧栓のあるものはこれを開き、ないものは容器をさかさにしてレバーを徐々に握り、容器内圧を完全に排出する。 (4) キャップ又はバルブを本体容器から外す。 (5) 消火薬剤を別の容器に移す。 (6) 前1(6)の要領で本体容器内、キャップ、ホース、ノズル、サイホン管等を清掃を行う。 (7) 各部品についての確認のある確認を行う。 ※ 放射の試料は(2)の確認のあと放射を行うこと。

163

別添2 消火器の耐圧性能に関する点検方法

第1 加圧方式の区分による確認の順序

1	加圧式の消火器（化学泡消火器以外）	(1) 排圧栓のあるものはこれを開き、容器内圧を完全に排出する。 (2) キャップを外し、加圧用ガス容器等を取り出す。 (3) 消火薬剤を別の容器に移す。 (4) エアーブロー等にて本体容器の内外を清掃し、本体容器内面及び外面に腐食又は防錆材料の脱落等がないかを確認する。 (5) ホース、加圧用ガス容器等を取り外す。 (6) 粉上り防止用封板を外し、安全栓を引き抜く。 (7) 本体容器内を水道水で満水にし、レバーを握ったままの状態で、キャップを締める。 (8) ホース接続部に耐圧試験用接続金具を加圧試験機に確実に接続する。 (9) 保護枠等を消火器にかぶせ、耐圧試験機にかかる。 (10) 耐圧試験機を作動させ、各締め付け部及び接続部からの漏れがないことを確認しながら本体容器に表示された耐圧試験圧力値（消火器の技術上の規格を定める省令（昭和39年自治省令第27号）第12条第1項第1号に規定する耐圧試験圧力値以下で所定の水圧という。）まで、急激な昇圧を避け、圧力計で確認しながら徐々に昇圧する。 (11) 所定の水圧を5分間かけつづけて、変形、損傷又は漏れのないことを確認する。 (12) 耐圧試験機の排圧栓から水圧を排除し、圧力計の指針が「0」になったことを確認してから本体容器内の水を排水する。 (13) 本体容器内の水分をウエス又はエアーブロー等で除去する。 ※ 粉末消火薬剤にあっては水分が異物であるので、乾燥炉等で十分に乾燥させ、本体容器内、サイホン管内、ガス導入管及びキャップ部分に水分がないことを確認すること。 (14) 本体容器等に水分がないことを確認した後、部品等の組み付け、消火薬剤の充填等を行う。
2	加圧式の消火器（化学泡消火器）	(1) キャップを外し、内筒を取り出す。 (2) 消火薬剤を別の容器に水洗いする。 (3) 本体容器の内外を水洗いする。 (4) ホースを取り外す。 (5) 本体容器内を水道水で満水にし、キャップを締める。 (6) ホース接続部金具を加圧試験機に確実に接続する。 (7) 保護枠等を消火器にかぶせ、各締め付け部及び接続部からの漏れがないことを確認しながら所定の水圧まで徐々に昇圧する。 (8) 耐圧試験機を作動させ、各締め付け部及び接続部からの漏れ又は損傷のないことを確認する。 (9) 所定の水圧を5分間かけつづけて、変形、損傷又は漏れのないことを確認する。 (10) 耐圧試験機の排圧栓から水圧を排除し、圧力計の指針が「0」になったことを確認する。 (11) 本体容器等の水分を、ウエス又はエアーブロー等で除去する。 (12) 本体容器等に水分がないことを確認した後、部品等の組み付け、消火薬剤の充填等を行う。
3	蓄圧式の消火器	(1) 指示圧力計の指針を確認する。 (2) 排圧栓のあるものはこれを開き、容器内圧を徐々に排出する。又はレバーを徐々に握り、容器内圧を完全に排出する。 (3) 指示圧力計の指針が「0」になったことを確認してから、キャップを外す。 (4) 消火薬剤を別の容器に移す。 (5) エアーブロー等にて本体容器の内外を清掃し、本体容器内面及び外面に腐食又は防錆材料の脱落等がないかを確認する。 (6) ホースを取り外す。 (7) 本体容器内を水道水で満水にし、レバーを握ったままの状態で、キャップを締める。

164

2-3 消火器の整備・点検

(8)	ホース接続部に耐圧試験用接続金具を加圧中に外れることのないよう確実に接続する。
(9)	保護枠等をかぶせ、耐圧試験機を接続する。
(10)	耐圧試験機を作動させ、各締め付け部及び接続部からの漏れがないことを確認しながら所定の水圧まで、急激な昇圧を避け、圧力計で確認しながら徐々に昇圧する。
(11)	所定の水圧を5分間かけて、損傷又は漏れのないことを確認する。
(12)	耐圧試験機の排圧栓を開き水圧を排除し、圧力計の指針が「0」になったことを確認してから本体容器内の水を排水する。
(13)	本体容器等の水分についてはウェス又はエアーブロー等で除去する。 ※ 粉末消火薬剤にあっては水分が禁物であるので、乾燥炉等で十分に乾燥させ、本体容器内、サイホン管内、ガス導入管及びキャップ部分等に水分がないことを確認した後、部品等の組付け、消火薬剤の充填等を行う。
(14)	本体容器等に水分がないことを確認すること。

第2　平成26年3月31日までの間実施できる抜取り方式による確認試料の作成要領
次の抜取り方法によること。
1　確認試料（消火器の種類別）、種別（大型、小型の別）、加圧方式（加圧式、蓄圧式の別）の同一のものを1ロットとすること。
器種（確認ロット）の作り方
2　試料の抜取り方
3年で全数の確認が終了するよう概ね均等に製造年の古いものから抽出する。

第3　抜取り方式の場合の判定

1	欠陥がなかった場合	当該ロットは良とする。
2	欠陥があった場合	欠陥のあった試料は廃棄し、欠陥のあった試料と同一のメーカー、同一質量、同一製造年のもの全数について耐圧性能の確認を行うこと。 ただし、当該欠陥が明らかに外部からの衝撃によるものと判断されるものは、この限りでない。

165

2章のまとめ

　この章では，消火器および消火器用消火薬剤の規格省令の中身，構造・機能および点検・整備につき学んだ．規格の要求事項をしっかり理解すれば，消火器の構造や点検時の判断基準もおのずと理解ができることとなる．理解を確実にするため，以下にこの章の重要事項につきまとめたので，理解の浅い部分は再度戻り，確実に理解を深めよう．

● 技術上の規格

用語の意義

□ 大型消火器：消火能力単位が，「A-10」単位以上，「B-20」単位以上かつ，消火器の種類ごとに定められた消火剤の量以上のもの

□ 加圧式の消火器：「加圧用ガス容器」の作動，「化学反応」または「手動ポンプ」の操作により生じる圧力により消火剤を放射するもの

□ 蓄圧式消火器：
　消火器の本体容器内の「圧縮空気」，「窒素ガス」など（以下「圧縮ガス」）の圧力または消火器に充てんされた「消火剤」の圧力により消火薬剤を放射するもの

→ P.42, 43, 44, 45, 46

火災の種類，能力単位，動作数

□ 火災の種類：「A」火災（「普通」火災），「B」火災（「油」火災），「C」火災（「電気」火災）

□ 操作の動作数：原則，「1」動作（例外あり）．「保持装置」から取り外す動作，「背負う」動作，「安全栓」を外す動作，「ホース」を外す動作は動作数にカウントしない．

□ 操作の方法：原則として，「レバーを握る」方式（例外あり）

→ P.50, 51, 52

放射性能など

□ 放射時間：「20」℃で「10」秒以上．

□ 放射効率：使用温度範囲内で，「90」%以上．例外は化学泡「85」%以上

□ 使用温度範囲：原則，「0」℃～「40」℃．例外は化学泡「5」℃～「40」℃以上

→ P.53

ホース，ノズル，ろ過網，液面表示

- □ホースが不要な消火器： ハロゲン化物 消火器で 消火器の質量 が 4 kg 未満のものおよび 粉末 消火器で 消火剤の質量 が 1 kg 未満のもの
- □ 車載式 消火器以外の消火器のノズル：
  原則： 開閉式 および 切り替え式 の装置は付けてはならない．
  例外： 据え置き 式および 背負い 式消火器は， 開閉 式の装置を設けられる．
- □ろ過網の必要な消火器： 手動ポンプ式 の水消火器，ガラス瓶を使用する 酸アルカリ 消火器，ガラス瓶を使用する 強化液 消火器， 化学泡 消火器
- □液面表示の必要な消火器： 化学泡 消火器， 酸アルカリ 消火器， 手動ポンプ により作動する水消火器

⇨ P.54, 60

安全栓，使用済み表示装置

- □安全栓の取り付け義務のない消火器：
  転倒式化学泡 消火器と 手動ポンプ により作動する水消火器
- □安全栓の基準：内径が 2 cm 以上のリング部・軸部・軸受部より構成．
  リング部の塗色： 黄 色
  軸の材質：SUS などの 耐食 性材料
  上 方向に引き抜くよう装着されていること．
- □使用済みの表示装置の必要な消火器：
  手さげ 式消火器で，
  指示圧力計のない蓄圧式消火器（ ハロン1301 消火器， 二酸化炭素 消火器）または，
  開閉バルブ付消火器（ 加圧式粉末 消火器（ 開閉バルブ 式））

⇨ P.61, 62

加圧用ガス容器
□加圧用ガス容器の充てんガスの種類：
　「二酸化炭素」，「窒素ガス」，「窒素ガス」と「二酸化炭素」の混合物の3種類．

➡ P.64

指示圧力計
□指示圧力計が不要な消火器：「二酸化炭素」消火器，「ハロン1301」消火器．
□指示圧力計の表示事項：
　「使用圧力範囲」（単位MPa），「圧力検出部」（ブルドン管）の材質，および「消」の記号並びに使用圧力範囲を示す部分を「緑」色で明示し，表示しなければならない．
□ブルドン管の材質：
　「ステンレス（SUS）」，「黄銅（BS）」，「リン青銅（Pb）」，「ベリリウム銅（BeCu）」の4種．
　水系消火薬剤を用いる消火器には，「SUS」製のみ，「ハロゲン化物」消火薬剤と「粉末」消火薬剤を用いるものはすべて材質のものを使用できる．

➡ P.70

消火薬剤の性状など
□消火薬剤：著しい「毒性」または「腐食性」がなく，かつそれらの「ガス」を発生しないこと．
□水溶液の消火薬剤および液体の消火薬剤：
　「結晶」の析出，溶液の「分離」，「浮遊物」または「沈殿物」の発生のないこと．
□粉末状の消火薬剤：「塊状化」，「変質」その他の異常を生じてはならない．
□強化液消火薬剤：「アルカリ金属」塩類等の水溶液で，凝固点が「−20」℃以下のこと

□化学泡の泡減率： 15 分後 25 ％以内．機械泡の25％還元時間： 1 分以上
□粉末消火薬剤の基材：
　防湿加工をした ナトリウム もしくは カリウム の重炭酸塩その他の塩類，または りん酸塩類等 （りん酸塩類，硫酸塩類その他の防炎性を有する塩類）
□粉末消火薬剤の性状：
　①粒度： 180 μm以下　②吸湿率： 2 ％以下　③水面に撒布した場合， 1 時間以内に沈降しないもの．（再利用粉末消火薬剤は，このほか，含水率が 2 ％以下）
□リン酸塩類等には 淡紅色 系の着色を施す．
□消火薬剤の容器または包装の表示の留意事項
　製造 年月 （消火器と違い，こちらは 月 まで表示）
➡ P.80, 81, 82

● 消火器の構造・機能
共通した事項
□燃焼の4要素： 可燃物 ， 熱 ， 酸素 ， 連鎖反応
□消火の4作用： 可燃物の除去 ， 冷却作用 ， 窒息作用 ， 抑制作用
□消火器の加圧方式による種類：
　 加圧 式消火器（ ガス加圧 式， 反応 式）および 蓄圧 式消火器
➡ P.86, 87, 88, 89

加圧式粉末消火器
□加圧式小型粉末消火器には 開放 式と 開閉バルブ 式のものがある．
□ ガス導入管 先端部に逆流防止装置， 粉末サイホン管 先端部に粉上がり防止用封板をつける．

- □加圧用ガス容器外面の塗色：
  100 cm³ を超えるのものにあっては，二酸化炭素は 緑 色，窒素ガスは ねずみ 色としなければならない．
- □住宅用消火器を除くすべての消火器には，キャップを開ける前に容器内部の圧力を排出する装置として，減圧孔 または 減圧溝 を設けなければならない．
- □消火薬剤：
  粉末（ABC）消火薬剤（主剤：リン酸アンモニウム ，淡紅 色）
  粉末（Na）消火薬剤（主剤：炭酸水素ナトリウム ，無 色）
  粉末（K）消火薬剤（主剤：炭酸水素カリウム ，紫 色）
  粉末（KU）消火薬剤（主剤：尿素 と炭酸水素カリウムの反応物，ねずみ 色）

⇒ P.96, 97, 98, 99, 100, 101, 102, 103

粉末大型消火器，強化液消火器

- □窒素ガス加圧用ガス容器を用いる場合は，加圧用ガス容器と消火器の間に，高圧の窒素ガスを 減圧 して消火器に導入するため 圧力調整器 を設ける．
- □圧力調整器の構成：圧力調整部 と 1 次側（窒素ボンベ側）圧力計，および 2 次側（消火器側）圧力計で構成．
- □圧力調整器の二次側圧力計には，調整圧力 の範囲が 緑 色で示されている．
- □小型強化液消火器は，ほとんど 霧状 放射ができるノズルである．
- □強化液消火薬剤の消火作用は，A 火災は 冷却 作用，B 火災は 抑制 作用により行われる．C 火災は霧状放射をするため，感電が防げるので適となっている．
- □アルカリの強化液消火薬剤：
  炭酸カリウム の濃厚な水溶液．凝固点： -25 ℃ ～ -30 ℃
  比重： 1.3 ～ 1.4

⇒ P.108, 109, 110, 111

泡消火器

- 泡消火器の種類：化学泡消火器と機械泡消火器の2種類．
- 化学泡消火器の種類：転倒式，破がい転倒式，開がい転倒式消火器の3種類．
- 化学泡消火器の液面表示：消火器本体内面および内筒には，それぞれに適正な容量のA剤水溶液およびB剤水溶液を充てんするためのもの．
- 化学泡消火器の自動安全弁：反応により発生したガス圧力が著しく高くなった場合，破裂危険性があるので設けられている．
- 化学泡消火器のろ過網：反応による生成物でノズルのつまりを防止するため．
- 化学泡消火器の使用温度範囲：5℃〜40℃．
- 転倒式化学泡のみは安全栓を設ける必要はないが転倒防止装置が必要
- 化学泡消火剤の主剤：A剤は炭酸水素ナトリウム，B剤は硫酸アルミニウム．
- 化学泡消火薬剤の交換時期：1年に1度交換
- 機械泡消火器は発泡ノズル部で空気を吸い込み，泡として放出されるもの．
- 機械泡消火剤は，界面活性剤が主剤で，特殊なフッ素系界面活性剤を用いたものは水成膜泡消火剤とよばれる．
- 泡消火器の消火作用と適応火災は，冷却作用による普通火災および泡で油の表面を覆うことよる窒息作用による油火災である．

⇒ P.114, 115, 116, 117, 118

二酸化炭素消火器

- 高圧ガス保安法に準拠した容器弁があり，容器弁には安全弁を装着．
- 容器外面の色：50%以上緑色，25%以上赤色仕上げ．
- 地下街，無窓階等へは設置制限があり，その旨の注意書きラベルを貼付．
- ホーン握り：放射時の冷却による，手への凍傷防止装置．

⇒ P.126, 127

●点検・整備
点検の周期，内容
□点検の周期： 6 ケ月ごと
□内部および機能点検の対象：
　・化学泡消火器： 設置 後 1 年経過のもの
　・蓄圧式消火器： 製造 後 5 年経過のもの
　・その他：製造後 3 年経過のもの（ハロン1301，二酸化炭素は除く）
　・安全栓，安全栓封，緊結部に異常のあるもの（使用済み表示未作動は除く）
□耐圧性能点検の対象： 以下のもので終了後は 3 年ごとに行う
　・製造年から 10 年経過のもの　・本体容器に 腐食 のあるもの
□点検時の一般的留意事項：
　・キャップなどを開ける前に 残圧 を排除
　・キャップの開閉は所定の キャップスパナ を使用
　・内部点検は 照明器具 ， 反射鏡 を使い点検
　・内部に著しい腐食，塗膜の剥離のあるもの→ 廃棄
　・消火薬剤量は消火器の 総質量 測定で判定（消火薬剤は抜き出さない）
　　化学泡は液面表示で確認
　・粉末消火器でキャップの変形，損傷，緩みのあるもの→ 消火薬剤性状 点検
　・ホース，ノズルなどにつまりのあるもの→ 消火薬剤量 の点検
　・加圧式粉末消火器のホース，ノズルにつまり，損傷，緩みのあるもの→消火薬剤量と性状点検，加圧用ガス容器 封板 と ガス量 点検（開閉バルブ付は不要）
　・指示圧力計の指針が緑色範囲下限を割っているもの→ 消火薬剤量 点検
　・指示圧力計の指針が緑色範囲外のもの→ 作動（動き） 点検
　・安全弁の吹き出し口封の損傷，脱落→ 消火薬剤量 点検

▲ P.130, 131, 132, 133, 134

点検の順序

□加圧式消火器（化学泡消火器以外）

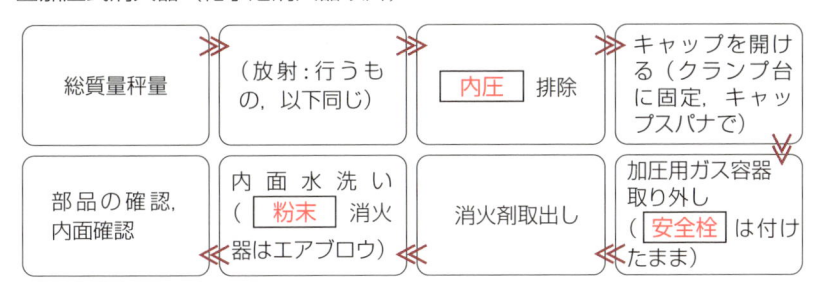

総質量秤量 ≫ （放射：行うもの，以下同じ） ≫ 内圧 排除 ≫ キャップを開ける（クランプ台に固定，キャップスパナで）

部品の確認，内面確認 ≪ 内面水洗い（ 粉末 消火器はエアブロウ） ≪ 消火剤取出し ≪ 加圧用ガス容器取り外し（ 安全栓 は付けたまま）

□化学泡消火器

キャップを開ける（固定，木製てこ棒で） ≫ 内筒 取出し ≫ 薬剤量確認（液面表示で） ≫ （放射）

部品確認，内面確認 ≪ 水洗い ≪ 薬剤取出し（A，B別々の容器へ）

□蓄圧式消火器

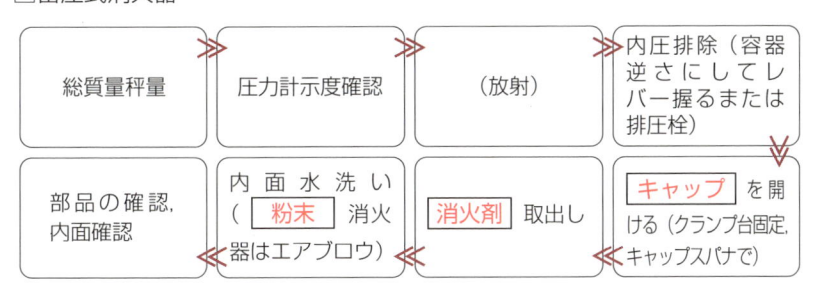

総質量秤量 ≫ 圧力計示度確認 ≫ （放射） ≫ 内圧排除（容器逆さにしてレバー握るまたは排圧栓）

部品の確認，内面確認 ≪ 内面水洗い（ 粉末 消火器はエアブロウ） ≪ 消火剤 取出し ≪ キャップ を開ける（クランプ台固定，キャップスパナで）

⇨ P.138, 139, 140

耐圧性能試験の順序

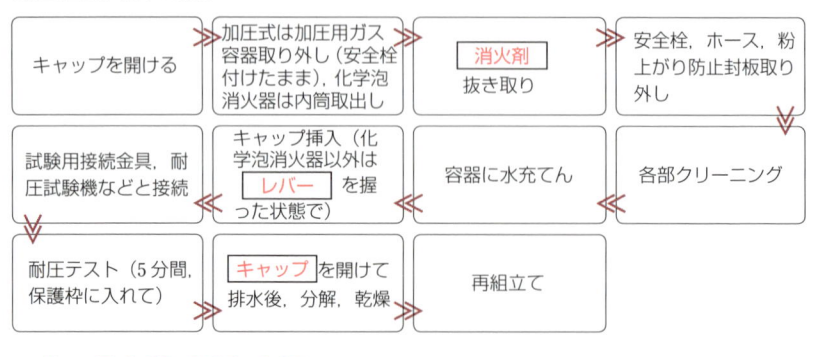

キャップを開ける → 加圧式は加圧用ガス容器取り外し（安全栓付けたまま），化学泡消火器は内筒取出し → 消火剤 抜き取り → 安全栓，ホース，粉上がり防止封板取り外し

試験用接続金具，耐圧試験機などと接続 ← キャップ挿入（化学泡消火器以外は レバー を握った状態で） ← 容器に水充てん ← 各部クリーニング

耐圧テスト（5分間，保護枠に入れて）→ キャップ を開けて排水後，分解，乾燥 → 再組立て

⇨ P.140, 141, 142

留意事項

☐ バルブ，ホース，ノズルのクリーニング方法：
　粉末消火器は圧縮空気で，水系消火器は水道水で，バルブを 開閉 しながら，バルブ，ホース，ノズルの中をクリーニングする．

☐ 化学泡消火器のA剤，B剤の溶解方法：
　本体内面の液面表示までの高さの 80 ％程度まで水を測り，別の溶解容器に移してA剤を溶かし，消火器本体に入れたのち，液面表示まで水を加える．
　内筒の 1/2 程度まで水を測り，別の溶解容器に移してB剤を溶かし，内筒に入れたのち，液面表示まで水を加える．外面にB剤液の付着がないよう洗う．

⇨ P.138, 139, 140, 141, 142

3 消防関係法令

1 各類に共通する部分……P 176
2 第6類に関する部分……P 210

3-1 各類に共通する部分　法令と用語

① 消防基本法令

　消防基本法令は，消防組織法，消防法（以下法），消防法施行令（以下令），消防法施行規則（以下規則），危険物の規制に関する政令（以下危政令），危険物の規制に関する規則（以下危規則），がある．

　このほかに，個々の消防用設備機器等の技術的な基準を定めるものとして規格省令や告示基準などが示され，詳細について説明している．

② 組織

1 国の行政機関：（消防組織法第2条，第3条）

　国の行政機関は，総務省消防庁であり，消防に関する制度の企画，立案，および消防に関する事務を行う．

　消防庁の長は，消防庁長官である．

2 地方公共団体の機関：（消防組織法第9条）

　地方公共団体の消防機関は市町村であり，その消防事務を処理するために，消防本部（長は消防長），消防署（長は消防署長），消防団（長は消防団長）の，全部または一部を設けなければならない．

　少なくとも，消防本部または消防団のいずれかを設けなければならないため，消防本部を設けずに，消防署のみを単独で設けることは許されない．

　消防署長および消防団長は，それぞれ，消防長，消防署長の指揮監督下で消防事務を行う．

③ 法律の目的（法第1条）

1 消防法の目的：

　火災を予防し，警戒し及び鎮圧し，国民の生命，身体及び財産を火災から保護するとともに，火災又は地震等の災害による被害を軽減するほか，災害等による傷病者の搬送を適切に行い，もって安寧秩序を保持し，社会公共の福祉の増進に資することを目的とする．

3-1 各類に共通する部分

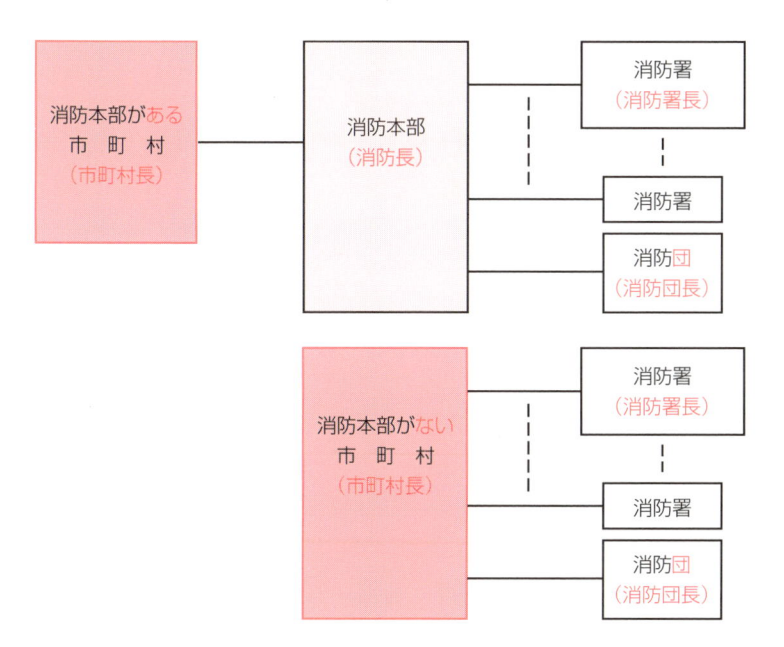

図 3.1　消防の組織

④ 法令用語とその意義（法第 2 条ほか）

1 消防法上の用語

●防火対象物

　山林又は舟車，船きょ若しくは埠頭に係留された船舶，建築物その他の工作物若しくはこれらに属するもの

●消防対象物

　山林又は舟車，船きょ若しくは埠頭に係留された船舶，建築物その他の工作物又は物件

　（防火対象物との違いは，建築物などと無関係な物件も含まれる点である．）

●特定防火対象物：（法第 17 条の 2 の 5）

　百貨店，旅館，病院，地下街，複合用途防火対象物（令別表第 1 の（16）項イのみ）のほか，多数の者が出入りするものとして政令で定めるものをいう．

　具体的には，令別表第 1 のうち，(1) 項から (4) 項，(5) 項イ，(6) 項，

177

(9) 項イ，(16) 項イ，(16 の 2) 項，(16 の 3) 項の防火対象物であり，通常の防火対象物に比べ，火災時の危険性などを考慮して，厳しい基準が要求される．

このうち，(1) 項から (4) 項，(5) 項イ，(6) 項，(9) 項イの用途を「特定用途」という．

以下に示すほかの防火対象物は，「非特定防火対象物」という．

(1) 項イ （劇場，映画館，演芸場，観覧場）
　　　ロ （公会堂，集会場）
(2) 項イ （キャバレー，カフェー，ナイトクラブ）
　　　ロ （遊技場，ダンスホール）
　　　ハ （性風俗関連特殊営業を営む店舗）
　　　ニ （カラオケボックスなどの遊興設備を個室において利用させる店舗）
(3) 項イ （待合，料理店）
(4) 項 （百貨店，マーケットなどの物品販売店舗，展示場）
(5) 項イ （旅館，ホテル，宿泊所）
(6) 項イ （病院，診療所，助産所）
　　　ロ （老人ホーム：要介護状態の入居に限る，乳児院，障害者支援施設など詳細は令別表第一を参照）
　　　ハ （老人デイサービスセンターなど，詳細は令別表第1を参照）
　　　ニ （幼稚園，特別支援学校）
(9) 項イ （公衆浴場のうち，蒸気浴場，熱気浴場）
(16) 項イ　特定用途に供される複合用途防火対象物
(16 の 2) 項 （地下街）
(16 の 3) 項 （準地下街）

表 3.1　令別表第 1　（　　　部は特定防火対象物）

(1)	イ	劇場，映画館，演芸場又は観覧場
	ロ	公会堂又は集会場
(2)	イ	キャバレー，カフェー，ナイトクラブその他これらに類するもの
	ロ	遊技場又はダンスホール
	ハ	風俗営業等の規制及び業務の適正化等に関する法律（昭和23年法律第122号）第2条第5項に規定する性風俗関連特殊営業を営む店舗（二並びに(1)項イ，(4)項，(5)項イ及び(9)項イに掲げる防火対象物の用途に供されているものを除く．）その他これに類するものとして総務省令で定めるもの
	ニ	カラオケボックスその他遊興のための設備又は物品を個室（これに類する施設を含む．）において客に利用させる役務を提供する業務を営む店舗で総務省令で定めるもの

(3)	イ	待合，料理店その他これらに類するもの
	ロ	飲食店
(4)		百貨店，マーケット，その他の物品販売業を営む店舗又は展示場
(5)	イ	旅館，ホテル，宿泊所その他これらに類するもの
	ロ	寄宿舎，下宿又は共同住宅
(6)	イ	次に掲げる防火対象物 (1)次のいずれにも該当する病院（火災発生時の延焼を抑制するための消火活動を適切に実施することができる体制を有するものとして総務省令で定めるものを除く.） (i)診療科名中に特定診療科名（内科，整形外科，リハビリテーション科その他の総務省令で定める診療科名をいう．(2)(i)において同じ.）を有すること． (ii)医療法第7条第2項第4号に規定する療養病床または同項第5号に規定する一般病床を有すること． (2)次のいずれにも該当する診療所 (i)診療科名中に特定診療科名を有すること． (ii)4人以上の患者を入院させるための施設を有すること． (3)病院（(1)に掲げるものを除く.），患者を入院させるための施設を有する診療所（(2)に掲げるものを除く.）又は入所施設を有する助産所 (4)患者を入院させるための施設を有しない診療所又は入所施設を有しない助産所
	ロ	次に掲げる防火対象物 (1)老人短期入所施設，養護老人ホーム，特別養護老人ホーム，軽費老人ホーム（介護保険法（平成9年法律第123号）第7条第1項に規定する要介護状態区分が避難が困難な状態を示すものとして総務省令で定める区分に該当する者（以下「避難が困難な要介護者」という.）を主として入居させるものに限る.），有料老人ホーム（避難が困難な要介護者を主として入居させるものに限る.），介護老人保健施設，老人福祉法（昭和38年法律第133号）第5条の2第4項に規定する老人短期入所事業を行う施設，同条第5項に規定する小規模多機能型居宅介護事業を行う施設（避難が困難な要介護者を主として宿泊させるものに限る.），同条第6項に規定する認知症対応型老人共同生活援助事業を行う施設その他これらに類するものとして総務省令で定めるもの (2)救護施設 (3)乳児院 (4)障害児入所施設 (5)障害者支援施設（障害者の日常生活及び社会生活を総合的に支援するための法律（平成17年法律第123号）第4条第1項に規定する障害者又は同条第2項に規定する障害児であって，同条第4項に規定する障害支援区分が避難が困難な状態を示すものとして総務省令で定める区分に該当する者（以下「避難が困難な障害者等」という.）を主として入所させるものに限る.）又は同法第5条第8項に規定する短期入所若しくは同条第15項に規定する共同生活援助を行う施設（避難が困難な障害者等を主として入所させるものに限る．ハ(5)において「短期入所等施設」という.）
	ハ	次に掲げる防火対象物 (1)老人デイサービスセンター，軽費老人ホーム（ロ(1)に掲げるものを除く.），老人福祉センター，老人介護支援センター，有料老人ホーム（ロ(1)に掲げるものを除く.），老人福祉法第5条の2第3項に規定する老人デイサービス事業を行う施設，同条第5項に規定する小規模多機能型居宅介護事業を行う施設（ロ(1)に掲げるものを除く.）その他これらに類するものとして総務省令で定めるもの (2)更生施設 (3)助産施設，保育所，児童養護施設，児童自立支援施設，児童家庭支援センター，児童福祉法（昭和22年法律第164号）第6条の3第7項に規定する一時預かり事業又は同条第9項に規定する家庭的保育事業を行う施設その他これらに類するものとして総務省令で定めるもの (4)児童発達支援センター，児童心理治療施設又は児童福祉法第6条の2第2項に規定する児童発達支援若しくは同条第4項に規定する放課後等デイサービスを行う施設（児童発達支援センターを除く.） (5)身体障害者福祉センター，障害者支援施設（ロ(5)に掲げるものを除く.），地域活動支援センター，福祉ホーム又は障害者の日常生活及び社会生活を総合的に支援するための法律第5条第7項に規定する生活介護，同条第8項に規定する短期入所，同条第12項に規定する自立訓練，同条第13項に規定する就労移行支援，同条第14項に規定する就労継続支援若しくは同条第15項に規定する共同生活援助を行う施設（短期入所等施設を除く.）

(6)	ニ	幼稚園又は特別支援学校
(7)		小学校，中学校，高等学校，中等教育学校，高等専門学校，大学，専修学校，各種学校その他これらに類するもの
(8)		図書館，博物館，美術館その他これらに類するもの
(9)	イ	公衆浴場のうち，蒸気浴場，熱気浴場その他これらに類するもの
	ロ	イに掲げる公衆浴場以外の公衆浴場
(10)		車両の停車場又は船舶若しくは航空機の発着場（旅客の乗降又は待合いの用に供する建築物に限る．）
(11)		神社，寺院，教会その他これらに類するもの
(12)	イ	工場又は作業場
	ロ	映画スタジオ又はテレビスタジオ
(13)	イ	自動車車庫又は駐車場
	ロ	飛行機又は回転翼航空機の格納庫
(14)		倉庫
(15)		前各項に該当しない事業場
(16)	イ	複合用途防火対象物のうち，その一部が(1)項から(4)項まで，(5)項イ，(6)項又は(9)項イに掲げる防火対象物の用途に供されているもの
	ロ	イに掲げる複合用途防火対象物以外の複合用途防火対象物
(16の2)		地下街
(16の3)		建築物の地階〔(16の2)項に掲げるものの各階を除く．〕で連続して地下道に面して設けられたものと当該地下道とを合わせたもの〔(1)項から(4)項まで，(5)項イ，(6)項又は(9)項イに掲げる防火対象物の用途に供されている部分が存するものに限る．〕
(17)		文化財保護法（昭和25年法律第214号）の規定によって重要文化財，重要有形民俗文化財，史跡若しくは重要な文化財として指定され，又は旧重要美術品等の保存に関する法律（昭和8年法律第43号）の規定によって重要美術品として認定された建造物
(18)		延長50m以上のアーケード
(19)		市町村長の指定する山林
(20)		総務省令で定める舟車

備考

1 2以上の用途に供される防火対象物で第1条の2第2項後段の規定の適用により複合用途防火対象物以外の防火対象物となるものの主たる用途が(1)項から(15)までの各項に掲げる防火対象物の用途であるときは，当該防火対象物は，当該各項に掲げる防火対象物とする．

2 (1)項から(16)項までに掲げる用途に供される建築物が(16の2)項に掲げる防火対象物内に存するときは，これらの建築物は，同項に掲げる防火対象物の部分とみなす．

3 (1)項から(16)項までに掲げる用途に供される建築物又はその部分が(16の3)項に掲げる防火対象物の部分に該当するものであるときは，これらの建築物又はその部分は，同項に掲げる防火対象物の部分であるほか，(1)項から(16)項に掲げる防火対象物又はその部分でもあるものとみなす．

4 (1)項から(16)項までに掲げる用途に供される建築物その他の工作物又はその部分が(17)項に掲げる防火対象物に該当するものであるときは，これらの建築物その他の工作物又はその部分は，同項に掲げる防火対象物であるほか，(1)項から(16)項までに掲げる防火対象物又はその部分でもあるものとみなす．

●複合用途防火対象物：(法第 8 条)
2 以上の用途に供されている防火対象物で，いずれかが，令別表第 1 の (1) 項から (15) 項の用途に供されているもの

●高層建築物：(法第 8 条の 2)
高さ 31 m を超える建築物をいう

●地下街：(法第 8 条の 2)
地下の工作物内に設けられた店舗，事務所その他これらに類する施設で，連続して地下道に面してつくられたものと地下道を合わせたもの．

●無窓階：(令第 10 条)
建築物の地上階のうち，総務省令で定める避難上又は消火活動上有効な開口部を有しない階であり，通常の防火対象物に比べ，危険性などを考慮して厳しい基準が要求される．

避難上または消火活動上有効な開口部を有しない階(無窓階)とは

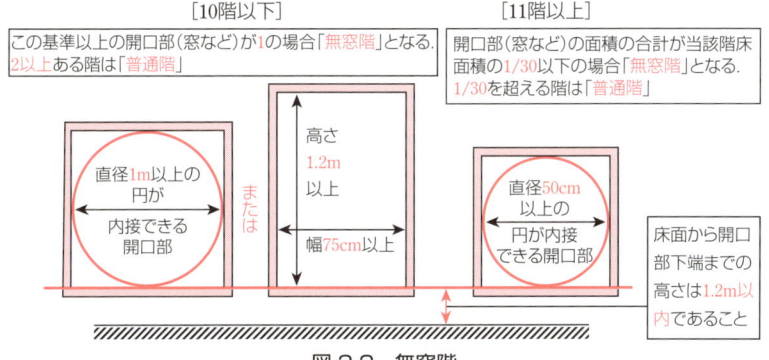

[10階以下]
この基準以上の開口部(窓など)が1の場合「無窓階」となる．2以上ある階は「普通階」

直径1m以上の円が内接できる開口部

高さ1.2m以上
幅75cm以上
または

[11階以上]
開口部(窓など)の面積の合計が当該階床面積の1/30以下の場合「無窓階」となる．1/30を超える階は「普通階」

直径50cm以上の円が内接できる開口部

床面から開口部下端までの高さは1.2m以内であること

図 3.2　無窓階

●特定一階段等防火対象物：
特定用途が存する階が避難階以外にある防火対象物で，地上に直通する階段などを 2 つ以上設けていないもの．

●関係者：
防火対象物または消防対象物の所有者，管理者または占有者

●関係のある場所：
防火対象物または消防対象物のある場所

- ●危険物：
    ガソリン，灯油など，法別表第 1 に示す物品
- ●指定数量：（法第 9 条の 4，危政令第 1 条の 11）
    危険物の品目ごとに，危政令別表第 3 に定める数量
- ●少量危険物：（市町村条例）
    貯蔵または取り扱う危険物の数量が，指定数量の 1/5 以上で指定数量未満のもの．
- ●指定可燃物：（法第 9 条の 4，危政令第 1 条の 12）
    わら製品，木毛など火災が発生した場合にその拡大がすみやかであり，消火活動が著しく困難なものとして，危政令別表第 4 に定めるもの．

そのほかの，消防法に関係のある建築基準法での用語の定義
- ●主要構造部：
    柱，床，壁，梁，屋根または階段
- ●耐火構造：
    壁，柱，床その他の構造が，耐火性能に適合した鉄筋コンクリート造り，耐火煉瓦造りなどの構造のもの．
- ●準耐火構造：
    壁，柱，床その他の構造が，準耐火性能に適合したもの．
- ●防火構造：
    建築物の外壁または軒裏の構造が，防火性能に適合した，鉄網モルタル塗，しっくい塗その他の構造のもの．
- ●不燃材料：
    建築基準法令で定める技術基準に適合する不燃性をもつ材料で，石，ガラス，コンクリートなどの材料．通常の火災による火熱が加えられた場合に，加熱開始後 20 分間は，燃焼しないもの．
- ●準不燃材料：
    建築基準法令で定める技術基準に適合する不燃性をもつ材料で，木毛セメント板，石膏ボード，セルロースファイバーなどの材料．通常の火災による火熱が加えられた場合に，加熱開始後 10 分間は，燃焼しないもの．
- ●難燃材料：
    建築基準法令で定める技術基準に適合する不燃性をもつ材料で，難燃合板，

難燃繊維，難燃プラスチック板などの材料．通常の火災による火熱が加えられた場合に，加熱開始後 10 分間は，燃焼しないもの．

●内装制限：
　壁・天井などの室内に面する部分の仕上げを防火上支障のないようにしなければならないことをいい，規定に基づき，難燃材料以上に内装することを指す．

要点のまとめ

☐防火対象物：山林または舟車，船きょもしくは埠頭に係留された船舶，建築物その他の工作物もしくはこれらに 属する もの

☐消防対象物：山林または舟車，船きょもしくは埠頭に係留された船舶，建築物その他の工作物または 物件

☐行政機関：
・国は 総務省消防庁（長は 消防庁長官 （以下カッコ内は長の職名））
・地方公共団体は 市町村
　市町村には消防本部（ 消防長 ），消防署（ 消防署長 ）， 消防団 （消防団長）の全部または一部（ 消防本部 または 消防団 のいずれかは必須）を置く．

☐特定防火対象物：令別表第1のうち，(1)～(4)項，(5)項 イ ，(6)項，(9)項 イ ，(16)項 イ ，(16の2)項，(16の3)項

☐複合用途防火対象物： 2つ 以上の用途に供されている防火対象物

☐高層建築物：高さ 31 m を超える建築物

☐無窓階：地上階のうち，避難上または消火活動上有効な 開口部 のない階

☐特定一階段等防火対象物：特定用途が存する階が避難階以外にある防火対象物で，地上に直通する避難階段が 2 つ以上ないもの

☐特定用途：(1)～(4)項，(5)項イ，(6)項，(9)項イ

☐関係者：防火対象物，消防対象物の 所有者 ， 管理者 または 占有者

☐主要構造部：柱， 床 ，壁， 梁 ，屋根または階段

☐耐火構造：鉄筋コンクリート造り， 耐火煉瓦 造りなどの 耐火 性能のあるもの

3-1 各類に共通する部分 演習問題 法令と用語

【問 1】
次のうち，消防法上の特定防火対象物ではないものはどれか．
(1) 映画館　　(2) 寄宿舎　　(3) マーケット　　(4) 飲食店

【問 2】
用語の意義に関する次の記述のうち正しいものはどれか．
(1) 無窓階とは，建築物のうち地下を含めた階で，総務省令で定める避難上又は消火活動上有効な開口部を有しないものをいう．
(2) 関係者には，防火対象物の消防設備設計者も含まれる．
(3) 特定防火対象物とは，消防庁長官の定める防火対象物である．
(4) 少量危険物とは，貯蔵する危険物の数量が，指定数量の 1/5 以上で指定数量未満のものをいう．

【問 3】
用語の意義に関する次の記述のうち正しいものはどれか．
(1) 特定一階段等防火対象物とは，特定用途が存する階が避難階以外にある防火対象物で，避難できる開口部が 2 以上設けられていないものである．
(2) 関係者とは，防火対象物または消防対象物の所有者，管理者または占有者をいう．
(3) 高層建築物とは，高さ 31 m 以上の建築物をいう．
(4) 少量危険物とは，貯蔵する危険物の数量が，指定数量の 1/5 を超えるもので，指定数量以下のものをいう．

問 1 (2)

　特定防火対象物は，基本的に不特定多数の者が出入りする防火対象物，要介護者や自力避難困難者が入所する施設などを指定している．

　しかしながら，(8)項の図書館，美術館や(11)項の神社，寺院も不特定多数の者が出入りするが，特定防火対象物になっていないことを覚えておくこと．

問 2 (4)

(1)無窓階は，総務省令で規定された条件に合致する避難上または消火活動上有効な開口部を有しない階で，地上階に限られる．

(2)関係者とは，防火対象物または消防対象物の所有者，管理者または占有者をいい，設計者は含まれない．

(3)特定防火対象物は，百貨店などのほか，多数の者が出入りする防火対象物として，令で定めるものである．

問 3 (2)

(1)特定一階段等防火対象物は，開口部の数ではなく，地上に直通する階段の数を指定している．その他の記述は正しい．

(3)高層建築物は，高さ 31 m を超える建築物．

(4)少量危険物は，指定数量の 1/5 以上，指定数量未満のもの．

・以上，以下，を超える，未満はしっかりと理解しておくこと．

3-1 各類に共通する部分　火災予防

① 火災予防活動

1 屋外における火災予防措置命令：（法第 3 条）

消防長（消防本部を置かない市町村は市町村長，以下同じ．），消防署長，その他の消防吏員は，屋外において火災予防上危険と認めるものまたは物件もしくは，消火活動上支障になると認める物件の所有者，管理者，占有者で権原を有する者に対し，必要な措置をとるよう命ずることができる．

2 資料提出命令，報告の徴収，消防職員の立ち入り検査：（法第 4 条）

消防長または消防署長は，火災予防上必要があるときは，関係者に対して資料の提出を命じ，もしくは報告を求め，または消防職員に関係のある場所に立ち入って検査させ，質問させることができる．ただし，個人の住宅は関係者の承諾を得た場合でなければ立ち入らせてはならない．

3 防火対象物の火災予防措置命令：（法第 5 条）

消防長または消防署長は，防火対象物の位置，構造，設備などについて火災予防上危険であると認める場合は，権原を有する関係者に対し，改修，移転，除去，工事の停止または中止を命じることができる．

4 建築許可の消防同意：（法第 7 条）

建築物の，新築，増築，改築，移転，修繕，模様替え，用途の変更もしくは使用について許可，認可もしくは確認をする権限を有する行政庁もしくはその委任を受けた者または指定確認検査機関は，一部のものを除き，消防長，または消防署長の同意を得なければ，許可，認可もしくは確認をすることができない．

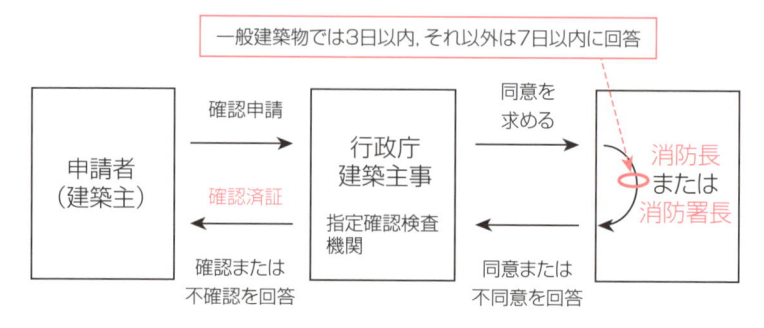

図 3.3　消防同意

5 防火管理者，統括防火管理者の選任とその業務

（法第 8 条，第 8 条の 2，令第 1 条の 2，第 3 条第 1 項）

●**防火管理者の選任**：

令別表第一のうち，(16 の 3) 項，(18) 項，(19) 項及び (20) 項を除いた以下の防火対象物の管理について権原を有する者（所有者，賃借人）は，防火管理者を定めて，その業務を行わせなければならない．

① 収容人員 10 名以上

　令別表第 1 (6) 項ロの防火対象物および (6) 項ロの用途のある，(16) 項イ並びに (16 の 2) 項の防火対象物．

② 収容人員 30 名以上

　令別表第 1 (1) 項から (4) 項まで，(5) 項イ，(6) 項イ，ハ及びニ，(9) 項イ，(16) 項イ，(16 の 2) 項の防火対象物．

　「(16 の 3) 項を除く特定用途防火対象物」…ただし①の (6) 項ロの用途のある，(16) 項イ並びに (16 の 2) 項の防火対象物は除く．

③ 収容人員 50 人以上

　令別表第 1 で示す寄宿舎などの (5) 項ロ，学校などの (7) 項，図書館などの (8) 項，蒸気浴場以外の公衆浴場の (9) 項ロ，車両の停車場，神社，工場，駐車場，倉庫，事務所などの (10) 項から (15) 項まで，複合用途防火対象物のうち (16) 項ロ，重要文化財などの (17) 項の防火対象物．

「非特定用途防火対象物」

④ 収容人員 50 名以上の新築工事中の以下の建築物

・地階を除く階数が 11 以上，延べ面積 10 000 m^2 以上

・延べ面積 50 000 m^2 以上

・地階の床面積の合計が 5 000 m^2 以上

⑤ 収容人員 50 人以上の建造中の以下の旅客船

・甲板数が 11 以上

●**防火対象物の種類**：

②の防火対象物で，延べ面積が 300 m^2 未満のもの，③の防火対象物で，延べ面積が 500 m^2 未満のものを「乙種防火対象物」という．①から⑤の防火対象物で乙種防火対象物以外のものを「甲種防火対象物」という．

●**防火管理者の責務**：

防火管理者の責務は次のとおりである．

① 消防計画の作成
② 消火，通報，避難訓練の実施
③ 消防用設備等の点検と整備の実施
④ 火気の使用または取扱いに関する監督
⑤ 避難または防火上必要な構造および設備の維持管理
⑥ 収容人員の管理
⑦ その他防火管理上必要な業務

●統括防火管理者の選任：
　以下の防火対象物の管理について権原が分かれているもののうち，消防庁または消防署長が指定するものの管理について権原を有する者は，統括防火管理者を定めて，その業務を行わせなければならない．（図3.4）

① 高層建築物
② 地下街
③ 準地下街
④ 令別表第1の（6）項ロおよび（16）項イ（（6）項ロの用途のあるもの）における防火対象物で，地階を除く階数が3以上で，収容人員が10人以上のもの．
⑤ 令別表第1の（1）項から（4）項まで，（5）項イ，（6）項イ，ハ，ニ，（9）項イ，（16）項イ（（6）項ロの用途部分のあるものは除く）の防火対象物で，地階を除く階数が3以上で，収容人員が30人以上のもの．
⑥ 令別表第1の（16）項ロの防火対象物で，地階を除く階数が5以上で，収容人員が50人以上のもの．

●統括防火管理者の責務：
① 防火対象物全体の消防計画の作成
② 消火，通報，避難訓練の実施
③ 防火対象物の廊下，階段，避難口などの避難上必要な施設の管理
④ 防火対象物全体の防火管理上必要な業務

●防火管理者，統括防火管理者の届出と解任の届出：
　選任を必要とする防火対象物の管理について権原を有する者などは，防火管理者および統括防火管理者を定めたとき，および解任をしたときにはすみやかに，所轄消防長または消防署長に届けねばならない．

3-1 各類に共通する部分

①高層建築物　31mを超えるもの　収容人員制限なし

②地下街　消防長もしくは消防署長が指定するもの　収容10人以上　(16の2)項

③準地下街　収容人員制限なし　(16の3)項

④福祉施設(要介護)
収容10人以上　地上3階建以上　(6)項ロ

複合用途防火対象物　福祉施設(要介護)含む
収容10人以上　地上3階建以上　(16)項イ

⑤特定防火対象物
収容30人以上　地上3階建以上　(1)項イ, ほか

⑥複合用途防火対象物(非特防)
収容50人以上　地上5階建以上　(16)項ロ

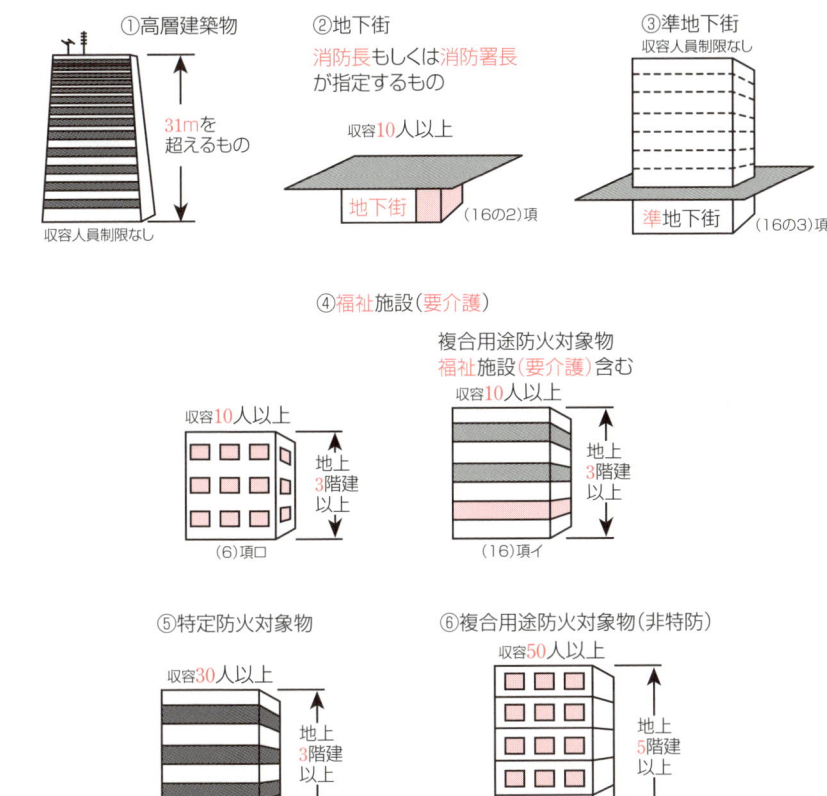

図3.4　統括防火管理者が必要な防火対象物

6 防火対象物の点検及び報告：（法第8条の2の2，規則第4条の2の4））

次の防火対象物の管理について権原を有する者は，防火対象物点検資格者に，点検をさせ1年に1回，所轄消防長または消防署長に報告しなければならない．

・(16の3)項を除く特定防火対象物で，以下のとおりである．
① 収容人員300人以上のもの
② 特定一階段等防火対象物

189

② 危険物

1 貯蔵,取扱いの制限:(法第10条)
指定数量以上の危険物は,貯蔵所以外の場所で貯蔵してはならず,製造所,貯蔵所および取扱所以外の場所で取り扱ってはならない.

2 消火設備の基準:(危政令第20条)
消火困難性の程度により,以下のように製造所などが規定され,そこに設置すべき消火設備の種類を規定している.

　著しく消火が困難な製造所など:第1種,第2種または第3種の消火設備
　　　　　　　　　　　　　　　　および第4種,第5種の消火設備を設ける

消火困難な製造所など:第4種および第5種の消火設備を設ける

その他の製造所など:第5種の消火設備を設ける

3 消火設備の種類:(危政令別表第5)
第1種消火設備:屋内消火栓設備,屋外消火栓設備
第2種消火設備:スプリンクラー設備
第3種消火設備:水蒸気消火設備,水噴霧消火設備,泡消火設備,不活性ガス消火設備,ハロゲン化物消火設備,粉末消火設備
第4種消火設備:大型消火器
第5種消火設備:小型消火器,水バケツ,乾燥砂,膨張ひる石,膨張真珠岩

要点のまとめ

□屋外における火災予防措置命令において, 消防長 , 消防署長 , 消防吏員 は,物件の 所有者 , 管理者 , 占有者 で権原を有する者に対し命じることができる.

□防火対象物の火災予防措置命令において, 消防長 , 消防署長 は,権原を有する関係者に対し,改修,移転,除去,工事の停止または中止を命じることができる.

□ 消防長 , 消防署長 は,関係者に対して資料の提出または報告を求め,または 消防職員 に立ち入り検査させ,質問させることができる.

□建築物の新築，増築，改築などもしくは使用の許可，認可，確認をする権限を有する行政庁などは，一部を除き，消防長，または消防署長の 同意 を得なければならない．

□一定規模以上の防火対象物で，その管理について権原を有する者とは，防火対象物の 所有者 または 賃借者 をいい，防火管理者，統括防火管理者を定め，その業務を行わせなければならない．

□選任を必要とする防火対象物の管理について権原を有する者などは，防火管理者および統括防火管理者を定めたとき，解任したときにはすみやかに， 所轄消防長 または 消防署長 に届けねばならない．

□特定防火対象物（(16の3)項を除く）で，収容人員 300 人以上のものまたは 特定一階段等 防火対象物の管理について権原を有するものは，防火対象物点検資格者に，点検をさせ1年に 1 回，所轄消防長または消防署長に報告しなければならない．

□著しく消火が困難な製造所などへの消火設備は第1種，第2種 または 第3種の消火設備 および 第4種，第5種の消火設備を設ける．

□消火困難な製造所などへの消火設備は第4種 および 第5種の消火設備を設ける．

□その他の製造所などへの消火設備は第 5 種の消火設備を設ける．

□第1種消火設備とは 屋内 消火栓設備， 屋外 消火栓設備．第2種消火設備とはスプリンクラー設備．第3種消火設備とは 水蒸気 消火設備，水噴霧消火設備，泡消火設備，不活性ガス消火設備，ハロゲン化物消火設備，粉末消火設備．第4種消火設備とは 大型 消火器．第5種消火設備とは小型消火器，水バケツ，乾燥砂，膨張ひる石，膨張真珠岩をいう．

3-1 各類に共通する部分 演習問題 火災予防

【問 1】
屋外における火災予防措置命令を行える者として，次の記述のうち正しいものはどれか．
(1) 消防長のみである．
(2) 消防長，消防署長のみである．
(3) 消防長，消防署長，消防吏員のみである．
(4) 消防長，消防署長，消防団長のみである．

【問 2】
火災予防措置に関する次の記述のうち，誤っているものはどれか．
(1) 屋外における火災の危険性があるので，消防吏員が物件の所有者に対し，必要な措置を取るよう命じた．
(2) 防火対象物の構造が，消火活動上危険と判断されたので，消防吏員が，物件の所有者に対し改修の命令を行った．
(3) 消防職員が，許可を取り，個人の住宅に立ち入り検査を行った．
(4) 防火対象物の位置が，火災予防上危険と判断されたので，消防署長が，物件の関係者に対し，工事の中止を命じた．

【問 3】
統括防火管理者の業務として，次の組合せのうち正しいものはどれか．
(1) 消防計画の作成，消火訓練の実施，火気の使用又は取扱いに関する監督
(2) 消防計画の作成，避難訓練の実施，収容人員の管理
(3) 消防計画の作成，通報訓練の実施，消防用設備等の点検と整備の実施
(4) 消防計画の作成，消火，通報，避難訓練の実施，廊下，階段，避難口等の避難上必要な施設の管理

【問 4】
防火対象物の点検をさせる必要のない者は次のうちどれか．
(1) 収容人員 350 人の病院の管理権原者
(2) 収容人員 250 人のホテルで，特定一階段等防火対象物の管理権原者
(3) 収容人員 250 人の工場の管理権原者
(4) 収容人員 300 人の映画館の管理権原者

問 1 (3)

- 火災予防措置の命令は，防火対象物の位置，構造，設備などについて火災予防上危険であると認められる場合に，改修，移転，除去，工事の停止または中止を物件の所有者，管理者，占有者に対し，消防長，消防署長，消防吏員が行うことができる．

問 2 (2)

- 誰が，誰に対し命令権があるのかをしっかりと覚えること．
 消防職員とは，消防本部に勤務する公務員の総称である．
 消防吏員とは，このうち，消火・予防・救急・救助に当たるものをいう．
 消防吏員以外には，事務官，技官がいる．
 消防団員は，消防吏員が消防業務に従事する常勤の正規地方公務員であるのに対し，非常勤の特別職地方公務員であり，消防職員と区別されている．

問 3 (4)

- 統括防火管理者は，
 ①防火対象物全体の消防計画の作成，
 ②消火，通報，避難訓練の実施，
 ③防火対象物の，廊下，階段，避難口などの避難上必要な施設の管理
 ④防火対象物全体の防火管理上必要な業務
 を行えばよく，火気の使用または取扱いに関する監督，収容人員の管理，消防用設備等の点検・整備については，防火管理者の範囲である．

問 4 (3)

- 防火対象物点検資格者に点検をさせ報告しなければならない防火対象物は，準地下街を除く，特定防火対象物で，その収容人員が 300 人以上のものと，収容人員の数に関係なく，特定一階段等防火対象物である．

3-1 各類に共通する部分　消防用設備

① 消防用設備等の設置および維持

1 消防用設備の設置・維持：（法第 17 条）

　学校，病院，工場，事業場，興行場，百貨店，旅館，飲食店，地下街，複合用途防火対象物その他の防火対象物で，<u>政令で定めるものの関係者</u>は，<u>政令で定める消防用設備等</u>について，政令で定める技術基準に従って設置し，維持しなければならない，とされている．

● 政令で定める防火対象物：（令第 6 条）
　令別表第 1 に示される防火対象物をいう．
● 政令で定める消防用設備等：（以下令第 7 条）
　消防の用に供する設備，消防用水，消火活動上必要な施設
● 消防の用に供する設備：
　消火設備，警報設備，避難設備
● 消火設備：
　① 消火器具：消火器および簡易消火用具（水バケツ，水槽，乾燥砂，膨張ひる石または膨張真珠岩）
　② 屋内消火栓設備
　③ スプリンクラー設備
　④ 水噴霧消火設備
　⑤ 泡消火設備
　⑥ 不活性ガス消火設備
　⑦ ハロゲン化物消火設備
　⑧ 粉末消火設備
　⑨ 屋外消火栓設備
　⑩ 動力消防ポンプ設備
● 警報設備：
　① 自動火災報知設備
　② ガス漏れ火災警報設備
　③ 漏電火災警報器
　④ 消防機関へ通報する火災報知設備
　⑤ 警鐘，携帯用拡声器，手動式サイレンその他の非常警報器具および非常警報設備（非常ベル，自動式サイレン，放送設備）
● 避難設備：
　① 滑り台，避難はしご，救助袋，緩降機，避難橋，その他の避難器具
　② 誘導灯および誘導標識
● 消防用水：
　防火水槽またはこれに代わる貯水池その他の用水をいう．

●消火活動上必要な施設：
　① 排煙設備　　② 連結散水設備　　③ 連結送水管
　④ 非常コンセント設備　　⑤ 無線通信補助設備

[2] 消防用設備等の適用除外（法第17条第2項）
　市町村は，その地方の気候風土の特殊性により，政令で定める消防用設備等のみでは，防火目的を十分達しがたいと認めるときは，[1]の規定と異なる規定を設けることができる．

[3] 特殊消防設備等の適用除外（法第17条第3項）
　[1]，[2]に代えて，総務大臣の承認を得た「特殊消防設備等」を用いる場合は，[1]，[2]の規定によらず，承認された「設備等設置維持計画」に基づき，設置および維持を行うことができる．

表3.2　消防用設備一覧表

消防用設備	消防の用に供する設備	消火設備	消火器具
			屋内消火栓設備
			スプリンクラー設備
			水噴霧消火設備
			泡消火設備
			不活性ガス消火設備
			ハロゲン化物消火設備
			粉末消火設備
			屋外消火栓設備
			動力消防ポンプ設備
		警報設備	自動火災報知設備
			ガス漏れ火災警報設備
			漏電火災警報器
			消防機関へ通報する火災報知設備
			警鐘，携帯用拡声器，手動式サイレンその他の非常警報器具および非常警報設備（非常ベル，自動式サイレン，放送設備）
		避難設備	滑り台，避難はしご，救助袋，緩降機，避難橋など
			誘導灯および誘導標識
	消防用水		防火水槽または貯水池など
	消火活動上必要な施設		排煙設備
			連結散水設備
			連結送水管
			非常コンセント設備
			無線通信補助設備

② 消防用設備設置基準の特例

●既存防火対象物に対する設置基準の特例：(法第 17 条の 2 の 5)

　消防用設備の技術上の基準が制定または改正され施行された場合，既存の防火対象物へは，原則，新しい基準を適用しないで，旧基準のままでよいとされている．

　また，建物の用途が変更されて，基準に適合しなくなった場合も，用途変更前の基準でよいとされている．

　ただし，次の場合は，既存防火対象物であっても，遡及して適用される．

① 消火器，簡易消火用具，避難器具，自動火災報知設備（特定防火対象物等に限定），ガス漏れ火災警報設備（特定防火対象物等に限定），漏電火災警報器，非常警報器具，非常警報設備，誘導灯，および誘導標識．
② 改正前の基準に適合していない防火対象物．
③ 基準の改正後，1 000 m^2 以上または延べ面積の 1/2 以上の増築，改築あるいは主要構造部である壁について過半の修繕，模様替えを行った防火対象物
④ 改正後の基準に適合するに至った防火対象物．
⑤ 特定防火対象物

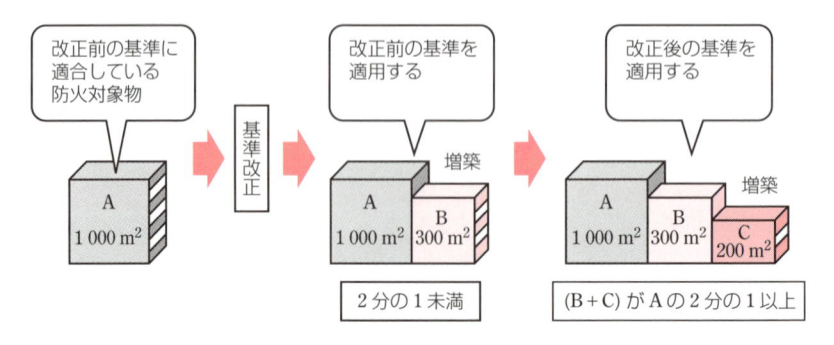

図 3.5　増築改築に対する考え方の例

③ 防火対象物の考え方 (昭和 50.3.5 消防安第 26 号通知)

防火対象物への消防用設備の設置単位は，原則，敷地単位ではなく，**棟単位**で考えるが，例外として．

① 防火対象物が，開口部のない耐火構造の床または壁で区画されているときは，区画された部分は，それぞれ別の防火対象物とみなす．（令第 8 条）

② 複合用途防火対象物の場合は，同一の用途ごとに，1 つの防火対象物として，技術上の基準を適用する．（令第 9 条）

③ 同一敷地内に管理権原者が同じ，2 つ以上の防火対象物がある場合は，それらは 1 棟とみなす．（令第 2 条）

④ 消防用設備の設置届出及び検査 (法第 17 条の 3 の 2, 令第 35 条)

次の防火対象物の**関係者**は，消防用設備（簡易消火用具，非常警報器具は除く）を設置したときは，**消防長**，または**消防署長**に届け出て，検査を受けなければならない．

①令別表第 1 の (6) 項ロ（老人ホームなどの社会福祉施設）および (16) 項イ, (16 の 2) 項, (16 の 3) 項のうち，(6) 項ロの用途に供されるもの．
②特定防火対象物で，延べ面積が 300 m² 以上のもの
③非特定防火対象物で，延べ面積が 300 m² 以上のもののうち，消防長，または消防署長が指定するもの．
④特定一階段等防火対象物

●検査を受けようとする関係者は，工事が完了した日から 4 日以内に消防長または消防署長に届け出ねばならない．　（規則第 31 条の 3）

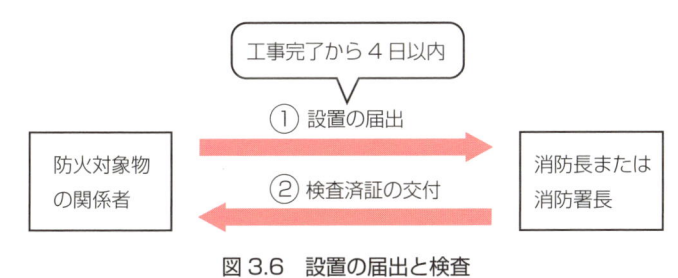

図 3.6　設置の届出と検査

⑤ 消防用設備の点検及び報告 (法第17条の3の3, 令36条, 規則第31条の6)

防火対象物（令別表第1（20）項は除く）の関係者は，設置した消防用設備等については定期的に，消防設備士，または消防設備点検資格者に点検させ，その他のものは自ら点検を行い，その結果を消防長，または消防署長に報告しなければならない．

●点検の期間：

種類および点検内容に応じて，1年以内で消防庁長官の定める以下の期間ごとに行う．

点検内容	消防用設備等の種類	期間
機器点検	すべての消防用設備（配線を除く）	6ヵ月
総合点検	消火器，火災報知設備，誘導灯，誘導標識，消防用水，共同住宅用を含む非常コンセント設備，無線通信補助設備以外の消防用設備等および配線	1年

●報告の期間：

　特定防火対象物　　　1年に1回
　非特定防火対象物　　3年に1回

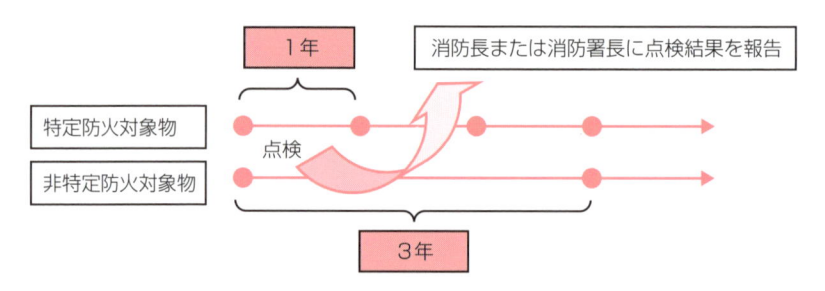

図 3.7　点検と結果の報告

●消防設備士または点検資格者に点検を行わせなければならない防火対象物
　①特定防火対象物で，延べ面積が $1\,000\,m^2$ 以上のもの
　②非特定防火対象物で，延べ面積が $1\,000\,m^2$ 以上のもののうち，消防長，または消防署長が指定するもの．
　③特定一階段等防火対象物．

要点のまとめ

- □消防用設備等：消防の用に供する設備, 消防用水 , 消火活動上 必要な施設
- □消防の用に供する設備：消火設備, 警報 設備, 避難 設備
- □消火設備： 消火器具 , 屋内消火栓, 屋外消火栓, スプリンクラーの各設備, 水噴霧, 泡, 不活性ガス, ハロゲン化物, 粉末 の各消火設備, 動力 消防 ポンプ設備
- □消火活動上必要な設備：連結 散水設備 , 連結 送水管 , 排煙設備, 非常コンセント設備, 無線通信補助設備
- □法令改正後, 新しい基準が遡及して適用される既存防火対象物：
- ・改正前の基準に適合 していない もの
- ・基準の改正後, 一定規模以上の 増築 , 改築, 修繕などを行ったもの
- ・ 特定防火対象物
- □設置を届け出て, 検査を受けなければならない防火対象物：
- ・ (6) 項ロ および同様の用途のある (16) 項イ, (16の2) 項, (16の3) 項
- ・特定防火対象物で, 延べ面積 300 m² 以上のもの
- ・非特定防火対象物で, 延べ面積 300 m² 以上のもののうち, 消防長 , 消防署長 の指定するもの
- ・ 特定一階段等 防火対象物
- □消防用設備の点検と報告：
- ・防火対象物の 関係者 は, 設置した消防用設備等について, 消防設備士, または 消防設備点検資格者 に点検をさせ, その他のものは自ら 点検 を行い, その結果を, 消防長または 消防署長 に報告しなければならない.
- ・報告の頻度：特定防火対象物 1 年に1回
  非特定防火対象物 3 年に1回
- □消防設備士等に点検を行わせなければならない防火対象物：
- ・特定防火対象物：延べ面積 1 000 m² 以上のもの
- ・非特定防火対象物：延べ面積 1 000 m² 以上のもののうち, 消防長, 消防署長の指定するもの
- ・ 特定一階段等 防火対象物

3-1 各類に共通する部分 演習問題 消防用設備

【問 1】
防火対象物の消火設備に関する次の記述のうち正しい組み合わせのものはどれか．
(1) 屋内消火栓設備，水噴霧消火設備，乾燥砂
(2) 屋外消火栓設備，連結散水設備，粉末消火設備
(3) 動力消防ポンプ，水蒸気消火設備，不活性ガス消火設備
(4) 連結送水管，消火器具，泡消火設備

【問 2】
次の防火対象物のうち，法令改正後新しい基準に適合した設備に変更しなければならないものはどれか．
(1) 小学校　　(2) 博物館　　(3) 共同住宅　　(4) 集会場

【問 3】
次のうち，消防長の指定がなくとも，消防用設備の設置を届け出て，検査を受けなければならない防火対象物はどれか．
(1) 延べ面積 500 m^2 の遊技場　　(2) 延べ面積 400 m^2 の工場
(3) 延べ面積 250 m^2 の旅館　　(4) 延べ面積 200 m^2 の蒸気公衆浴場

【問 4】
消防設備の点検と報告に関する次の記述のうち正しいものはどれか．
（消防長の指定したものを含む）
(1) 延べ面積 500 m^2 の駐車場では，1年に1回，点検を行わなければならない．
(2) 延べ面積 1 000 m^2 の駐車場では，3年に1回，点検を行わなければならない．
(3) 延べ面積 500 m^2 のキャバレーでは，3年に1回，点検を行わなければならない．
(4) 延べ面積 1 000 m^2 のカラオケボックスでは，3年に1回，点検を行わなければならない．

問 1 (1)

- 消防の用に供する設備のうち，消火活動上必要な設備の中には，消火設備に類似したものがあるので注意．
- 連結散水設備，連結送水管は，公設消防隊が火災時に用いるもので，消火設備の範囲ではない．
- 水蒸気消火設備は，危規則で規定されるものである．

問 2 (4)

- 法令などの改正があった場合，基本的には旧法令の消防用設備のままでよいが，遡及適用を受ける防火対象物は，次のとおりである．
  従前の規定に適合していない防火対象物，規定の施行後，一定規模以上の増築，改築または大規模な修繕，模様替えを行った防火対象物，新しい規定に適合するに至った防火対象物と特定防火対象物の 4 種類．
- 学校，博物館，共同住宅は，特定防火対象物ではない．

問 3 (1)

- 設置を届け出ねばならないもののうち，特定防火対象物にあっては延べ面積が 300 m² 以上，非特定防火対象物にあっては，300 m² を超えて，消防長などが指定するものである．
- 遊技場，旅館，蒸気公衆浴場は，特定防火対象物，工場は非特定防火対象物である．

問 4 (2)

- 特定防火対象物は延べ面積 1 000 m² 以上，非特定防火対象物は 1 000 m² 以上で，消防長などの指定したものが対象．
- 問題 2，3，4 のように，具体的な防火対象物と，面積規定値を関連付けた出題が多い．

3-1 各類に共通する部分　消防設備士

① 消防設備士制度（法第17条の5, 令第36条の2〜7）

1 消防設備士の免状の種類：（法第17条の6, 規則第33条の3）

甲種消防設備士免状, 乙種消防設備士免状の2つがある.
- 甲種消防設備士は, 工事, 整備または点検
- 乙種消防設備士は, 整備または点検

2 免状の交付申請と交付：（令第36条の3）

消防設備士試験に合格し, 申請した者に, 都道府県知事が交付する.

3 消防設備士試験：（法第17条の8）

消防用設備等の設置, 維持に関して必要な知識および技能について行う.

4 消防設備士講習：（法第17条の10, 規則第33条の7）

消防設備士は, 免状の交付を受けた日以降の最初の4月1日から2年以内に, その後は, 講習を受けた日以降の最初の4月1日から5年以内に都道府県知事が行う講習を受けなければならない.

5 消防設備士の責務および免状携帯義務：（法第17条の12および13）

消防設備士は, その業務を誠実に行い, 工事整備対象設備等の質の向上に勤めなければならない.
また, その業務に従事するときは, 免状を携帯していなければならない.

6 甲種消防設備士の着工届出：（法第17条の14）

甲種消防設備士は, 総務省令で定める工事をしようとするときは, 工事に着手する日の10日前までに, 工事整備対象設備などの種類, 工事の場所などの必要事項を消防長または消防署長に届け出なければならない.

7 免状の記載事項と書換え：（令第36条の4および5）

免状の記載事項

　　①交付年月日および交付番号　　②氏名および生年月日
　　③本籍地の属する都道府県　（現住所ではない）
　　④免状の種類　　⑤過去10年以内に撮影した写真

上記, 記載事項に変更を生じたときは, 免状を交付した都道府県知事または居住地もしくは勤務地を管轄する都道府県知事に書換えを申請しなければならない.

8 免状の再交付：(令第36条の6)

　免状を紛失したり，破損した場合などは，免状の交付または書換えをした都道府県知事に再交付を申請できる．（居住地の都道府県知事宛ではない）

9 消防設備士でなければ行ってはならない消防用設備等の工事または整備と設備士免状の種類：（表3.3）（令第36条の2）

　表3.3の指定区分の消防設備士でなければ，それらに対応する消防用設備の工事または整備を行ってはならない．（ただし，乙種消防設備士は，工事は行えない）

表3.3

指定区分	消防用設備等の種類
特類（甲種）	特殊消防用設備等
第1類（甲，乙種）	屋内消火栓設備，スプリンクラー設備，水噴霧消火設備，屋外消火栓設備，パッケージ型消火設備，パッケージ型自動消火設備，共同住宅用スプリンクラー設備
第2類（甲，乙種）	泡消火設備，パッケージ型消火設備，パッケージ型自動消火設備
第3類（甲，乙種）	不活性ガス消火設備，ハロゲン化物消火設備，粉末消火設備，パッケージ型消火設備，パッケージ型自動消火設備
第4類（甲，乙種）	自動火災報知設備，ガス漏れ火災警報設備，消防機関へ通報する火災報知設備，共同住宅用自動火災報知設備，住戸用自動火災報知設備，特定小規模施設用自動火災報知設備，複合型居住施設用自動火災報知設備
第5類（甲，乙種）	金属製避難はしご（固定式のもの），救助袋，緩降機
第6類（乙種のみ）	消火器（整備のみ）
第7類（乙種のみ）	漏電火災警報器（整備のみ）

10 消防設備士でなくても行える整備：(規則第33条の2)

　屋内消火栓設備，屋外消火栓設備のホースまたはノズル，ヒューズ類，ねじ類などの部品の交換，消火栓箱，ホース格納箱などの補修．

② 検定制度など

1 検定をしなければならない機械器具等：（法第21条の2, 令第37条）

消防の用に供する機械器具もしくは設備などで，政令で定める検定対象機械器具等は，検定をするものとする．

2 型式承認：（法第21条の2, 規格第53条）

検定対象機械器具等が，技術上の規格に適合している旨の承認をいい，総務大臣がこれを行う．（サンプルおよび少量生産品での評価が行われる）

しかし，既存の技術上の規格は満足していないが，新たな技術により開発された消火器については，せっかく良いものができても世の中に提供できないこととなるので，条件として，その形状，構造，材質および性能から判断して，既存の技術上の規格と同等以上の性能があるものと総務大臣が認めた場合は，既存の技術上の規格の規定にかかわらず，総務大臣が定めた技術上の規格によることができることとなっている．（基準の特例という）

この基準の特例で型式取得をしたものは，平成26年3月に「本体容器にポリエチレンナフタレートを用いた樹脂製消火器」が承認されたものであり，この型式に対し総務大臣が新たに定めた技術上の規格を制定し，また，点検の要領も，この型式に対し別途定められている．（点検要領の内容については，平成26年12月5日付け消防予第473号通知，「基準の特例を適用した検定対象機械器具等の点検要領について」を参照されたい．）

型式取得までのルート

既存の技術上の規格に満足しているもの	通常型式申請	総務大臣
既存の技術上の規格の一部に満足していないもの	特例型式申請	型式承認

3 型式適合検定：（法第21条の2）

型式承認を受けたものが販売などの目的で製造を行ったら，その検定対象機械器具等が，型式承認された内容に適合しているかどうかを総務省令で定める方法により行う検定をいう．

4 検定対象機械器具等：（令第37条）

検定対象機械器具等は以下のものである．
①消火器

②消火器用消火薬剤（二酸化炭素は除く）

③泡消火薬剤

④火災報知設備の感知器または発信機

⑤火災報知設備またはガス漏れ火災警報設備に使用する中継器

⑥火災報知設備またはガス漏れ火災警報設備に使用する受信機

⑦住宅用防災警報器

⑧閉鎖型スプリンクラーヘッド

⑨流水検知装置

⑩一斉開放弁

⑪金属製避難はしご

⑫緩降機

5 自主表示対象機械器具等：（法第21条の16の2，令第41条）

検定対象機械器具等以外の消防用機械器具で自主表示対象機械器具は，以下のものである．

①動力消防ポンプ

②消防用ホース

③消防用吸管

④消防用ホースまたは消防用吸管に使用する結合金具

⑤エアゾール式簡易消火具

⑥漏電火災警報器

6 合格の表示：（法第21条の2，法21条の9，規則第40条，規則別表第3）

型式適合検定に合格したものには，合格したものである旨の表示を付す（表3.4）．自主表示対象機械器具等にあっては，規格に合格している旨の表示を付さなければならない．

検定対象機械器具等，自主表示機械器具等は，これらの表示が付されているものでなければ，販売し，または販売のための陳列をしてはいけないし，設置，変更または修理の請負にかかる工事に使用してはならない．

ただし，これらの機械器具であっても，輸出されるもの，船舶安全法および航空法の検査などに合格したものは除かれる．

表 3.4 型式適合検定合格の表示

検定対象機械器具等の種別	表示の様式
消火器	⊛ ←15 mm→
火災報知設備の感知器または発信機	⊛ ←12 mm→
中継器	
受信機	
金属製避難はしご	⊛ ←10 mm→
緩降機	
消火器用消火薬剤	
泡消火薬剤	
閉鎖型スプリンクラーヘッド	検 ←3 mm→
流水検知装置	検 ←8 mm→
一斉開放弁	
住宅用防災警報器	

型式取得から販売までの流れ

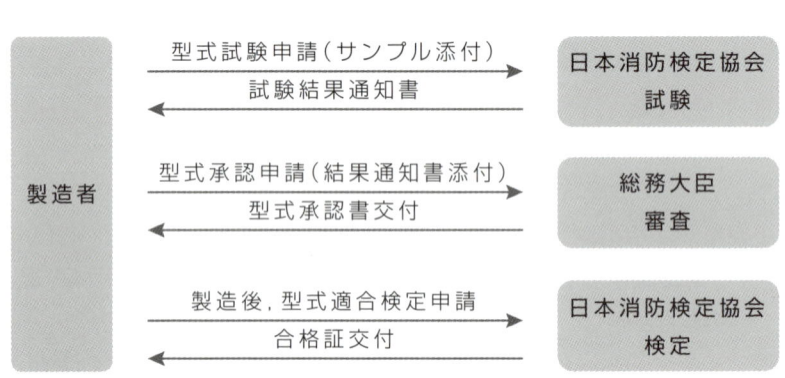

製造者 —型式試験申請（サンプル添付）→ 日本消防検定協会 試験
　　　 ←試験結果通知書—

製造者 —型式承認申請（結果通知書添付）→ 総務大臣 審査
　　　 ←型式承認書交付—

製造者 —製造後，型式適合検定申請→ 日本消防検定協会 検定
　　　 ←合格証交付—

↓
販売

要点のまとめ

□消防設備士の行える業務範囲

　甲種： 工事 ，整備，点検

　乙種：整備，点検

□消防設備士免状の交付者： 都道府県 知事が行う

□消防設備士の義務：

- 免状の 携帯
- 講習の受講：取得後の最初の4月1日から 2 年以内，講習受講後の最初の4月1日から 5 年以内
- 着工届：着手日の 10 日前までに 消防長 または消防署長へ
- 免状書換え申請：免状を交付した都道府県知事または 居住地 もしくは 勤務地 の都道府県知事へ
- 再交付申請：交付または再申請をした 都道府県知事 へ

□消防設備士でなくとも行える整備等：

　屋内，屋外消火栓のホース，ノズルの 整備

　ヒューズ，ねじ類などの部品の 交換 ，

　消火栓箱，ホース格納箱の 補修

□検定品目：

　消火器，消火器用消火薬剤，泡消火薬剤，感知器または発信機， 中継器 ，受信機，住宅用防災警報機， 閉鎖 型スプリンクラーヘッド，流水検知装置，一斉開放弁， 金属製 避難はしご，緩降機の12種類

□検定合格証の種類：表3.4参照

3-1 各類に共通する部分 演習問題 消防設備士

【問 1】

消防設備士免状に関する次の記述で正しいものはどれか．
(1) 甲種消防設備士は，工事，整備または点検が行え，乙種消防設備士は，整備または点検が行える．
(2) 甲種消防設備士は，工事と整備が行え，乙種消防設備士は，整備が行えるが，点検は消防設備点検資格者でなければ行えない．
(3) 消防設備士講習は，免状交付日以降の最初の4月1日から3年以内に，その後は講習を受けた日以降の最初の4月1日から5年以内に受講しなければならない．
(4) 消防設備士講習は，免状交付日以降の最初の4月1日から3年以内に，その後は，講習を受けた日以降の最初の4月1日から6年以内に受講しなければならない．

【問 2】

消防設備士の工事着工届に関する次の記述で正しいものはどれか．
(1) 乙種消防設備士は工事着工届を，工事に着手する10日前までに消防長に届け出た．
(2) 甲種消防設備士は，工事着工届を，工事に着手する10日前までに都道府県知事に届け出た．
(3) 甲種消防設備士は，工事着工届を，工事に着手する10日前までに消防長に届け出た．
(4) 乙種消防設備士は工事着工届を，工事に着手する10日前までに消防署長に届け出た．

【問 3】

次の組合せのうち，検定対象機械器具のみのものはどれか．
(1) 泡消火薬剤，中継器，開放型スプリンクラーヘッド，流水検知装置
(2) 緩降機，一斉開放弁，受信機，消火器用消火薬剤
(3) 金属製避難はしご，消防用ホース，消火器，閉鎖型スプリンクラーヘッド
(4) エアゾール式簡易消火具，消火器，中継器，感知器

問 1 (1)

- 消防設備点検資格者は，点検のみ，消防設備士は，甲種が工事および整備，乙種は整備のみ行えるが，いずれも点検を行うこともできる．
- 消防設備士は，資格取得後，免状交付日以降の最初の4月1日から2年以内に，その後は，その講習を受けた日以降の最初の4月1日から5年以内に講習を受けなければならない．

問 2 (3)

- 工事着工届を行うのは，甲種消防設備士である．
- 着工届を行わなければならない工事は政令で定めたものに限られ，工事着手の10日前までに，消防長または，消防署長に届ねばならない．

- 問題1．も含め，資格の内容と行える業務，さらには，期間などに関するもの，届出先に関するものなどをしっかり把握しておくこと．

問 3 (2)

- スプリンクラーヘッドのうち，検定対象品目は，閉鎖型スプリンクラーヘッドのみである．
- 消防用ホース，エアゾール式簡易消火具は自主表示対象機器である．

3-2 第6類に関する部分 さまざまな設置基準

　消火器具の設置基準は，火災が発生した場合，その防火対象物における消火，避難などを考慮し，延べ面積の大きさなどによりその設置を義務付けている．

① 「大型消火器以外の消火器具」の設置基準 (令第10条，規則第6条)

1 基本設置：

令別表第1に定める防火対象物の設置基準は次のとおりである．
① 面積に関係なく設けるもの
　(1) 項イ：劇場，映画館，演芸場，観覧場
　(2) 項イ：キャバレー，ナイトクラブなど
　　　　ロ：遊技場，ダンスホール
　　　　ハ：性風俗関連特殊営業を営む店舗など
　　　　ニ：カラオケボックスなど
　(3) 項イ：待合，料理店など
　　　　ロ：飲食店
　　　　　　((3)項のうち，火を使用する設備又は器具（防火上有効な措置が講じられたものは除く）を設けるもの
　(6) 項イ (1)：特定診療科名を有する病院，医療法に規定する一般病床を有する病院
　　　　　(2)：特定診療科名を有する診療所，4名以上の患者の入院施設を有する診療所
　　　　　(3)：(1) 以外の病院，(2) 以外で入院施設のある診療所，入所施設のある助産所
　(6) 項ロ：要介護福祉施設など
　(16の2) 項：地下街
　(16の3) 項：準地下街
　(17) 項：重要文化財，史跡等に指定された建造物
　(20) 項：舟車
② 延べ面積が 150 m² 以上の防火対象物
　(1) 項ロ：公会堂，集会場
　(3) 項：上記①以外の待合，料理店，飲食店など

(3) 項イ：待合，料理店など
　　　　ロ：飲食店
(4) 項：百貨店，マーケットその他の物販業を営む店舗，展示場
(5) 項イ：旅館，ホテル，宿泊所など
　　　　ロ：寄宿舎，下宿，共同住宅
(6) 項イ：病院，診療所，助産所
　　　　ハ：老人デイサービスセンター，老人福祉センター，保育所，児童養護施設，身体障害者福祉センターなどの福祉施設
　　　　ニ：幼稚園，特殊支援学校
(9) 項イ：蒸気浴場，熱気浴場
　　　　ロ：イ以外の公衆浴場
(12) 項イ：工場，作業場
　　　　ロ：映画スタジオ，テレビスタジオ
(13) 項イ：自動車車庫，駐車場
　　　　ロ：飛行機，回転翼航空機の格納庫
(14) 項：倉庫

③　延べ面積が 300 m² 以上の防火対象物
(7) 項：小学校，中学校，高等学校，大学校，専修学校など
(8) 項：図書館，博物館，美術館など
(10) 項：車両の停車場，船舶・航空機の発着場
(11) 項：神社，寺院，教会など
(15) 項：各項に該当しない事業場

④　建築物の地階，無窓階または 3 階以上の階で，床面積が 50 m² 以上のもの

これを整理したものが，表 3.5 である．

表 3.5　設置基準一覧表

延べ面積	項		防火対象物
全部	(1)	イ	劇場，映画館，演芸場又は観覧場
	(2)	イ	キャバレー，カフェー，ナイトクラブその他これらに類するもの
		ロ	遊技場又はダンスホール
		ハ	風俗営業等の規制及び業務の適正化等に関する法律（昭和23年法律第百122号）第2条第5項に規定する性風俗関連特殊営業を営む店舗（二並びに (1) 項イ，(4) 項，(5) 項イ及び (9) 項イに掲げる防火対象物の用途に供されているものを除く．）その他これに類するものとして総務省令で定めるもの
		ニ	カラオケボックスその他遊興のための設備又は物品を個室（これに類する施設を含む．）において客に利用させる役務を提供する業務を営む店舗で総務省令で定めるもの
	(3)	イ	待合，料理店その他これらに類するもの
		ロ	飲食店
			火を使用する設備又は器具（防火上有効な措置が講じられたものは除く）を設けたもののうち，延べ面積が 150 m² 未満のもの
	(16の2)		地下街
	(16の3)		建築物の地階（(16の2) 項に掲げるものの各階を除く．）で連続して地下道に面して設けられたものと当該地下道とを合わせたもの（(1) 項から (4) 項まで，(5) 項イ，(6) 項又は (9) 項イに掲げる防火対象物の用途に供される部分が存するものに限る．）
	(17)		文化財保護法（昭和25年法律第214号）の規定によつて重要文化財，重要有形民俗文化財，史跡若しくは重要な文化財として指定され，又は旧重要美術品等の保存に関する法律（昭和8年法律第43号）の規定によつて重要美術品として認定された建造物
	(20)		総務省令で定める舟車
	(6)	イ	(1) 特定診療科名を有する病院，医療法に規定する一般病床を有する病院 (2) 特定診療科名を有する診療所，4人以上の患者の入院施設を有する診療所 (3) (1) 以外の病院，(2) 以外で入院施設のある診療所，入所施設のある助産室
		ロ	次に掲げる防火対象物 (1) 老人短期入所施設，養護老人ホーム，特別養護老人ホーム，軽費老人ホーム（介護保険法（平成9年法律第123号）第7条第1項に規定する要介護状態区分が避難が困難な状態を示すものとして総務省令で定める区分に該当する者（以下「避難が困難な要介護者」という．）を主として入居させるものに限る．），有料老人ホーム（避難が困難な要介護者を主として入居させるものに限る．），介護老人保健施設，老人福祉法（昭和38年法律第133号）第5条の2第4項に規定する老人短期入所事業を行う施設，同条第5

延べ面積	項		防火対象物
全部	(6)	ロ	項に規定する小規模多機能型居宅介護事業を行う施設（避難が困難な要介護者を主として宿泊させるものに限る．），同条第6項に規定する認知症対応型老人共同生活援助事業を行う施設その他これらに類するものとして総務省令で定めるもの (2) 救護施設 (3) 乳児院 (4) 障害児入所施設 (5) 障害者支援施設（障害者の日常生活及び社会生活を総合的に支援するための法律（平成17年法律第123号）第4条第1項に規定する障害者又は同条第2項に規定する障害児であって，同条第4項に規定する障害支援区分が避難が困難な状態を示すものとして総務省令で定める区分に該当する者（以下「避難が困難な障害者等」という．）を主として入所させるものに限る．）又は同法第5条第8項に規定する短期入所若しくは同条第15項に規定する共同生活援助を行う施設（避難が困難な障害者等を主として入所させるものに限る．ハ(5)において「短期入所等施設」という．）
150 m²	(1)	ロ	公会堂又は集会場
	(3)	イ	待合，料理店その他これらに類するもの
		ロ	飲食店
	(4)		百貨店，マーケットその他の物品販売業を営む店舗又は展示場
	(5)	イ	旅館，ホテル，宿泊所その他これらに類するもの
		ロ	寄宿舎，下宿又は共同住宅
	(6)	イ	(4) 上記(6)イ以外の病院，診療所，助産所
		ハ	次に掲げる防火対象物 (1) 老人デイサービスセンター，軽費老人ホーム（ロ(1)に掲げるものを除く．），老人福祉センター，老人介護支援センター，有料老人ホーム（ロ(1)に掲げるものを除く．），老人福祉法第5条の2第3項に規定する老人デイサービス事業を行う施設，同条第5項に規定する小規模多機能型居宅介護事業を行う施設（ロ(1)に掲げるものを除く．）その他これらに類するものとして総務省令で定めるもの (2) 更生施設 (3) 助産施設，保育所，児童養護施設，児童自立支援施設，児童家庭支援センター，児童福祉法（昭和22年法律第164号）第6条の3第7項に規定する一時預かり事業又は同条第9項に規定する家庭的保育事業を行う施設その他これらに類するものとして総務省令で定めるもの (4) 児童発達支援センター，児童心理短期治療施設又は児童福祉法第6条の2第2項に規定する児童発達支援若しくは同条第4項に規定する放課後等デイサービスを行う施設（児童発達支援センターを除く．）

延べ面積	項		防火対象物
150 m²	(6)	ハ	(5) 身体障害者福祉センター，障害者支援施設（ロ (5) に掲げるものを除く．），地域活動支援センター，福祉ホーム又は障害者の日常生活及び社会生活を総合的に支援するための法律第5条第7項に規定する生活介護，同条第8項に規定する短期入所，同条第12項に規定する自立訓練，同条第13項に規定する就労移行支援，同条第14項に規定する就労継続支援若しくは同条第15項に規定する共同生活援助を行う施設（短期入所等施設を除く．）
		ニ	幼稚園又は特別支援学校
	(9)	イ	公衆浴場のうち，蒸気浴場，熱気浴場その他これらに類するもの
		ロ	イに掲げる公衆浴場以外の公衆浴場
	(12)	イ	工場又は作業場
		ロ	映画スタジオ又はテレビスタジオ
	(13)	イ	自動車車庫又は駐車場
		ロ	飛行機又は回転翼航空機の格納庫
	(14)		倉庫
300 m²	(7)		小学校，中学校，高等学校，中等教育学校，高等専門学校，大学，専修学校，各種学校その他これらに類するもの
	(8)		図書館，博物館，美術館その他これらに類するもの
	(10)		車両の停車場又は船舶若しくは航空機の発着場（旅客の乗降又は待合いの用に供する建築物に限る．）
	(11)		神社，寺院，教会その他これらに類するもの
	(15)		(1)項〜(14)項に該当しない事業場
用途ごと	(16)	イ	複合用途防火対象物のうち，その一部が (1) 項から (4) 項まで，(5) 項イ，(6) 項又は (9) 項イに掲げる防火対象物の用途に供されているもの
		ロ	イに掲げる複合用途防火対象物以外の複合用途防火対象物

2 付加設置：（規則第6条第3項および第4項）

次のような場所には，1 基本設置だけでなく付加設置も必要となる．
① 防火対象物で，少量危険物または指定可燃物を貯蔵または取り扱うもの
② 防火対象物に，変圧器，配電盤などの電気設備があるもの
③ 防火対象物に，鍛造場，ボイラー室，乾燥室などの多量の火気を使用する場所があるもの

3 設置の仕方 （能力単位の算定基準）

消火に適応した消火器を，防火対象物の階ごとに設置する．
設置の仕方は次のとおり．

・防火対象物，危険物を貯蔵または取り扱う場所，電気設備のある場所の

各部分から消火器に至る歩行距離が，20 m 以下となるようにすること．

図 3.8　歩行距離

- 床面から消火器の上部までの高さが，1.5 m 以内となるようにすること．
- 消火剤が凍結し，変質し，または噴出するおそれのないようにすること．
- 地震などにより転倒し，消火薬剤が漏出するおそれのある消火器（現在では，転倒式化学泡消火器のみ）には，転倒を防止する措置を講じて設置すること．

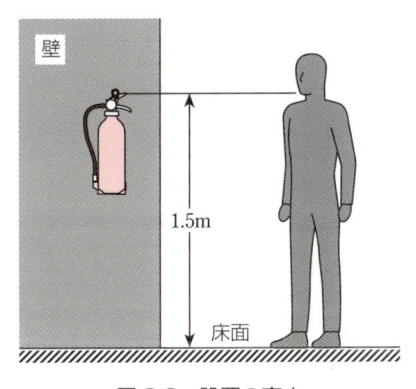

図 3.9　設置の高さ

ほかにも，次のような設置基準がある．
① **面積に関係なく**設置しなければならない防火対象物

消火器具の能力単位*が，防火対象物の延べ面積または床面積を，50 m² （内装制限**したものは 100 m²）で除して得た数以上の数値になるように設ける．

> *：消火器具の能力単位：
> 　消火器においては次のとおりである．
> 　　　消火器：付与された能力単位
> 　簡易消火用具では次のとおりである．
> 　　水バケツ：8 L 以上のもの 3 個が 1 単位
> 　　水槽：容量 8 L 以上の消火専用バケツ 3 個以上を有する容量 80 L 以上の水槽 1 個を 1.5 単位
> 　　　　　容量 8 L 以上の消火専用バケツ 6 個以上を有する容量 190 L 以上の水槽 1 個を 2.5 単位
> 　　乾燥砂：スコップを有する 50 L 以上の一塊を 0.5 単位
> 　　膨張ひる石および膨張真珠岩：スコップを有する 160 L 以上の一塊を 1 単位
>
> **：内装制限：（規則第 6 条第 2 項）
> 　主要構造部が耐火構造で，壁，天井の室内に面する部分を難燃材料で仕上げたもの

② **延べ面積 150 m² 以上**が設置要件の防火対象物

消火器具の能力単位が，防火対象物の延べ面積又は床面積を，100 m² （内装制限したものは 200 m²）で除して得た数以上の数値になるように設ける．

③ **延べ面積 300 m² 以上**が設置要件の防火対象物

消火器具の能力単位が，防火対象物の延べ面積又は床面積を，200 m² （内装制限したものは 400 m²）で除して得た数以上の数値になるように設ける．

④ 防火対象物で，**少量危険物*または指定可燃物**を貯蔵しまたは取り扱うもの

消火器具の能力単位が，貯蔵または取り扱う危険物または指定可燃物の量を，それぞれ，危険物の指定数量または指定可燃物の数量の 50 倍で除した値以上の数値になるように設ける．

> *：指定数量の 1/5 以上指定数量未満の危険物
> **：危険物以外で，火災時消火困難になるものとして指定し，その量を規定したもの

⑤ 防火対象物に，変圧器，配電盤などの**電気設備**があるもの

電気設備がある場所の床面積 100 m² 以下ごとに消火器を 1 個設ける

⑥ 防火対象物に，鍛造場，ボイラー室，乾燥室などの多量の火気を使用する場所があるもの

消火器具の能力単位が，当該場所の床面積を 25 m² で除した値以上の数値となるように設ける．

⑦ 地階，無窓階または，3 階以上の階で床面積 50 m² 以上

能力単位の数値≧床面積／用途に応じた床面積

設置基準一覧表

防火対象物	必要消火能力単位等 （内装制限なし）	必要消火能力単位等 （内装制限あり）
面積に関係なく設けるもの	能力単位≧面積／50 m²	能力単位≧面積／100 m²
延べ面積または床面積 150 m² 以上のもの	能力単位≧面積／100 m²	能力単位≧面積／200 m²
延べ面積または床面積 300 m² 以上のもの	能力単位≧面積／200 m²	能力単位≧面積／400 m²
少量危険物を貯蔵または取り扱うもの	能力単位≧少量危険物の量／危険物指定数量の 50 倍の量	
指定可燃物を貯蔵または取り扱うもの	能力単位≧指定可燃物の量／指定可燃物の量の 50 倍の量	
電気設備のあるもの	その場所の床面積／100 m² ごとに 1 個	
鍛造上，ボイラー室等のあるもの	能力単位≧その場所の床面積／25 m²	
地階，無窓階，3 階以上の階で 50 m² 以上	能力単位≧床面積／用途に応じた床面積	

★危険物指定数量：危規則別表第 3 に品名ごとに示される量
★指定可燃物の量：危規則別表第 4 に品名ごとに示される量

4 消火器具の設置個数の減少など：（規則第 7 条，第 8 条）

① 屋内消火栓設備，スプリンクラー設備，水噴霧消火設備，泡消火設備，不活性ガス消火設備，ハロゲン化物消火設備，粉末消火設備を技術上の基準により設置した部分で，その適応性が，設置すべき消火器と同一な場合は，設置すべき消火器の能力単位を 1/3 に減ずることができる．
また，大型消火器の設置は不要となる．
ただし，この規定は，11 階以上の階には適用できない．

② 大型消火器を設置した場合は，設置すべき消火器の能力単位を 1/2 に減ずることができる．

5 設置制限：（令第10条，規則第11条）

●消火器の設置制限

以下の場所には二酸化炭素消火器，ハロン1301消火器を除くハロゲン化物消火器を設置してはならない．

① 地下街
② 準地下街
③ 換気について有効な開口部の面積が床面積の 1/30 以下で，かつ，床面積が 20 m² 以下の地階，無窓階または居室

●簡易消火用具の設置制限　（規則第6条第7項）

消火器具の能力単位の数値の合計数が2以上となる防火対象物などにあっては，簡易消火用具の能力単位の数値の合計数は，消火器の能力単位の数値の合計数の 1/2 を超えてはならない．

② 大型消火器の設置基準　（規則第7条）

防火対象物またはその部分で，指定可燃物を危政令別表第4で定める数量の 500 倍以上貯蔵または取り扱うものは，消火に適応する大型消火器を防火対象物の階ごとに，その各部分から歩行距離が 30 m 以下となるように設置する．

ここで，設置した大型消火器の適応性が，設置すべき小型消火器の適応性と同一のときは，小型消火器の能力単位の数値を 1/2 まで減少できる．

③ 危険物施設への設置基準

1 所要単位と能力単位：（危規則第29条から第31条）

所要単位：

設置に必要な消火器の設置能力単位を算出するための，建築物などの規模または危険物の量の基準のこと．

建築物に対しては，表3.6に示すように，その種類，構造，床面積により1所要単位がきめられている．

危険物の量に対しては，指定数量の 10 倍を1所要単位としている．

所要単位の数値 ＝ 消火器の能力単位の数値　である．

すなわち，危険物施設に第5種消火設備（小型消火器）を設ける場合は，算出された所要単位の数値に達する能力単位の数値の消火器を設けることとなる．

表3.6 建築物の所要単位

建築物の種類	構造	所要単位
製造所または取扱所の建築物	外壁が耐火構造のもの	延べ面積　100 m²
	外壁が非耐火構造	延べ面積　 50 m²
貯蔵所の建築物	外壁が耐火構造のもの	延べ面積　150 m²
	外壁が非耐火構造	延べ面積　 75 m²
製造所・取扱所の屋外工作物	工作物の最大水平面積　100 m²	
貯蔵所の屋外工作物	工作物の最大水平面積　150 m²	

2 危険物施設への消火器設置基準：（危規則第32条の10および11）

危険物施設へ消火器を設ける場合は次のとおりである．

① 第5種消火設備（小型消火器など）の場合は，防護対象物からの歩行距離が20 m以下となるように，

② 第4種消火設備（大型消火器）の場合は，歩行距離30 m以下となるように設ける．

3 製造所等への設置基準：（危政令第20条，危規則第33条～35条）

著しく消火困難な製造所等への消火器設置基準：

① 高引火点危険物のみを100 ℃未満の温度で取り扱う製造所および一般取扱所並びに可燃性の蒸気または可燃性の微粉が滞留するおそれのある建築物の設置基準は次のとおりである．
- 第4種消火設備
- 危険物の所要単位の数値に達する消火能力単位の数値の第5種消火設備

② 第4類の危険物を貯蔵し，または取り扱う屋外タンク貯蔵所，屋内タンク貯蔵所の設置基準は次のとおりである．
- 第5種消火設備　2個以上

③ 一方開放型上階付き屋内給油取扱所の設置基準は次のとおりである．
- 建築物その他の工作物の所要単位の数値に達する能力単位の数値の第5種消火設備

④　顧客に自ら給油させる給油取扱所の設置基準は次のとおりである．
　　●第4種消火設備
　　●危険物の所要単位の数値の1/5に達する消火能力単位の数値の第5種消火設備

消火困難な製造所等への消火器設置基準：
①　製造所，屋内貯蔵所，屋外貯蔵所，給油取扱所，第2種販売取扱所，一般取扱所の設置基準は次のとおりである．
　　●第4種消火設備
　　●危険物の所要単位の数値の1/5に達する消火能力単位の数値の第5種消火設備
②　屋外タンク貯蔵所，屋内タンク貯蔵所の設置基準は次のとおりである．
　　●第4種消火設備および第5種消火設備それぞれ　1個以上

その他の製造所等への消火器設置基準：
③　地下タンク貯蔵所の設置基準は次のとおりである．
　　●第5種の消火設備　2個以上
④　移動タンク貯蔵所の設置基準は次のとおりである．
　　●自動車用消火器　2個以上
　　　ただし，充てん量は次のとおりである．
　　　　霧状強化液消火器　　8 L以上
　　　　二酸化炭素消火器　　3.2 kg以上
　　　　ハロン1211消火器　　2 L以上
　　　　ハロン1301消火器　　2 L以上
　　　　ハロン2402消火器　　1 L以上
　　　　粉末消火器　　　　　3.5 kg以上
　　　さらに，アルキルアルミニウムなどを取り扱うものは，所定量以上の乾燥砂，膨張ひる石，膨張真珠岩を付加して設置

4 電気設備への消火設備：(危規則第36条)
　　●電気設備のある場所の面積100 m^{2}あたり　第5種消火設備　1個以上

5 映写室への消火設備：(危規則第67条)
　　●第5種の消火設備　2個以上

要点のまとめ

□防火対象物への設置：
　防火対象物の延べ面積，用途により設置（表 3.5 参照）
　　階ごと，防火対象物からの歩行距離 20 m（大型 30 m）以下，高さ 1.5 m 以下

□必要な能力単位などの算出方法（カッコ内の数値は内装制限したもの）
・面積に関係なく設けるもの　能力単位の数値≧床面積 /50 m²（ 100 m²）
・延べ面積 150 m² 以上　　　能力単位の数値≧床面積 / 100 m²（200 m²）
・延べ面積 300 m² 以上　　　能力単位の数値≧床面積 /200 m²（ 400 m²）
・地階，無窓階または 3 階以上の階で床面積 50 m² 以上
　　　　　　　　　　　　　　能力単位の数値≧床面積 / 用途に応じた床面積
・少量危険物，指定可燃物を貯蔵する防火対象物
　　　　　能力単位≧危険物の数量 / 危険物 の指定数量
　　　　　能力単位≧危険物指定可燃物の数量 / 指定可燃物 の規定数量 × 50
・電気設備のある防火対象物　　床面積 100 m² 以下ごとに消火器 1 個
・多量の火気を使用する防火対象物　能力単位≧床面積 / 25 m²
・指定可燃物を規定数量の 500 倍以上貯蔵する防火対象物　大型消火器

□設置の緩和
・屋内消火栓などの設置部分：必要能力単位数値の 1/3 に減じられる
・大型消火器設置部分：必要能力単位数値の 1/2 に減じられる

□二酸化炭素消火器等の設置制限箇所：
　地下街，準地下街，開口部面積が床面積の 1/30 以下で，かつ床面積 20 m² 以下の地階，無窓階，居室

□簡易消火用具の設置制限：消火器の必要能力単位の 1/2 を超えないこと

□危険物施設への設置：
　歩行距離：第 4 種消火設備（ 大型 消火器）は 30 m 以下
　　　　　　第 5 種消火設備（ 小型 消火器ほか）は 20 m 以下
　1 所要単位：指定数量の 10 倍，　所要単位＝能力単位
・著しく消火困難な製造所等：第 4 種消火設備，第 5 種消火設備設置
・消火 困難 な製造所等：第 4 種消火設備，第 5 種消火設備設置
・その他の製造所　　　　：第 5 種消火設備設置

3-2 第6類に関する部分 演習問題 さまざまな設置基準

【問 1】

防火対象物への消火器設置基準に関する次の記述のうち正しいものはどれか．

(1) 粉末（ABC）3.5 kg 消火器を設置する場合，防火対象物の各部分からの水平距離が 20 m 以下となるように設ける．
(2) 消火器を壁に取り付ける際，床面から消火器の底面までの高さは，1.5 m 以内としなければならない．
(3) 粉末（ABC）20 kg 消火器を，危険物施設に設置する場合，その場所の各部分からの水平距離が 30 m 以内となるように設ける．
(4) 転倒式化学泡消火器を設置する場合は，転倒防止の措置を講じなければならない．

【問 2】

延べ面積 200 m² 以下の防火対象物のうち，消火器を設置しなくてもよいものは次のうちどれか．

(1) 作業場　　(2) 下宿　　(3) 図書館　　(4) 診療所

【問 3】

次の防火対象物のうち消火器を設置しなければならないものはどれか．

(1) 延べ面積 250 m² の神社　　(2) 延べ面積 200 m² の事務所
(3) 延べ面積 150 m² の飲食店　　(4) 延べ面積 200 m² の停車場

【問 4】

延べ面積 2 000 m² の主要構造部を耐火構造，かつ内装仕上げを難燃材料でした事務所へ消火器を設置する場合，必要な総能力単位は次のうちどれか．

(1) 5 単位　　(2) 10 単位　　(3) 20 単位　　(4) 40 単位

問 1 (4)

- 粉末（ABC）3.5 kg 消火器は，小型消火器であるので，各部分からの距離は 20 m 以内であるが，それは歩行距離である．
- 壁に取り付ける際は，操作部に手が届くことが必要であり，消火器の上部が，1.5 m 以内でなければならない．
- 粉末（ABC）20 kg 消火器は大型消火器であり，各部分からの距離は 30 m 以内であるが，それは歩行距離である．
- 転倒の一動作で作動してしまうものには，転倒防止措置が必要である．

問 2 (3)

- 図書館は 300 m² 以上の場合，設置義務が発生する．
- 作業場，下宿，診療所は 150 m² 以上で設置義務が発生する．

問 3 (3)

- 飲食店は 150 m² 以上の場合，設置義務が発生する．
- 神社，事務所，停車場は 300 m² 以上で設置義務が発生する．

問 4 (1)

　事務所は延べ面積 300 m² 以上が設置要件の防火対象物である．したがって，延べ面積を 200 m² で除して能力単位を算出するが，内装制限したものは，除する面積を倍読みできるので，2 000/400 = 5 単位となる．

【問 5】

延べ面積1 500 m² の貯蔵所に設ける，能力単位A－3，B－10単位の粉末消火器の必要最低本数で，次のうち正しいものはどれか．ただし，この貯蔵所の1所要単位は，延べ面積150 m² である．

(1)　4本　　(2)　40本　　(3)　1本　　(4)　10本

【問 6】

100 000 Lの石油を貯蔵している危険物貯蔵タンクに設ける消火器の総能力単位で，次のうち正しいものはどれか．ただし，石油の危険物指定数量は，1 000 Lである．

(1)　B － 1000 単位　　　(2)　B － 100 単位
(3)　B － 20 単位　　　　(4)　B － 10 単位

【問 7】

タンクローリー車（移動タンク貯蔵所）の設ける自動車用消火器として次のうち不適切なものはどれか．

(1)　霧状強化液消火器　　　　8 L
(2)　粉末（ABC）消火器　　　3.5 kg
(3)　二酸化炭素消火器　　　　3.0 kg
(4)　粉末（Na）消火器　　　　4.5 kg

【問 8】

危険物の規制に関する規則で定められる第5種消火設備への設置基準に関する次の記述のうち誤っているものはどれか．

(1)　映写室には，その床面積100 m² ごとに，第5種消火設備を2個設ける．
(2)　電気設備のある場所には，面積100 m² ごとに第5種消火設備を1個設ける．
(3)　セルフサービスのガソリンスタンドに設ける第5種消火設備は，貯蔵する危険物の所要単位の数値の1/5に達する消火能力単位となるように設ける．
(4)　地下タンク貯蔵所には，第5種の消火設備を2個以上設ける．

問 5 (1)

- 危険物施設の建造物に対しては，A火災の能力単位をもって，算出された能力単位に達する消火器を設置しなければならない．
- 設問の場合は，必要な所要単位が，10所要単位となるので，消火器の総能力単位は，A－10単位必要となり，A－3の消火器，4本が必要となる．

問 6 (4)

- この場合は，第4類の消火を想定しているので，B火災の能力単位で設置しなければならない．
- 石油の指定数量は，1 000 L であり，危険物の指定数量の10倍が1所要単位なので，設置すべき総能力単位は，B－10単位となる．

問 7 (3)

- 移動タンク貯蔵所に設ける消火設備は，第5種消火設備のうち自動車用消火器であり，その種別，薬剤量がきめられている．
  粉末消火器は，(ABC)消火器である必要はなく，3.5 kg 以上であればよい．
  強化液消火器は，電気火災も適応する，霧状消火器であることが必要である．
  二酸化炭素消火器は，3.2 kg 以上でなければならず，誤りである．

問 8 (1)

- 映写室には，面積に関係なく第5種の消火設備を2個以上設けることとされており(1)の記述は誤りである．
- その他の記述は危規則のとおりである．

3章のまとめ

　この章では，消防関係法令のうちの基本法令につき，すべての消防設備士に共通した内容と第6類消防設備士に必要な内容を学んだ．

　出題はすべての消防設備士に共通した部分からは6問，第6類消防設備士に関する部分からは4問の合計10問である．設置基準からの出題が多いが，用語の意義の理解，設置基準の理解，だれがどんな権限を持ち，報告者と被報告者なども関連付けて理解することが必要である．

　用語を理解するうえでも，設置基準を理解するうえでも，令別表第1の内容は必要不可欠であるので，しっかりとおぼえなければならない．

　以下に，それぞれで学んだ内容につき，項目ごとに整理しまとめる．
　まだ不十分のところがあれば，各節に戻り，理解を深めること．

行政機関

□消防行政機関：
　国は総務省消防庁（長は， 消防庁長官以下 　カッコ内は長の職名）
　地方公共団体は市町村
　市町村には 消防本部 （消防長），消防署（ 消防署長 ），
　 消防団 （消防団長）の，全部または一部（ 消防本部
　または 消防団 のいずれかは必須）を設ける．
　⇨ P.176

用語の意義

□防火対象物：山林または舟車，船きょもしくは埠頭に係留された船舶，建築物その他の工作物またはこれらに 属する もの
□消防対象物：山林または舟車，船きょもしくは埠頭に係留された船舶，建築物その他の工作物または 物件 （防火対象物との違いは，建築物などと無関係な物件も含む）
□特定防火対象物：令別表第1のうち，
　(1) 項〜(4) 項，(5) 項イ， (6) 項 ，(9) 項イ，(16) 項イ，(16の2) 項，(16の3) 項の防火対象物
□複合用途防火対象： 2 以上の用途に供されている防火対象物
□高層建築物：高さ 31 mを超える建築物
□無窓階：地上階のうち，避難上又は消火活動上有効な 開口部 のない階

3章のまとめ

☐特定一階段等防火対象物：

　　`特定用途` が存する階が避難階以外にある防火対象物で，地上に直通する階段等が `2` 以上設けていないもの．

☐関係者：防火対象物または消防対象物の `所有者`，`管理者` または `占有者`

☐関係のある場所：`防火対象物` または消防対象物のある場所

☐危険物：ガソリン，`灯油` など，消防法別表第1に示す物品

☐指定数量：危険物の `品目` ごとに，危政令別表第3に指定する数量

☐少量危険物：

　　貯蔵する危険物の数量が，指定数量の `1/5` 以上で指定数量 `未満` のもの

☐指定可燃物：わら製品，木毛などで，危政令別表第4に定めるもの

☐主要構造部：`柱`，`床`，`壁`，`はり`，`屋根` または `階段`

☐耐火構造：鉄筋コンクリート造り，耐火煉瓦造りなど，`耐火` 性能のあるもの

➥ P.177, 178, 179, 180, 181, 182

火災予防活動

☐屋外における火災予防措置命令は，`消防長`，`消防署長`，`消防吏員` は，物件の `所有者`，`管理者`，`占有者` で権原を有する者に対し命じることができる．

☐防火対象物の火災予防措置命令は，`消防長`，`消防署長` は，権原を有する関係者に対し，改修，移転，除去，工事の停止または中止を命じることができる．

☐ `消防長`，`消防署長` は，関係者に対して資料の提出または報告を求め，または `消防職員` に立ち入り検査させ，質問させることができる．

☐建築物の新築，増築，改築等もしくは使用の許可，認可，確認をする権限を有する行政庁などは，一部を除き，消防長，または消防署長の `同意` を得なければならない．

☐一定規模以上の防火対象物で，その管理について権原を有するものとは，防火対象物の `所有者` または `賃借者` をいい，防火管理者，統括防火

管理者を定め，その業務を行わせなければならない．
- □選任を必要とする防火対象物の管理について権原を有するものなどは，防火管理者および統括防火管理者を定めたなど，解任をしたときにはすみやかに，　所轄消防長　または　消防署長　に届けねばならない．
- □特定防火対象物（(16の3)項を除く）で，収容人員　300　人以上のものまたは　特定一階段等　防火対象物の管理について権原を有するものは，防火対象物点検資格者に，点検をさせ1年に　1　回，所轄　消防長　または消防署長に報告しなければならない．

➡ P.186, 187, 188, 189

各類に共通な部分

消防用設備
- □消防用設備等：消防の用に供する設備，　消防用水　，　消火活動上　必要な施設
- □消防の用に供する設備：消火設備，　警報　設備，　避難　設備
- □消火設備：
  消火器具，　屋内　消火栓設備，　屋外　消火栓設備，スプリンクラー設備，水噴霧消火設備，泡消火設備，　不活性　ガス消火設備，ハロゲン化物消火設備，粉末消火設備，動力消防ポンプ設備
- □消火活動上必要な設備：
  連結散水設備，連結送水管，排煙設備，　非常　コンセント設備，　無線　通信補助設備

➡ P.194, 195

遡及適用防火対象物，設置届，点検など

- □法令変更後，新しい基準が遡及して適用される既存防火対象物：
  ・　改正前の基準　に適合していないもの
  ・基準の改正後，一定規模以上の　増築　，　改築　，大規模な　修繕　などを行ったもの
  ・改正後の基準に適合するに至ったもの
  ・　特定防火対象物
- □設置を届け出て，検査を受けなければならない防火対象物：

- (6)項ロ および (6)項ロ の用途のある，(16)項イ，(16の2)項，(16の3)項
- 特定防火対象物で，延べ面積 300 m² 以上のもの
- 非特定防火対象物で，延べ面積 300 m² 以上のもののうち，消防長，消防署長の 指定 するもの
- 特定一階段等 防火対象物

□消防用設備の点検と報告：
- 報告の頻度：特定防火対象物は 1 年に1回
- 非特定防火対象物は 3 年に1回

□消防設備士等に点検を行わせなければならない防火対象物：
- 特定防火対象物：延べ面積 1 000 m² 以上のもの
- 非特定防火対象物：延べ面積 1 000 m² 以上のもののうち，消防長，消防署長の指定するもの
- 特定一階段等 防火対象物

⇨ P.196，197，198

消防設備士制度

□設備士の行える業務範囲：
　甲種消防設備士： 工事 ，整備および点検
　乙種消防設備士：整備および点検

□設備士免状の交付者： 都道府県 知事が行う

□設備士の義務：
- 免状の 携帯
- 講習の受講：取得後の最初の4月1日から 2 年以内，講習受講後の最初の4月1日から 5 年以内
- 着工届：着手日の 10 日前までに，消防長または消防署長へ
- 免状書き換え申請：免状を交付した都道府県知事または 居住地 もしくは 勤務地 の都道府県知事へ
- 再交付申請： 交付 または 再申請 をした都道府県知事へ

□消防設備士でなくとも行える整備など：屋内，屋外消火栓のホース，ノズルの 整備 ，ヒューズ，ねじ類などの部品の 交換 ，消火栓箱，ホース格納箱の 補修

⇨ P.202，203

消火器の設置基準

□防火対象物への設置：
　防火対象物の延べ面積，用途により設置（表3．5参照）
　階ごと，防火対象物からの歩行距離 20 m（大型 30 m）以下，高さ 1.5 m 以下

□必要な能力単位などの算出方法（カッコ内の数値は内装制限したもの）
　・面積に関係なく設けるもの　能力単位の数値≧床面積/50 m^2（ 100 m^2）
　・延べ面積 150 m^2 以上…能力単位の数値≧床面積/ 100 m^2（200 m^2）
　・延べ面積 300 m^2 以上…能力単位の数値≧床面積/200 m^2（ 400 m^2）
　・地階，無窓階または 3 階以上の階で床面積 50 m^2 以上
　　　　能力単位の数値≧ 床面積 /用途に応じた床面積
　・少量危険物，指定可燃物を貯蔵する防火対象物
　　　　能力単位≧危険物の数量/ 危険物 の指定数量
　　　　能力単位≧危険物指定可燃物の数量/ 指定可燃物 の規定数量 × 50
　・電気設備のある防火対象物…床面積 100 m^2 以下ごとに消火器1個
　・多量の火気を使用する場所のある防火対象物　能力単位≧床面積/ 50 m^2
　・指定可燃物を規定数量の 500 倍以上貯蔵する防火対象物…大型消火器設置

□設置の緩和
　・屋内消火栓などの設置部分：必要能力単位数値の 1/3 に減じられる
　・大型消火器設置部分：必要能力単位数値の 1/2 に減じられる

□二酸化炭素消火器等の設置制限箇所：
　地下街，準地下街，開口部面積が床面積の 1/10 以下で，かつ床面積 20 m^2 以下の地階，無窓階，居室

□簡易消火用具の設置制限：消火器の必要能力単位の 1/2 を超えないこと

　⇨ P.210, 211, 212, 213, 214, 215, 216, 217, 218, 219, 220

4 実技試験対策

1 鑑別等試験 ………… P 232

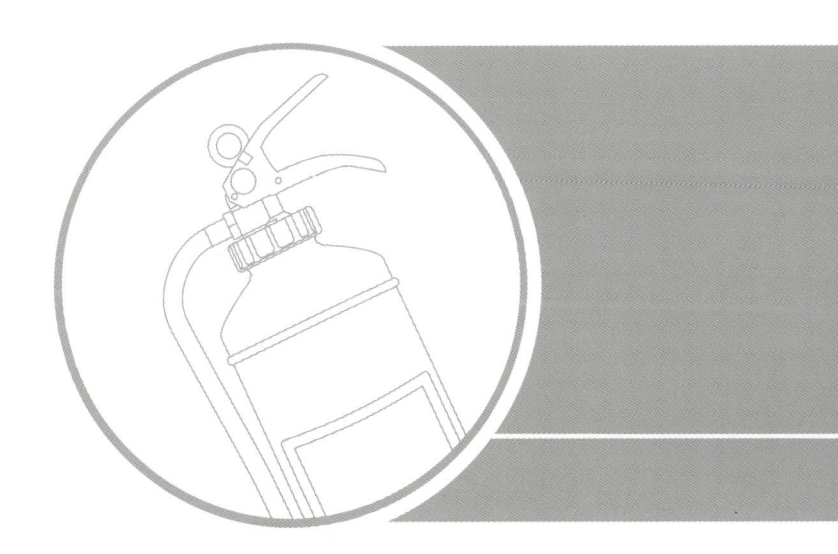

4-1 鑑別等試験　消火器などの特徴

① 消火器とその特徴・鑑別に当たっての留意点について

消火器を鑑別するには，その形状と特徴を理解しなければならない．

表 4.1 に，写真または図から鑑別するにあたっての着目点，そのことからわかる内容を整理した．

表 4.1

加圧式粉末（ABC）消火器	着目点とわかること
（図）	①使用済み表示：加圧式消火器 ②円形表示 3 個：（ABC）消火器 ③ホーン状ノズル：粉末消火器 **上からわかること** ①消火作用：抑制作用 ②使用温度範囲：−30，−20，−10，0℃〜40℃
蓄圧式粉末（ABC）消火器	着目点とわかること
（図）	①指示圧力計：蓄圧式消火器 ②円形表示 3 個：（ABC）消火器 ③ホーン状ノズル：粉末消火器 **上からわかること** ①消火作用：抑制作用 ②使用温度範囲：−30，−20，−10，0℃〜40℃
蓄圧式強化液消火器	着目点とわかること
（図）	①指示圧力計：蓄圧式消火器 ②円形表示 3 個：（ABC）消火器 ③小さめのストレート・ノズル：強化液消火器 **上からわかること** ①消火作用：冷却作用，抑制作用 ②使用温度範囲：−20℃〜40℃

4-1 鑑別等試験

加圧式粉末（ABC）消火器（車載式）	着目点とわかること
	①加圧用ガス容器：N_2ガス加圧式消火器 ②円形表示3個：（ABC）消火器 ③車輪：車載式消火器 上からわかること ①消火作用：抑制作用 ②使用温度範囲：－30℃～40℃ ③能力単位，消火剤量が満足すれば大型消火器
転倒式化学泡消火器	着目点とわかること
	①キャップの形状，安全キャップなし，ハンドルなし：転倒式消火器 ②円形表示2個：（AB）消火器 ③ホース取付け位置：化学泡消火器 上からわかること ①消火作用：窒息作用，冷却作用 ②使用温度範囲：5℃～40℃
蓄圧式機械泡消火器	着目点とわかること
	①指示圧力計：蓄圧式消火器 ②円形表示2個：（AB）消火器 ③ノズルの形状（発泡ノズル）：機械泡消火器 上からわかること ①消火作用：窒息，冷却作用 ②使用温度範囲：－20℃～40℃

233

二酸化炭素消火器	着目点とわかること
(塗色：緑と赤)	①塗色：二酸化炭素消火器 ②円形表示2個：(BC) 消火器 ③容器弁：高圧ガス容器 ④ホーン握り付きホーン：二酸化炭素消火器
	上からわかること ①消火作用：窒息作用 ②使用温度範囲：－30℃～40℃

ハロン1301消火器	着目点とわかること
(塗色：ねずみ色と赤)	①塗色：ハロゲン化物消火器 ②円形表示2個：(BC) 消火器 ③指示圧力計なし：ハロン1301 ④容器弁：高圧ガス容器
	上からわかること ①消火作用：抑制作用 ②使用温度範囲：－30℃～40℃ ③指示圧力計付きならば，ハロン1211消火器

ハロン2402消火器	着目点とわかること
	①指示圧力計：蓄圧式消火器 ②円形表示3個：(ABC) 消火器 ③容器形状独特：ハロン2402消火器 ④ホースなし：ハロン2402
	上からわかること ①消火作用：抑制作用 ②使用温度範囲：－30℃～40℃

□加圧方式と消火器の種類

加 圧 方 式		消火器の種類
加圧式	加圧用ガス容器により放射を行うもの	粉末消火器
		強化液消火器（大型）
	化学反応により発生するガスで放射を行うもの	化学泡消火器
		酸アルカリ消火器
蓄圧式	窒素ガスなどにより放射を行うもの	粉末消火器
		強化液消火器
		機械泡消火器
		ハロン 1211 消火器
		ハロン 2402 消火器
		ハロン 1011 消火器
	自圧により放射を行うもの	ハロン 1301 消火器
		二酸化炭素消火器

□消火器とその適応火災・消火作用一覧表

消火器の種類	適応火災と消火作用（適応には○）		
	A 火災	B 火災	C 火災
粉末（ABC）消火器	○（抑制，窒息作用）	○（抑制作用）	○
その他の粉末消火器		○（抑制作用）	○
強化液消火器・霧状放射	○（冷却作用）	○（抑制作用）	○
強化液消火器・棒状放射	○（冷却作用）	○（抑制作用）	
泡消火器	○（冷却作用）	○（窒息作用）	
ハロゲン化物消火器	○（冷却，抑制作用）大容量のもののみ	○（抑制作用）	○
二酸化炭素消火器		○（窒息作用）	○

② 消火器の部品等の名称と働きについて

　ここでは，消火器の各部品や構造の一部につき写真または図が示され，その名称および働きなどについて出題される．

　表 4.2 に写真，図とその名称，働きを整理した．

　詳細はそれぞれの章にもう一度戻って確かめよう．

表 4.2　部品の名称と働き

写真，図	名称と働き
	名称：減圧孔 働き：消火器を分解，整備する際，容器本体内部の圧力を徐々に排出するための孔．
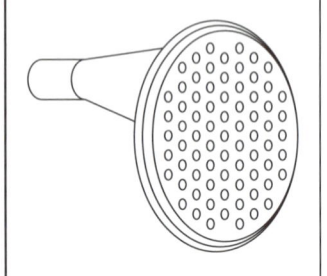	名称：ろ過網 働き：化学泡消火器内部のホース取付け部の元金具に設置し，ノズル口径より大きな異物をノズル側に流さないようにする装置．
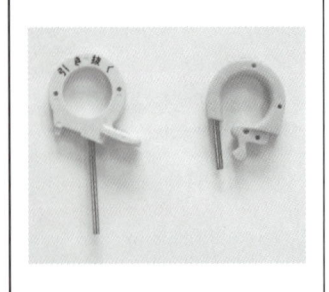	名称：安全栓 働き：消火器の不時の作動を防止するための装置． リング部内径 2 cm 以上で黄色． 軸部材質 SUS．

写真，図	名称と働き
 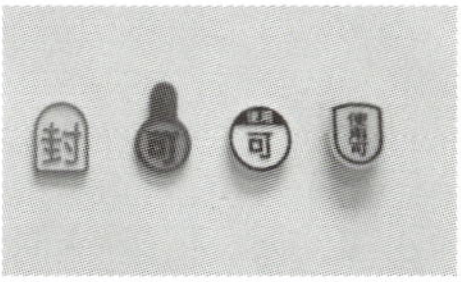	名称：使用済み表示装置 働き：外観から，消火器が一度使われたものであるかどうかを判断するための装置．
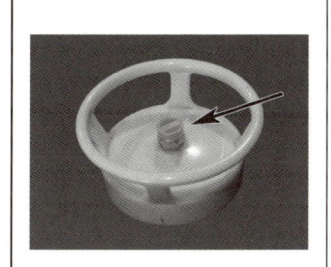	名称：（化学泡消火器の）安全弁 働き：作動時，化学反応により発生した容器内圧が，想定値よりも高くなった場合に自動的かつ，有効に減圧を行う装置．
	名称：（容器弁の）安全弁 働き：消火器または加圧用ガス容器の容器弁に取り付け，容器内圧または温度が想定値よりも高くなった場合に自動的かつ，有効に減圧する装置．
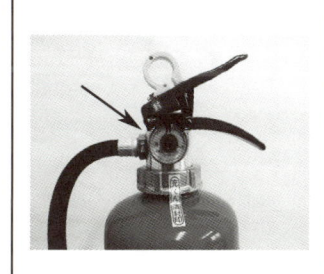	名称：指示圧力計 働き：蓄圧式消火器の内部圧力を示すもので，使用の可否判断を行う装置． ㊂マーク，ブルドン管材質，使用圧力範囲が緑色で表示されている．

写真, 図	名称と働き
	名称：A 火災絵表示 意味することと規格：A 火災に適応する消火器に表示する絵表示. 地色は白色，炎は赤色，可燃物は黒色で表示
	名称：B 火災絵表示 意味することと規格：B 火災に適応する消火器に表示する絵表示. 地色は黄色，炎は赤色，可燃物は黒色で表示
	名称：電気火災絵表示 意味することと規格：電気火災に適応する消火器に表示する絵表示. 地色は青色，電気の閃光は黄色で表示
検定合格証 消火器　　　　　消火器用消火薬剤 ←10 mm→　　　←15 mm→	

③ 点検整備について

　ここでは，内部点検や外形点検を行っている写真，部品の写真や図が示され，作業の内容やその目的を問う問題が出題される．

　明快に，簡潔に記述できるようにしておく必要がある．

　表 4.3 に写真とその作業目的などを整理した．

表 4.3　点検整備とその目的，内容

写真，図	名称と目的，内容
	名称：転倒防止金具 目的：振動または外力により，消火薬剤の漏出防止および消火器を安定させるための保持装置．
	名称：（消火器の）標識 目的：消火器の設置位置を示すもの．また，その位置を明瞭にわからせるもの．
	名称：内部照明器具 目的：消火器内部の塗膜などの点検時に内部を明るくして，不具合の発見を行いやすくするもの．

写真，図	名称と目的，内容
	名称：反射鏡 目的：消火器内部の点検時に，容器内部の上部の見えにくい部分の塗膜などの異常を調べるもの．
	名称：圧力調整器 目的：加圧式消火器の N_2 加圧用ガス容器と消火器本体の間に取り付け，高圧の N_2 ガス圧を減圧させて，消火器本体に導入させるもの．蓄圧式消火器への N_2 ガス充てん時に同様に取り付け使用するもの．
	作業名称：圧力調整器の点検作業 作業目的，内容：圧力調整器の一次側，二次側圧力計の指針の動き，調整器各部からの漏れの確認を行う．
	作業名称：排圧栓からの容器内圧排出 作業目的，内容：安全にキャップを開けるため，排圧栓を使い内圧の排除を行う．

写真，図	名称と目的，内容
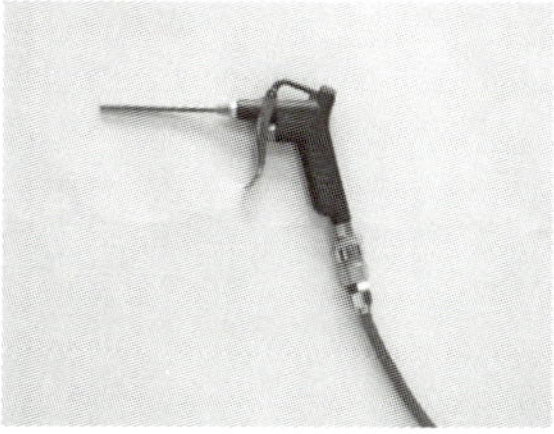	名称：エアガン 目的：ホースで，N_2 ボンベにエアガンをつなぎ，主に粉末消火器のサイホン管，バルブ内のクリーニングを行う．
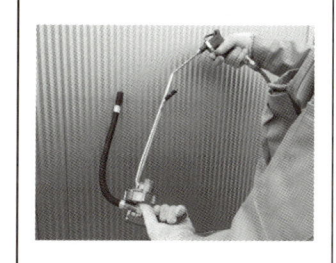	作業名称：クリーニング 作業目的，内容：粉末サイホン管にエアガンを使って，窒素ガスを吹き込み，サイホン管内，バルブ内の粉末消火薬剤をクリーニングする．開閉バルブ付の場合は，レバーを動かしバルブを開閉しながら行う．
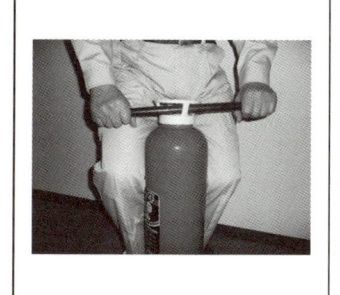	作業名称：化学泡キャップの開閉 作業内容：化学泡消火器のキャップはプラスチック性がほとんどで，傷をつけないよう，木製のてこを使ってキャップの開閉を行う．
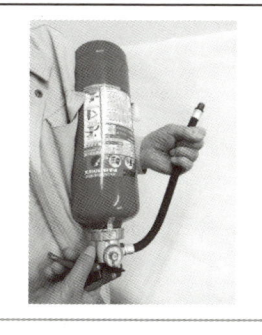	作業名称：蓄圧式消火器の内圧排出 作業目的，内容：蓄圧式消火器のキャップを開ける際，排圧栓のあるものはそれを使い，ないものは容器を逆さにして，レバーを握ることにより内部のガスのみを排出する．

写真，図	名称と目的，内容
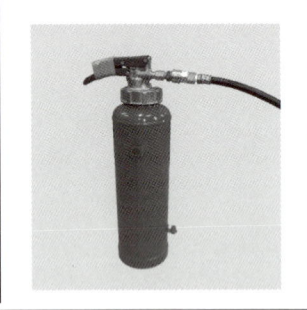	作業名称：開閉バルブ付消火器の水圧試験 作業の目的，内容：バルブ付消火器はバルブが閉まっていると容器内に所定圧が入らない．そのためにレバーを握った状態にして水圧をかける．
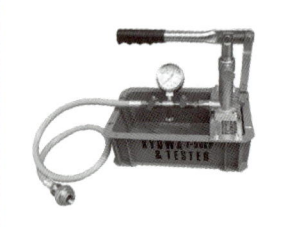	名称：水圧試験器（耐圧試験器） 目的：消火器の耐圧試験を行う際に用いる． 水圧を徐々に上げて行う．
	名称：保護枠 目的：耐圧試験時に，消火器を内部に入れ，破裂時の危険を除去する．
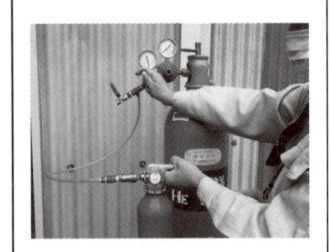	作業名称：圧力充てん 作業内容：蓄圧式消火器への圧力充てん作業． N_2 ボンベ，圧力調整器，バルブ，ホース，カップラー，接続金具，消火器とつなげ，徐々にバルブを開き充てんする．

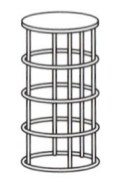

写真, 図	名称と目的, 内容
	作業名称：蓄圧式消火器の気密試験 作業の目的，内容：圧力充てん後の各部からの漏れの有無を，水槽内に沈めて調べる．漏れ箇所からは，気泡が水中に出るので不良個所が特定できる．
	名称：メスシリンダ 目的：液体消火薬剤を入れ，比重浮ひょうを静かに浮かべて，比重測定を行う．また，消火薬剤の性状点検などに使う．
	名称：比重浮ひょう（比重はかり） 目的：液体の消火薬剤の比重を測定するもの．
	名称：キャップスパナ 目的：消火器のキャップの縦リブにスパナの先端の爪をひっかけ，傷つけることなく安全にキャップを開閉するための道具．

写真，図	名称と目的，内容
	名称：接続金具 目的：消火器ホース取付けねじ部に取り付け，蓄圧式消火器への圧力充てんや，水圧試験を行うときにホースと接続する金具．
	名称：クランプ台 目的：消火器のキャップをクランプ台にしっかり固定して，キャップの開閉を行う装置．
	名称：ロート（漏斗） 目的：消火薬剤を充てんする際，消火器口金部に挿入し，消火薬剤がこぼれないように充てんする道具．
	名称：三方バルブ 目的，内容：三方向の開口部があり，レバーの切り替えで，そのうちの二方向がつながるバルブ．主にガス充てん時に，ホースから N_2 圧を入れた後，N_2 容器および消火器のバルブを閉じ，ホース内の残ガスを，レバーを切り替えて抜く装置．

写真，図	名称と目的，内容
	名称：標準圧力計 目的：蓄圧式消火器の指示圧力計の示度を調べるものである．消火器のホース取付けねじ部に取り付けて，指示圧力計の示度が正確か否かを調べる．
	名称：拡大鏡（ルーペ） 目的：不鮮明な割れ，傷などや消火薬剤の微小な異物混入の有無を拡大して調べる．
	名称：プライヤ 目的：加圧用ガス容器の取り外しなどに用いる． 加圧用ガス容器を取り外す際は，容器のメッキ，塗装に傷をつけないよう，ゴム，布などを挟んで行う．
	名称：ノギス 目的：寸法測定具　部品の長さ，太さ，穴の深さの測定に用いる． 一般的に 5/100 mm まで測定できる．

4 実技試験

4-1 鑑別等試験　演習問題　消火器などの特徴

【問 1】

次の写真のA，Bに示す消火器のそれぞれの名称，消火作用，適応火災について答えなさい．

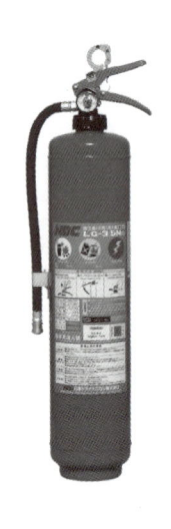

　　　　　　　A　　　　　　　　　　　　　B

名称　　　（　　　　　　　）　　　（　　　　　　　）

消火作用　（　　　　　　　）　　　（　　　　　　　）

適応火災　（　　　　　　　）　　　（　　　　　　　）

問 1

A
名称　　：蓄圧式強化液消火器
消火作用：冷却作用，抑制作用
適応火災：普通火災，油火災，電気火災

B
名称　　：蓄圧式粉末（ABC）消火器
消火作用：抑制作用
適応火災：普通火災，油火災，電気火災

　A，Bのいずれも，指示圧力計が付いているため，蓄圧式とわかる．
　また，いずれも適応火災マークが3つあり，A, B, C火災適応消火器であり，粉末（ABC）消火器か，強化液消火器であることが類推できる．
　両者の特徴的違いは，Aの強化液消火器は，Bの粉末消火器に比べ，ノズルが小さく短い，容器本体がやや細長い，キャップのユニオンのユニオンナットが，小さいところである．

4 実技試験

【問 2】

次の写真の矢印で示す部品の名称を答えなさい．

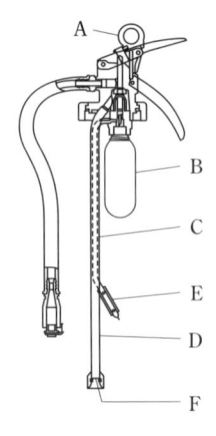

A （　　　　　　　　）
B （　　　　　　　　）
C （　　　　　　　　）
D （　　　　　　　　）
E （　　　　　　　　）
F （　　　　　　　　）

【問 3】

次の二つの写真の矢印の部分の名称とその役割について述べよ．

名称：

役割：

名称：

役割：

問 2

A：安全栓
B：加圧用ガス容器
C：ガス導入管
D：粉末サイホン管
E：逆流防止装置
F：粉上がり防止用封板

　このような出題は過去に多い．

　ガス導入管とサイホン管，それぞれに取り付ける逆流防止装置と粉上がり防止用封板を間違えないように注意すること．

問 3

名称：減圧孔
役割：キャップを緩める際に，消火器の内圧を徐々に排出するためのもの．

　消火器を分解する際，安全のために内圧を排出しなければならない．キャップをゆっくり開けると，口金とキャップの間を抑えているパッキンが浮き，減圧孔からガスが漏れ出てくる．ガスが出終わるまで待ち，さらにキャップを緩める．

　これは減圧孔であり，減圧溝とは違うので注意すること．

名称：使用済み表示装置
役割：消火器が一度起動されたことを示す装置．

　加圧式消火器のバルブ内蔵式のものは，使用したか否かが外観からはわからないので，一目でわかるように規格上，使用済み表示装置の取り付けが義務付けられている．

　ただし，指示圧力計を付けた蓄圧式消火器は，使用すると指示圧力が下がることにより，外観から使用したことがわかる．また，加圧式消火器は，一度起動したらすべての消火薬剤とガスが出てしまうので，使用したことがわかる．

　したがって，蓄圧式消火器とバルブのない開放式消火器には適用されない．

【問 4】

次に示す検定合格証のうち,消火器に付されるものはどれか答えよ.

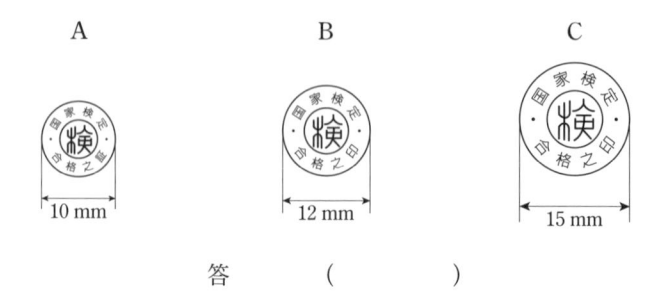

A　　　　　　　　B　　　　　　　　C

10 mm　　　　　12 mm　　　　　15 mm

答　　（　　　　）

【問 5】

次の写真はどんな作業を行っているところか,留意する点も含め説明しなさい.また,矢印の部分の器具の名称を答えなさい.

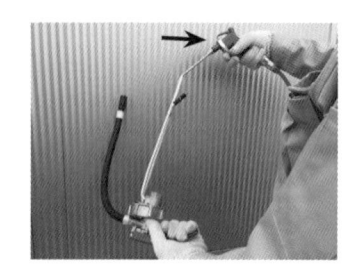

作業内容：

留意点：

器具の名称：

【問 6】

開閉バルブ付き加圧式粉末消火器の耐圧試験を行う際の留意事項において,正しくないものは次のうちどれか.

(1) 排圧栓のあるものは排圧栓を開き,内圧を除去してからキャップを緩め,消火薬剤を排出する.
(2) 安全栓を引き抜き,加圧用ガス容器を外し,粉上がり防止装置を取り外す.
(3) 容器内に水を充満させたのち,キャップを挿入して締める.
(4) レバーを握った状態にして水圧をかける.

問 4 A

検定合格の表示は一見すると似通っている．
消火器の表示は，国家検定・合格之証　外径 10 mm
緩降機の表示は，国家検定・合格之印　外径 12 mm
消火器用消火薬剤の表示は，国家検定・合格之印　外径 15 mm
となっているので，違いを理解しておこう．

問 5

作業内容：加圧式粉末消火器のサイホン管，バルブおよびホース，ノズル内のクリーニング作業
留意点　：開閉バルブ付きの場合は，レバーを動かしバルブを開閉しながら行う．
器具の名称：エアガン

　この作業は，点検作業のうちのサイホン管およびガス導入管のつまりの有無を確認するための「通気テスト」でも同様に行われる．設問内容により判断すること．

問 6 (2)

　不時の動作で加圧用ガス容器を破封するおそれから，加圧用ガス容器を外すまでは，安全栓は取り付けておかなければならない．
　キャップを開ける際は，必ず内圧を除去してから行うこと．バルブ内蔵式の消火器の耐圧試験は，圧力水が完全に容器内に充圧されるよう，レバーを握った状態で行うこと．この 2 つは水圧試験時の留意点である．

【問 7】

次の写真は何を行っているところか答えなさい．

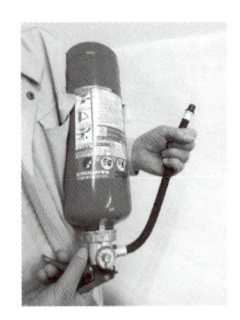

作業内容：

【問 8】

次の写真に示す器具の名称と使用目的をそれぞれ答えなさい．

①

名称：

使用目的：

②

名称：

使用目的：

③

名称：

使用目的：

④

名称：

使用目的：

問 7

作業内容：蓄圧式消火器の排圧作業

　蓄圧式消火器で，排圧栓のあるものは排圧栓を使って排圧するが，排圧栓のないものは，容器を逆さにしてレバーを握って行うことにより，消火剤をほとんど排出することなく排圧することができる．

問 8

① 名称：キャップスパナ
　　使用目的：キャップの開閉を行う道具

② 名称：比重浮ひょう（または比重はかり）
　　使用目的：液体消火薬剤の比重を測定するもので，メスシリンダーなどの容器に取った消火薬剤中に浮かせて目盛を読み取る．

③ 名称：ロート（または漏斗）
　　使用目的：消火薬剤をこぼさずに充填するため，消火器本体の口金部に挿入して使用する．

④ 名称：クランプ台
　　使用目的：消火器のキャップの開閉時に，しっかりと固定して，開閉を確実に行うもの．

　問題として一部の例題を上げたが，ほかの装置，部品などについても簡潔，明確な回答ができるようにすること．

【問 9】

次に示す図の名称は何か．
また，Aに示す部分の色は何色で，その部分は何を示すか，Bに示す部分の記号は何を示す記号か答えなさい．

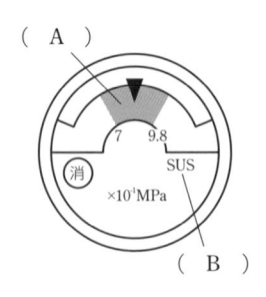

図の部品の名称：(　　　　　　　　　　)
　A：(　　)色．(　　　　　　　　　　) を示す
　B：(　　　　　) の材質が，(　　　　　　　　) であることを示す

【問 10】

次に示す写真の部品の名称は何か．
また，その役割は何か．
これが取り付けられる消火器の名称は何か．

部品の名称：(　　　　　　　　　　)
部品の役割：(　　　　　　　　　　　　　　)
消火器の名称：(　　　　　　) 消火器

問 9

部品の名称：（指示圧力計）
A：（緑）色．（使用圧力範囲）を示す
B：（ブルドン管（または，圧力検出器））の材質が，（ステンレス）であることを示す

　蓄圧式消火器に取り付ける圧力計は，指示圧力計である．
　容器本体内の圧力が，消火器が有効に使用できる圧力範囲を，緑色で示すこととされている．
　圧力検出部であるブルドン管の材質は，ステンレス製，黄銅製，りん青銅製，ベリリウム銅製のものがあり，表示はそれぞれ，SUS,BS,Pb,BeCu と記号で示される．消火薬剤が水系のものには，SUS 製のものだけ使用が許される．

問 10

部品の名称：（発泡ノズル）
部品の役割：（空気と消火薬剤を混合し泡状にして放出する）
消火器の名称：（機械泡）消火器

　まさしく，シャボン玉を飛ばすように機械的に発泡させるので，この名称があるが，これは，蓄圧されたガスで泡をつくっているのではない．
　蓄圧ガスは，消火薬剤放出のために使われ，放出された消火薬剤が発泡ノズル部の内側に液状で当たり，そこで差圧が発生するので，空気吸入部から空気を取り入れて，その空気で発泡しているのである．

【問 11】

次に示す図表は，規格の「火災の区分とその絵表示」に関するものである．（ ）内に文字を入れて，図表を完成しなさい．

火災の区分	絵表示	絵表示の色
（ 1 ）火災		炎は（ 2 ）色，可燃物は（ 3 ）色とし，地色は（ 4 ）色とする．
（ 5 ）火災		炎は（ 6 ）色，可燃物は（ 7 ）色とし，地色は（ 8 ）色とする．
（ 9 ）火災		電気の閃光は（ 10 ）色とし，地色は（ 11 ）色とする．

1 : (   )， 2 : (   )， 3 : (   )， 4 : (   )，
5 : (   )， 6 : (   )， 7 : (   )， 8 : (   )，
9 : (   )， 10 : (   )， 11 : (   )

問 11

1：（A）火災， 2：（赤）色， 3：（黒）色， 4：（白）色
5：（B）火災， 6：（赤）色， 7：（黒）色， 8：（黄）色
9：（電気）火災， 10：（黄）色， 11：（青）色

消火器の規格では火災の種類を，
A 火災,
B 火災,
電気火災
の三種類と定義し，C 火災という言葉は使っていない．
　適応火災を絵と文字で表記しなければならないとされているので，電気火災を C 火災と表記しただけでは，規格に適合しないこととなる．

【問 12】

下図は，加圧式粉末消火器のキャップ部断面，構成図である．

これに関する下記の説明文の空欄にあてはまる単語を選び，文を完成させなさい．ただし，同じ単語を使用してもよいものとする．

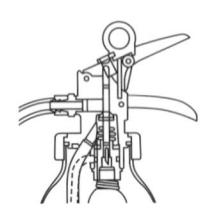

加圧式粉末消火器は，一度レバーを握ると消火薬剤が全量放出してしまう，□□□式と上図のような，□□□式がある．□□□式は，加圧用ガス容器封板を破封するための□□□と一体となっているものが一般的で，□□□を握れば，放射し，はなせば放射が止まるものである．

1. カッター　　2. レバー　　3. 開閉
4. 開放　　　　5. 開閉バルブ　6. 開放バルブ

問 12

　加圧式粉末消火器は，一度レバーを握ると消火薬剤が全量放出してしまう，[4] 式と上図のような，[5] 式がある．[5] 式は，加圧用ガス容器封板を破封するための [1] と一体となっているものが一般的で，[2] を握れば，放射し，はなせば放射が止まるものである．

4章のまとめ

　実技試験は，筆記試験の部分で得た知識，すなわち，消火器・消火薬剤の規格，構造，点検整備に関する写真，図を基に出題され，筆記試験とは異なり，解答は記述式である．

　具体的には，次のとおりである．

① 消火器の写真から，どんな種類の消火器であるか，その適応火災，特長などを問われるもの．
② 消火器の各部品の名称，その使用目的などを問われるもの．
③ 点検整備に用いられる用具の写真，図からその名称，使用目的などにつき問われるもの
④ 規格，設置基準などに関して問われるもの．

　多岐にわたるが，第2章および第3章の内容を十分に理解していれば，実技試験の出題に対しても対応が可能である．

　留意すべき点は，記述式であるため，解答に誤字があると，減点対象となるので，正確に覚え，記述することが大事である．

　どうしても不安な場合は，解答を仮名で記述すること．

　出題は，5問であるが筆記試験と違い，実技試験では出題の60％以上の正解が必要となるので，3問以上獲得しなければならない．

　実技試験は，筆記試験合格者のみ採点される．

　試験は筆記試験と同一の試験時間内に行われるので，時間的には余裕があるはずである．

さくいん

◆ あ

圧力検出部（ブルドン管）… 70
圧力調整器…………… 108, 240
油火災………………………… 50
アルキメデスの原理………… 18
アルミニウムとその合金…… 11
泡消火器……………………… 44
安全栓………………………… 61
安全弁………………………… 63
安全率………………………… 32

運動の第一法則……………… 28
運動の第二法則……………… 28
運動の第三法則……………… 28

エアガン……………… 150, 241
エアゾール式簡易消火具…… 42
映写室への消火設備………… 220
液化二酸化炭素……………… 99
液面表示……………… 60, 114
エネルギー保存の法則……… 29

応力…………………………… 30
応力－ひずみ線図…………… 31
大型消火器…………………… 43
大型消火器の必要条件……… 47
乙種消防設備士……………… 202
乙種防火対象物……………… 187
温度－圧力線図……………… 101

◆ か

加圧式の消火器……………… 46
加圧用ガス容器……… 64, 86, 99
開がい転倒式化学泡消火器… 117
外筒剤………………………… 116
開閉ノズル…………………… 109
開閉バルブ式………………… 97
開閉バルブ式消火器………… 96
開放式………………………… 97
開放式消火器………………… 96
化学泡消火器………………… 114
化学泡消火薬剤……………… 116
拡大鏡（ルーペ）…………… 245
火災予防措置命令…………… 186
荷重…………………………… 30
ガス導入管…………… 87, 97, 98
加速度………………………… 28
型式承認……………………… 204
型式適合検定………………… 204
可鋳性………………………… 10
カッター……………………… 97
簡易消火用具の設置制限…… 218
関係者………………………… 181
関係のある場所……………… 181
還元時間……………………… 81
慣性の法則…………………… 28

機械泡消火器………………… 118
機器点検……………………… 130
危険物………………………… 182
基準の特例…………………… 204
既存防火対象物……………… 196
気密試験……………………… 243
逆流防止装置………………… 97, 98

261

キャップスパナ… 131, 138, 150
吸湿率………………………… 82
強化液（中性）消火器……… 111
強化液消火器………………… 110
強化液消火薬剤……………… 111
凝固点………………………… 111
許容応力……………………… 32
霧状放射……………………… 110

偶力…………………………… 23
国の行政機関………………… 176
クランプ台…………… 138, 150
クリーニング………………… 241

携帯又は運搬の装置………… 63
警報設備……………………… 194
ゲージ圧力…………………… 17
減圧孔………………………… 102
減圧溝………………………… 103
減圧孔または減圧溝………… 54
権原を有する者……………… 187
検定制度……………………… 204
検定対象機械器具等………… 204

合格の表示…………………… 205
交換式消火器…………… 42, 77
合金…………………………… 10
甲種消防設備士……………… 202
甲種防火対象物……………… 187
高層建築物…………………… 181
抗張力………………………… 32
降伏点………………………… 31

粉上がり防止装置…………… 97
粉上がり防止用封板………… 98
混合ガス……………………… 99

◆ さ

再利用消火薬剤……………… 80
作動済み表示装置…………… 134
作用，反作用の法則………… 28
酸アルカリ消火器…………… 44
三方コック…………………… 151
三方バルブ…………………… 147

自圧式な蓄圧式消火器
………………………… 122, 126
仕事…………………………… 29
仕事率………………………… 29
仕事量…………………… 29, 30
指示圧力計……………… 70, 90
自主表示対象機械器具等…… 205
指定可燃物…………………… 182
指定数量……………………… 182
自動安全弁…………………… 91
自動車用消火器……………… 43
車載式………………………… 108
車載式消火器………………… 43
シャルルの法則……………… 16
住宅用消火器…………… 42, 76
充てん比……………………… 64
収納容器……………………… 42
主要構造部…………………… 182
準耐火構造…………………… 182
準不燃材料…………………… 182

使用温度範囲……………… 53	ストーブ火災……………… 76
消火活動上必要な施設……… 195	静止摩擦力………………… 29
「消火器の外形」点検 ……… 130	政令で定める消防用設備等… 194
「消火器の内部及び機能」点検	政令で定める防火対象物…… 194
……………………………… 130	背負い式消火器…………… 43
消火器の設置制限………… 218	接続金具…………… 140, 150
消火器の表示……………… 70	絶対圧力…………………… 17
消火設備…………………… 194	設置基準…………………… 210
消火の作用………………… 86	設置基準一覧表…………… 212
使用済等消火薬剤………… 80	設置制限…………… 124, 127
使用済みの表示装置……… 61	設置単位…………………… 197
消防署……………………… 176	設置届出…………………… 197
消防署長…………………… 176	設置の高さ………… 132, 215
消防設備士講習…………… 202	設備士免状の種類………… 203
消防対象物………………… 177	
消防団……………………… 176	操作の動作数……………… 51
消防団長…………………… 176	操作方法…………………… 51
消防長……………………… 176	増築改築に対する考え方… 196
消防庁長官………………… 176	速度………………………… 28
消防同意…………………… 186	
消防の用に供する設備…… 194	◆ た
消防本部…………………… 176	第 4 種消火設備 …………… 219
消防用水…………………… 194	第 5 種消火設備 …………… 219
少量危険物………………… 182	耐圧試験…………………… 53
所要単位…………………… 218	耐圧試験器………………… 242
振動試験…………………… 91	耐圧試験機………………… 141
	耐圧性能…………………… 53
水圧試験器………………… 242	耐火構造…………………… 182
水成膜泡消火薬剤………… 118	耐食性材料………………… 52
水頭………………………… 17	弾性限度…………………… 31
据え置き式消火器………… 42	
スカラー…………………… 22	

263

さくいん

地下街……………………… 181
力の3要素 ……………… 22
力の合成………………… 22
蓄圧式消火器……………… 46
地方公共団体の消防機関…… 176
着工届出…………………… 202

継手金具…………………… 142

適応火災…………………… 72
てこ棒……………………… 139
手さげ式消火器…………… 42
展延性……………………… 11
電気火災…………………… 50
電気設備への消火設備……… 220
点検………………………… 130
点検の期間………………… 198
転倒式化学泡消火器……… 114
てんぷら油火災…………… 76

統括防火管理者…… 187, 188
銅とその合金……………… 11
動摩擦力…………………… 29
特定一階段等防火対象物… 181
特定防火対象物…………… 177
特定用途…………………… 178
塗色…………………… 70, 76
提手………………………… 115
トリチェリの実験………… 17

◆ な
内装制限……………… 183, 216

内筒………………………… 114
内筒剤……………………… 116
内筒ふた…………………… 114
内部照明器具………… 133, 239
難燃材料…………………… 182

二酸化炭素消火器………… 126
ニッケルとその合金……… 12
ニュートンの運動法則…… 28

熱処理……………………… 12
燃焼の4要素 ……………… 86

能力単位…………………… 50
能力単位の算定基準……… 214
ノギス……………………… 245
ノズルの規制……………… 55

◆ は
排圧栓……………………… 102
破がい転倒式化学泡消火器… 117
パスカルの原理…………… 18
破断点……………………… 32
発泡ノズル………………… 118
発泡倍率…………………… 81
ハロゲン化物消火器……… 122
ハロン1301消火器 ……… 122
反射鏡………………… 133, 240

比重………………………… 16
比重浮ひょう………… 150, 243
比重はかり…………… 150, 243

避難設備……………………194
表示………………………… 76
標準圧力計…………………151
比例限度…………………… 31

付加設置……………………214
複合用途防火対象物…………181
普通火災…………………… 50
フッ素系界面活性剤…………118
不燃材料……………………182
プライヤ……………………245
粉末（ABC）消火薬剤 ……102
粉末大型消火器……………108
粉末サイホン管………… 88, 97
粉末消火器………………… 45
粉末消火薬剤………… 82, 101

閉塞圧力…………………… 53
ベクトル…………………… 22

ボイル・シャルルの法則…… 16
ボイルの法則……………… 16
防火管理者…………………187
防火構造……………………182
防火対象物…………………177
泡減率……………………… 81
報告の期間…………………198
放射時間…………………… 53
放射性能…………………… 53
防錆加工…………………… 52
ホースの取付け義務………… 54
ホーン握り…………………127

歩行距離……………………215
保護枠………………… 140, 242
保持装置…………………… 92

◆ま

摩擦力……………………… 29

水消火器…………………… 44
密度………………………… 16
緑色範囲…………………… 90

無窓階………………………181

メスシリンダ………… 150, 243
免状携帯義務………………202
免状の種類…………………202

モーメント………………… 23

◆や

焼き入れ…………………… 12
焼きなまし………………… 12
焼きならし………………… 12
焼き戻し…………………… 12

容器弁………………… 89, 122
用途変更……………………196
抑制作用…………………… 86

◆ら

りん酸塩類等……………… 82

265

ロート……………… 151, 244
ろ過網……………… 60, 114

◆ 英数字

A 火災……………… 50
A 剤………………… 116
B 火災……………… 50
B 剤………………… 116
C 火災……………… 50

# 要点ガッチリ シリーズ

消防設備士 1～7類

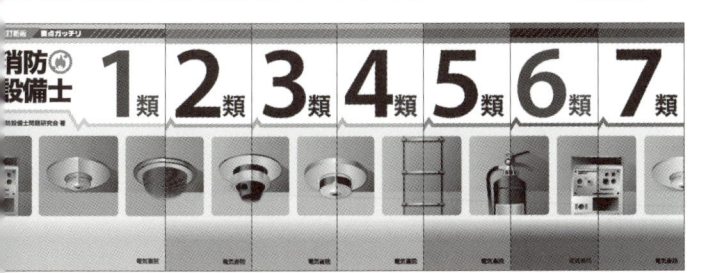

A5判，2色刷
赤シート付

① 基本知識から詳しく解説
② 「要点のまとめ」を赤シートで確認
③ 項目ごとに問題・解説

改訂新版
要点ガッチリ消防設備士1類
本体＝定価 2,800 円＋税

要点ガッチリ消防設備士2類
本体＝定価 2,500 円＋税

要点ガッチリ消防設備士3類
本体＝定価 2,500 円＋税

要点ガッチリ消防設備士4類
本体＝定価 2,700 円＋税

要点ガッチリ消防設備士5類
本体＝定価 2,700 円＋税

要点ガッチリ消防設備士6類
本体＝定価 2,500 円＋税

要点ガッチリ消防設備士7類
本体＝定価 2,500 円＋税

要点ガッチリ シリーズの特徴

消防設備士試験をはじめて受験される方を対象に，試験に出題される項目を中心に解説しました．出題される項目ごとに，図や写真を豊富に使い，わかりやすくまとめました．毎日1項目ずつ学習できるように，解説・要点のまとめ・演習問題を項目ごとにまとめてあります．

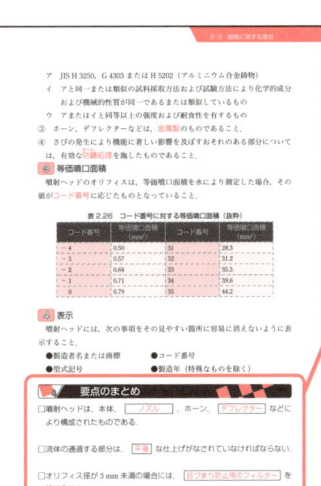

赤シートの使い方

項目ごとに「要点のまとめ」があります．赤シートを使い何度も確認し，項目ごとの重要事項をしっかりと押さえましょう．
赤シートを使うことで，試験の直前まで何度でも確認を行うことができます．

―― 著 者 略 歴 ――

中山　功（なかやま　いさお）
日本消防検定協会を経て，日本ドライケミカル株式会社で定年退職
在職中　一般社団法人日本消火器工業会　技術委員会委員長
　　　　ISO/TC21/SC2 国内委員長　等歴任
退職後　第1種消防設備点検資格者講習講師
　　　　第1，2，3類及び第5，6類消防設備士講習講師
　　　　第1，6類消防設備士通信教育添削指導講師　等歴任，現在に至る

Ⓒ Isao Nakayama 2015

要点ガッチリ　消防設備士6類

2015年　4月24日　　第1版第1刷発行
2021年　2月19日　　第1版第2刷発行

著　者　中　山　　　功
発行者　田　中　　　聡

発行所
株式会社　電　気　書　院
ホームページ　www.denkishoin.co.jp
（振替口座　00190-5-18837）
〒101-0051　東京都千代田区神田神保町1-3ミヤタビル2F
電話（03）5259-9160／FAX（03）5259-9162

印刷　株式会社シナノパブリッシングプレス
Printed in Japan／ISBN978-4-485-23019-0

- 落丁・乱丁の際は，送料弊社負担にてお取り替えいたします。
- 正誤のお問合せにつきましては，書名・版刷を明記の上，編集部宛に郵送・FAX（03-5259-9162）いただくか，当社ホームページの「お問い合わせ」をご利用ください．電話での質問はお受けできません．また，正誤以外の詳細な解説・受験指導は行っておりません．

JCOPY〈出版者著作権管理機構　委託出版物〉
本書の無断複写（電子化含む）は著作権法上での例外を除き禁じられています．複写される場合は，そのつど事前に，出版者著作権管理機構（電話：03-5244-5088，FAX：03-5244-5089，e-mail：info@jcopy.or.jp）の許諾を得てください．また本書を代行業者等の第三者に依頼してスキャンやデジタル化することは，たとえ個人や家庭内での利用であっても一切認められません．

［本書の正誤に関するお問い合せ方法は，最終ページをご覧ください］

書籍の正誤について

万一，内容に誤りと思われる箇所がございましたら，以下の方法でご確認いただきますようお願いいたします．

なお，正誤のお問合せ以外の書籍の内容に関する解説や受験指導などは**行っておりません．**このようなお問合せにつきましては，お答えいたしかねますので，予めご了承ください．

正誤表の確認方法

最新の正誤表は，弊社Webページに掲載しております．「キーワード検索」などを用いて，書籍詳細ページをご覧ください．

正誤表があるものに関しましては，書影の下の方に正誤表をダウンロードできるリンクが表示されます．表示されないものに関しましては，正誤表がございません．

弊社Webページアドレス
https://www.denkishoin.co.jp/

正誤のお問合せ方法

正誤表がない場合，あるいは当該箇所が掲載されていない場合は，書名，版刷，発行年月日，お客様のお名前，ご連絡先を明記の上，具体的な記載場所とお問合せの内容を添えて，下記のいずれかの方法でお問合せください．
回答まで，時間がかかる場合もございますので，予めご了承ください．

郵便で問い合わせる　郵送先
〒101-0051
東京都千代田区神田神保町1-3
ミヤタビル2F
㈱電気書院　出版部　正誤問合せ係

FAXで問い合わせる　ファクス番号　**03-5259-9162**

ネットで問い合わせる　弊社Webページ右上の「**お問い合わせ**」から
https://www.denkishoin.co.jp/

お電話でのお問合せは，承れません

(2021年1月現在)